십자가의 도

"십자가의 도가 멸망하는 자들에게는 미련한 것이요
구원을 받는 우리에게는 하나님의 능력이라." (고전 1:18)

십자가의 도

존 넬슨 다비 지음 | 이종수 엮음

형제들의 집

차 례

엮은이 서문 6

1부 십자가의 도

제 1장. 십자가의 의미 13

제 2장. 사람을 향한 하나님의 전체 섭리의 발전과
　　　　십자가와의 연관성 17

제 3장. 그리스도의 십자가와 하나님의 때 34

제 4장. 겟세마네와 십자가 53

제 5장. 십자가에 달리신 그리스도 71

제 6장. 십자가를 자랑하라 92

제 7장. 그리스도와 함께 십자가에 못 박히다 103

2부 신령한 그리스도인

제 8장. 성화가 없는 곳에, 기독교는 없다........................ **119**

제 9장. 거룩하게 되고, 정결하게 되고, 지키심을 받다........ **153**

제 10장. 씻었고, 거룩하게 되다................................. **174**

제 11장. 생명과 성령에 대한 그리스도인의 지위.............. **177**

제 12장. 하늘에 있는 그리스도와 땅에 있는 성도와의 연합.. **190**

제 13장. 그리스도께서 마음에 거하시게 하라.................. **204**

제 14장. 내게 사는 것이 그리스도라............................ **213**

제 15장. 그리스도인이 걸어야 하는 바른 길.................... **231**

엮은이 서문

당신은 진짜 십자가에 못 박혔는가?

예수를 믿어 구원받았노라고 고백하는 사람들은 많지만, 정작 그리스도인다운 그리스도인 찾아보기 힘들다. 그저 천당 가는 티켓을 받은 정도의 은혜로 감격하고, 거기서 영적인 추구가 멈추어버린 사람들이 너무도 많다.

과거 고린도교회는 성화의 삶이 없었고, 세상 사람과 별 차이 없는 또는 그보다 못한 삶을 살면서도 자신의 '구원'을 자랑했다. 심지어는 주리고 목마르고 헐벗고 매를 맞아가면서까지 자신들에게 복음을 전해준 사도 바울까지 판단할 정도로 그들은 교만했다. 하지만 그들의 삶의 모습과 자리를 보라! 그들은 그리스도 안에서 어린아이상태에 머물렀고(고전 3:1-3), 음행과 성적인 범죄가 있었으며(고전 5:1), 불신자와 결혼을 하거나 사업에 동업하는 일도 만연했고(고후 6:14), 그저 육신을 따라 말하고 행동함으로써 "사망으로 좇아 사망에 이르는 냄새"를 풍겼다(고후 2:16). 그것은 반쪽짜리 복음에 안주해버린 결과였다. 그래서 그들은 육신에 속한 자(carnal christian)라는 책망을 받아야만 했다(고전 3:3).

고린도교회는 육신적인 그리스도인으로 가득한 교회였다. 그들은 자신들이 지은 죄들을 영원히 속죄한 '그리스도의 피'를 믿는 믿음에는 안착했지만, 거기서 멈추어버렸다. 그들은 그리스도의 보혈이 가지고 있는 효력 덕분에 하나님의 나라에는 들어갈 수 있는 자격(하나님 나라의 입장권)은 얻을 수 있었지만, 결국 육신적인 삶의 결과로 나무나 짚이나 풀로 세운 그들의 공력은 모두 불에 타버릴 위험 가운데 있었고, 아무런 면류관을 받지 못함으로써 그리스도와 함께 하나님의 나라에서 통치할 자격(하나님 나라의 통치권)은 얻지 못할 위험 가운데 있었다. 그래서 사도 바울은 그들에게 '십자가의 도(the Logos of the Cross)'를 강조했다.

십자가의 도란 무엇인가? 존 넬슨 다비는 십자가의 도(the logos of the cross)를 "the word of the cross(십자가의 말씀)"으로 번역했다. 성경은 육신적인 삶, 자아 중심의 삶에서 벗어나 신령한 삶, 그리스도 중심의 삶으로 들어가는 관문으로써 우리에게 십자가의 말씀을 제시하고 있다. 즉 그리스도와 함께 십자가에 못 박힌 일이 없다면, 육신적인 삶, 자아 중심의 삶을 벗어날 길이 없으며, 그저 자아와 육신에 함몰된 채 곤고하고 비참한 신앙생활을 할 수 밖에 없게 된다. 신령한 그리스도인의 삶은 그리스도의 죽으심을 본받아 연합한 자가 됨으로써 시작되기 때문이다(롬 6:5).

사실 주님은 공생애 당시부터 "아무든지 나를 따라오려거든 자기를 부인하고 자기 십자가를 지고 나를 좇을 것이니라"(마 16:24)고 말씀하심으로써, 십자가의 도를 언급하셨다. 무엇보다 주님 자신이 이 일에 모본이셨다. 주님도 자기 십자가를 지고 가시다가 골고다 언덕에 이르러 거기서 십자가에 못 박히셨다(마 27:31-35). 주님을 따르는 참 제자는 자기 십자가를 지고 주님을 따르다가, 결국 자신이 지고 가던 십자가에 자신도 못 박혀 죽어야만 한다. 제자로의 부르심은 십자가에 못박혀 죽으라는 부르심인 것이다. 그럴 때 거기서 그리스도와 함께 사는 삶이 시작되기 때문이다.

십자가의 도는 바울 서신에 골고루 계시되어 있다. 로마교회의 문제가 마음으로는 하나님의 법을 즐거워했지만, 늘 죄의 법 아래로 사로잡히는 경험이 반복되고 있었고 그래서 영적으로 비참한 상태(즉 성화의 삶을 바라지만 성화의 능력을 받지 못한 상태)에 있었다면, 고린도교회의 문제는 육신성에 함몰되어 영적 유아상태에 머물러 있는 것이었고, 갈라디아 여러 교회들의 문제는 율법주의에 빠져 은혜의 작용을 받지 못하는 상태로 떨어져 있었으며, 에베소교회는 옛 사람의 습관을 따라 살아가는 무법주의가 문제였다. 이 모든 문제를 풀어내는 해법은 십자가의 도에 있었다.

십자가의 도를 통해서만, 로마교회는 해방을 받아 생명의 성령의 법에 의해서 사는 삶에 들어갈 수 있었고, 고린도교회는 육신에 속한 삶에서 벗어나 하나님의 능력을 따라 사는 삶에 들어갈 수 있었으며(고전 1:18), 갈라디아 교회들은 육체와 함께 그 정과 욕심을 십자가에 못 박음으로써 성령의 열매를 맺을 수 있었고(갈 2:20, 5:24), 에베소교회는 십자가를 통해서 원수된 것을 소멸시킴으로서 새 사람의 삶을 살 수 있었다(엡 2:15,16). 결국 십자가의 도란 그리스도의 죽음에 연합함으로써, 그리스도의 부활에 연합되는 길을 제시하는 진리인 것이다.

결론적으로, 신령한 그리스도인은 두 가지 진리를 통해서, 생명의 성령의 법으로 사는 신앙(즉 그리스도와 연합을 이룬 그리스도인으로서 성령의 열매를 맺는 신앙)으로 들어간다. 즉 '그리스도의 피'를 믿는 믿음과 '십자가의 도'를 믿는 믿음인 것이다. 이 두 가지 믿음은 신령한 그리스도인으로 사는 신앙의 양 날개인 것이다. 이제 그리스도의 피를 믿는 믿음을 넘어 십자가의 도를 믿는 신앙으로 나아갈 수 있기를 바란다. 아무쪼록 성령님께서 우리 눈을 열어서 주의 법의 기이한 것을 보게 해주시길 빈다.

엮은이 이 종 수

※ 일러두기 : 글이 시작되는 부분에 있는 숫자는, 다비의 글을 편집한 영문 편집자가 독자들을 안내하기 위해서 표시해 둔 것입니다. 원서를 참고하기 원하는 독자들을 위해서 숫자를 표기하였으니, 원서와 대조해서 보는 기쁨을 누리시길 바랍니다.

Chapter 1
십자가의 의미
Cross

　나는 십자가에서 선과 악의 전체 문제가 완전히 해결된 것을 보았다. 우선, 십자가는 하나님에 대한 인간의 적대감을 온전히 표현하는 도구였다. 사랑 때문에, 그래서 사랑으로 오신 하나님은 경멸을 당하셨고, 거절을 당하셨다. 하나님은 미움을 받으셔야만 했다. 좀 더 자세히 들여다보면, 제자들, 제사장들, 빌라도 등 모든 사람과 모든 사건이 사람 속에 있는 악을 드러내는 것으로 작용했다. 그때 사탄의 권세가 온전히 나타났고, 사탄은 인간의 열정을 이용해서 인간을 조정했으며, 그리스도를 죽음으로 내몰았고, 적어도 그리스도의 영혼 속에 슬픔을 일으켰다.

　다음으로 나는 십자가에서, 다른 어느 곳에서는 볼 수 없는 완전한 사람, 게다가 아버지께 완전한 사랑이신 분을 발견했다. 그리스도에게 십자가는 완전하고, 절대적인 순종의 자리였다. 바로 죄의

한 복판에서, 죄의 삯인 죽음의 잔을 마셨다. 사탄의 권세가 활개를 치는 자리에서 하나님에게서 버림을 받으셨다.

이제 그리스도의 죽음과 부활 덕분에 죄에 대하여 완전한 의(義)가 이루어졌다. 하나님은 완전한 의로움 가운데 계신다. 이제 하나님은 주권적인 은혜로 죄인에게 완전하고, 무한한 사랑을 베푸실 수 있게 되었다. 이로써 하나님의 위엄과 진리가 선한 것으로 바뀌었다.

이 모든 것을 가능하게 해준 것이 십자가다! 영원이라는 역사 속에 십자가는 우뚝 서있다.

인간이 하나님의 영광 속에 들어가게 된 것이야말로 십자가의 복된 결과인 것이다.

4

십자가가 영원이라는 시간 가운데 서있다. 십자가 덕분에 나는 그리스도의 영광에 참여할 수 있게 되었다. 하나님은 한 분이시고, 만물 위에 계신다. 여기에 견줄만한 것은 아무 것도 없다. 그럼에도 신격의 탁월성 가운데 계신 그리스도는 아버지와 성령과 동일한 본성에 참여하고 계신다. 그리스도는 아버지와 성령과 하나이시다. 이 십자가에 삼위일체의 하나님께서 참여하셨다. 아버지 하나님의 사랑이 십자가에서 나타났고, 그리스도는 영원하신 성령으로 말미암아 자신을 십자가에 내어주었다. 그럼에도 그리스도는 십자가에서 홀로 고통을 겪으셨다. 오직 홀로. 이런 의미에서 십자가는, 아버지와 성령께서 가지고 계신 영광 외에, 그리스도에게 도덕적인 영광을 더하고 있다. 십자가에 나타난 영광은 탁월하고 더욱 영광스럽다. 그리스도 외엔 어느 누구도 이 영광에 참여하고 있지 않다. 그리스도는 죽임 당하신 어린양이시다. 우리는 그 열매의 수혜자이다. 하지만 그리스도는 이처럼 영광스러운 역사를 친히 이루셨고, 오직 홀로 성취하셨다.

십자가에서 선과 악이, 모두 총동원되었다는 것이 가장 충격적인 진실이다. 게다가 하나님도 시험을 받으셨으며, 죄 위에 계신 것이 밝히 드러났다. 하나님은 죄에 대항하여 절대적인 의를 이루셨으며, 완전한 사랑을 나타내셨다. 사람도 시험을 받았으며, 하나님을 대항하여 적대감으로 행한 것이 밝히 드러났다. 그러한 것이 인간 역사의 전부였다. 그리스도 - 그 이름을 찬송할지라 - 께서 시험을 받으셨으며, 자신을 사랑과 순종의 향기로운 제물로 바쳤다. 이처럼 십자가에는 선과 악이 총동원되었고, 완벽하게 빛으로 드러났다. 심지어 사탄도, 이 세상 신으로서 그 실체를 온전히 드러내었으며, 그리스도 안에 있는 사랑이 나타나지 못하도록 방해하는 일에 혼신의 힘을 다했다.

하나님의 사랑이 아무런 방해도 없는 복으로 흘러나오기 위해선 그리스도의 죽음이 필요했다는 사실은 은혜를 통해서만 깨달을 수 있다. 그리스도께서 우리를 사랑하신 그 사랑의 깊이는 "나는 받을 세례가 있으니 그 이루기까지 나의 답답함이 어떠하겠느냐?"(눅

12:50)는 말씀을 통해서 표현되었다.

예수의 삶과 행함을 통해서 끝없는 사랑의 경이로움이 흘러나오는 것을 보라! 우리는 그리스도의 사랑을 무한한 사랑으로 생각해야 한다. 왜냐하면 그 사랑은 언제든지 떨어지는 법이 없기 때문이다. 그처럼 깊이와 능력과 신성의 충만을 가지고 계셨던 주님조차도 그 마음의 답답함을 느끼셔야만 했다. 주님의 사랑은 그 크신 능력 가운데 역사했지만, 주님의 마음은 하나님이 온전히 계시되고 또 영광을 받으시는 십자가 사역이 이루어지고, 거기서 구원하는 능력이 나타날 때까지, 그 마음의 답답함을 안고 계셔야만 했다. 이는 우리에게 주님이 어떤 분이셨는가를 말해준다. 이는 참으로 경이로운 표현이다. 즉 그러한 것이 십자가에서 이루어진 역사가 가진 진면모였다. 이로써 하나님의 사랑을 마음껏 흘려보낼 수 있게 되었기 때문이다. 십자가는 얼마나 경이로운 역사였는가!

Chapter 2
사람을 향한 하나님의 전체 섭리의 발전과 십자가와의 연관성
Connection of the cross with the entire development of God's ways with man

365

　찬송 받으실 우리 주님께서 이루신 십자가 사역의 완전성을 드러내는 것은 그것이 무엇이든지, 인간의 전체적인 도덕적 상태에 적용되는 방식으로 이루어진다. 그래서 그러한 상태에서도 하나님을 영화롭게 해드리는 것이 가능할 뿐만 아니라, 사람을 이끌어 하나님의 영광에 들어가게 해준다. 게다가 사람을 향한 하나님의 섭리의 전체 발전과정과 십자가의 희생이 연결되어 있다는 사실을 깨닫게 되면, 이로써 성도들의 믿음은 더욱 확실해지고, 점증하는 지성과 더욱 깊은 경배의 영으로 하나님의 지혜를 찬송하게 된다. 사람의 이전 역사를, 마치 전혀 존재하지 않았던 것처럼 말소시켜 버리는 십자가의 방식을 생각해보자. 그리고 율법과 약속이 우리에게 주어진 순서와 갈라디아서 3장의 진술이 어떻게 연결되어 있는지도 살펴보자.

죄가 세상에 들어왔을 때, 우리는 처음부터 하나님의 영원하신 계획 또는 창세 전에 그리스도 예수 안에서 우리에게 주신 영생의 약속에 대해선 외인이었을 뿐만 아니라 그리스도, 즉 둘째 아담 안에 예비된 복과 해방의 은혜와는 아무 상관이 없는 사람이었다. 그렇다면 첫째 아담에게 속한 사람에겐 그 무슨 약속도 없다.

하나님은 여자의 후손이 뱀의 머리를 상하게 할 것으로 말씀하셨다. 여자의 후손은 둘째 아담을 가리키는 것이지, 결코 첫째 아담과는 아무 관계가 없다. 첫째 아담은 지나갔다. 첫째 아담, 즉 사람은 의롭지도, 거룩하지도 않았다. 그는 무죄상태였지만, 의(義)와 거룩은 없는 상태였다. 그는 선과 악을 아는 지식을 가지고 있지 않았다. 의(義)는, 우리가 타인들을 향해 서있는 관계 속에서 선과 악을 구분하는 일을 하며, 하나님이건 피조물이건 우리가 서있는 관계 때문에 생겨나는 의무를 따라서 책임 의식을 가지고 행동하도록 만든다. 거룩은 본능적으로 악을 미워하며, 하나님의 본성 속에 있는 순수(純粹)를 기뻐한다. 게다가 하나님의 본성과 조화를 이룰 수 없는 것은 미워한다. 하나님은 의로우시다. 왜냐하면 하나님은 각자 서로에 대한 관계 속에서 옳은 것이 무엇인지를 다 헤아리고 계실 뿐만 아니라, 그 이상으로, 모든 만물이 하나님 자신과 맺고 있는 관계 속에서 옳은 일을 하기를 기대하시기 때문이다.* 이러한 의(義)

---

* 마태복음 1장 19절을 보라. 요셉은 마리아의 허물을 짐작하고 마리아를 아끼는 마음에서 "그를 드러내지 아니하고 가만히 끊고자" 했고, 성경은 "그의 남편 요셉은 의로운 사람이라"고 기록했다. 이는 의(義)가 우리와 관계된

가 최고조로 나타난 것, 즉 완전한 형태로 나타난 것은 하나님께서 그리스도를 자신의 우편 자리에 앉게 하신 것이었다. 하나님은 거룩하시다. 왜냐하면 하나님은 완전하게 선과 악을 아실 뿐만 아니라, 선을 기뻐하시고 악을 미워하시기 때문이다. 만일 어느 누가 하나님은 무죄하신 분이라고 말한다면, (즉 선과 악을 모르시는 분이라고 말한다면) 우리는 도덕적으로 충격을 받을지도 모른다. 어쨌든 첫 사람은 무죄상태였다. 그는 감사함으로 하나님의 선함을 누렸다. 아! 하지만 얼마나 짧았던가! 다른 사람을 대하는 그의 태도와 행실은 아무 악이 없는 상태에서 서로를 향한 자연스러운 관계를 누리는 열매로 나타났을 것이다. 의무적 강박감에 의해서가 아니라, 오로지 사랑으로 서로를 돌보는 사랑스러운 감정과 정서가 흘러나왔을 것이다. 왜냐하면 감정과 정서는 완전한 관계를 기반으로 설정되어 있기 때문이다.

366

하지만 이 상태는 오래 가지 않았다. 그는 곧 선악을 아는 지식을 가지게 되었고, 또한 하나님을 만나는 것을 두려워하는 나쁜 양심을 가지게 되었다. 그는 더 이상 무죄상태에 있지 않았다. 양심은 이중성을 띠게 되었는데, (이것을 항상 구분할 수 있는 것은 아니

다른 사람들의 안위까지 계산하기 때문이다. 즉 다른 사람의 약점, 우리 자신의 약점 때문에 다른 사람이 겪게 될 고초까지 헤아리고, 타락한 사람을 향해서도 선한 감정을 갖는 것으로 나타난다. 다른 사람을 향해 인정사정없이 구는 행위 또는 모질게 대하는 태도는 결코 의가 아니다. 그런 것은 다만 악을 자신의 마음에 받아들인 결과일 뿐이다.

다.) 첫 번째는 다른 사람에 대한 책임감이고, 두 번째는 선과 악을 아는 지식이다. 악은 아담이 타락하기 이전에는 그의 마음 속에 없었다. 반면 책임감은 있었다. 책임감은 순종의 빚이었고, 하나님과의 관계 속에 본질적으로 내재하고 있었다. 하지만 선과 악을 분별하는 것은 그의 마음 속에 존재하지 않았다. 나무의 열매를 먹는 것 자체가 악은 아니었다. 그는 동산 각종 나무의 열매를 임의로 먹을 수 있었다. 하지만 하나님이 금하신 것이 있었다. 바로 그 명령에 모든 것이 달려있었다. 무죄상태로 창조된 아담은, 또한 순종할 책임감을 충분히 이해할 수 있는 능력으로 창조함을 받았다. 악이 존재하고 있었지만 피하고 경계하라는 계명이 없었기에, 피해야 하는 악을 그는 전혀 몰랐다. 그는 그저 무죄상태였고, 피해야 할 악에 대해 무지한 상태였다. 그의 마음 속엔 피해야 할 악 자체가 존재하지 않았다.

아담은 타락 때문에 양심을 얻었다. 즉 나쁜 양심을 얻게 된 것이다. 따라서 그는 나쁜 양심을 가지고 잘못된 것들을 분별할 수밖에 없었다. 그는 많은 일들에서 자신이 자신에게 율법이 되었고, 그 생각들이 서로 고발하며 혹은 변명하는 일을 했다(롬 2:15). 만일 그가 하나님을 잊어버렸다면, 그것은 그의 열정이 활동 중일 가능성이 더 많다. 사실 열정이 소진되었을 때 하나님을 잊어버리는 일은 어렵다. 왜냐하면 열정은 하나님을 잘 잊을 뿐만 아니라 의무도 잘 잊는 성향이 강하기 때문이다. 그럼에도 그가 하나님을 잊어버린다 해도, 양심이 여전히 거기 있기에 자신이 잘못 행하고 있음을 말해 줄 것이다. 의(義)가 유지되는 것이 위험해질 수도 있지만, 그럼에도 이제 의가 그 마음 속에 자신의 자리를 잡았고 또 자신의 목소리를 낼 수 있게 되었다. 거룩은 사람에게 없을 수도 있지만, 나름 의미와 이름을 가지고 있다. 게다가 악을 아는 지식 때문에, 악을 미워하는 마음도 있지만, 한편으론 하나님을 끔찍이 미워하는 마음도 있다. 그러한 것이 타락하고, 잃어버린바 되었고, 자신의 삐뚤어진 의지로 인해서 영적인 폐허 상태에 있는 사람의 모습이다. 그는 사탄에게 귀를 기울이고, 하나님보다는 차라리 자신을 더욱 신뢰하고 믿는다. 그 결과 그는 선악과를 따먹고 싶은 욕망과 주제넘게도 선악을 아는 일에 하나님처럼 되려는 소원을 마음에 품음으로써 하나님의 호의를 기꺼이 저버렸다. 원칙적으로 그는 자신이 아는 악에 굴복할 수밖에 없는 지식을 가지게 되었고, 무죄상태에서 하나님과 자신을 둘러싼 모든 것과의 호의적인 관계를 상실했다.

367

아담은 타락했고, 죄악되며, 불순종했고, 유죄상태이며, 심판 아래 있게 되었다. 그처럼 죄 많고 또한 반역적인 사람에게 약속은 주어질 수 없었고, 주어지지도 않았다. 악에게 복을 허용하는 일은 있을 수가 없기 때문이다.

하지만 회복된 믿음의 목적으로서 복된 소망이 사람 앞에 있었다. 둘째 아담이 본으로 세워졌다. 그에게 약속이 (만일 그것이 약속이라면, 우리는 그것을 약속이라고 불러야 한다) 주어졌다. 그는 뱀의 권세를 파괴하는 자로 선포되었다. 첫째 아담은 뱀의 간교함의 희생자였다. 여자의 씨가 뱀의 머리를 상하게 할 것이다.

타락 이후 사람에 대한 첫 번째 치리내용은 둘째 아담, 곧 주 예수 그리스도를 첫째 아담을 전복시킨 사탄을 멸망시키는 자로 세운 것이었다. 이로써 첫째 아담은 제껴졌다. 그는 약속의 통로도 아니었고, 복의 상속자도 아니었다. 그도 개인적으로 둘째 아담을 자신의 소망으로 붙들어야만 했지만, 자신에겐 어떠한 약속도 회복되지 않았다. 다른 것이 그의 자리에 들어섰으며, 자신을 위해서 그도 믿음을 행사해야만 했다.

그러한 것이 사람의 위치(지위)였다. 죄, 선악을 아는 지식 때문에 생긴 양심 그리고 유죄상태와 더럽혀진 양심, 그리고 해방자께서 오실 것에 대한 계시. 그러한 것이 그가 가진 전부였다. 죄 때문에 삐뚤어진 또는 왜곡된 사람의 의지는 악한 양심에 의해서도, 해방자에 대한 계시에 의해서도 교정되지 않았다. 그러한 악한 의지는 인류의 확산과 더불어 널리 퍼져 나갔고, 그렇게 부패와 폭력이 온 세상을 덮었다.

이 주제를 더 이상 확대시키기 보다는, 하나님의 통치와 하나님과의 관계에 대해서 죄가 초래한 결과, 그리고 구원과 죄에 대한 치료책으로서 해방의 차이점을 설명하고자 한다. 우선 (지상에서 이루어지고 있는 하나님의 섭리로서) 통치에 대해서 생각해보자. 이 세상은 남자에겐 낙원 대신 수고와 고통으로 가득한 곳이 되었고, 그리고 여자에겐 슬픔과 근심이 자연스러운 곳이 되어버렸다. 이제 죄의 결과에 대해서 생각해보자. 둘 다 하나님의 임재 앞에서 인간을 추방시키는 결과를 낳았으며, 생명나무로 나아가는 길은 봉쇄되었다. 그들은 자신들에게 기쁨의 근원이 되어주실 하나님을 두려워하게 되었다. 고대 세계의 악을 끝장내버린 홍수는 땅에 대한 심판이었고, 땅에 대한 하나님의 통치를 보여주는 것이었다. 영원한 구원과 영광에 들어가는 것은 별개이며, 마찬가지로 주의 힘의 영광을 떠나는 것과 주의 얼굴을 떠나 영원한 멸망의 형벌을 받는 것도 별개의 사안이다. 모든 것이 그리스도의 손에 있게 될 것이다. 그리스도는 심판하시고 통치하실 영원한 구주이시다. 하지만 심판하는 일과 통치하는 일은 별개의 사안이다. 두 가지 모두 그리스도의 위격과 연결되어 있으며, 영광이 올 때 성도들은 그 두 가지 일에 참여하게 될 것이다. 두 가지 사안을 정확히 구분할 때에만 많은 부분을 선명하게 볼 수 있게 된다.

368

하나님은 사람에게 교훈과 복을 주고자 은혜 가운데서 하나님의 섭리를 진행해오셨다. 아브라함을 부르셨고, 그의 고향과 친척과 아버지의 집을 떠나 하나님이 자기 백성들에게 정해주신 땅으로 가게 하셨다. 소위 세상에 있을 때 세상을 떠나도록 하신 후에 약속을 주신 것이다. 아브라함은 신실한 자들의 조상이 되었고, 하나님의 감람나무의 뿌리가 되었다. 택함을 받고 또 부르심을 받은 사람은 약속의 후사와 후손이 된다.

여기서 긍정적인 약속이 시작되었다. 한편으론 마귀의 일을 멸하실 해방자의 계시가 있었고, 다른 한편으론 악을 아는 양심을 가지고 행하는 일이 있었다. 하지만 긍정적인 약속은 오로지 한 사람에게 주어졌다. "땅의 모든 족속이 - 너로 말미암아 - 복을 얻을 것이라."(창 12:3) 이로써 아브라함을 세상으로부터 불러내신 은혜는 그를 약속의 후사로, 세상에서 하나님의 복의 유일한 통로로 지명했던 것이다.

약속은 무조건적이고 또한 절대적인 것이었다. 하나님은 자신이 이루실 목적을 계시하는 뜻에서 약속을 주셨고, 아브라함에게 전달하셨다. 하지만 그 약속의 성취는 한 인물에게 고정시키셨다. 하나님은 복을 주는 일에 개입하셨고, 복을 주는 일이 오로지 하나님 자신의 신실성에만 의존되어 있다는 자신의 의도를 알리셨다. 하나님은 복을 주신다. 왜냐하면 하나님께서 복을 주시는 일과 그 복을 누리도록 자신이 부르신 사람에게 복을 주시길 기뻐하시기 때문이다. 약속은 온 세상으로 확장되었다. 그래서 하나님은 "땅의 모든 족속(all families of the earth)이 너로 말미암아 복을 얻을 것이라"고 말씀하셨다. 하나님의 복이 적용되는 범위는 우주적이며, 그 성격은 절대적이며, 그 성취는 오로지 하나님의 신실성에만 달려있었다.

예표적으로 이 일은 점진적으로 전개되어 왔고, 이는 하나님의 섭리를 밝히는 등불의 역할을 했다. 이삭이 제물로 바쳐졌다. 이는 예수님을 희생제사로 바치는 일과 자기 아들을 아끼지 아니하시고 우리 모든 사람을 위하여 내주신 아버지에 대한 놀라운 그림을 보여준다. 아브라함은 하나님이 능히 이삭을 죽은 자 가운데서 다시 살리실 줄로 생각했다. 예표적으로 볼 때, 그를 죽은 자 가운데서 도로 받은 것이다. 이는 그리스도의 희생제사가 성취된 후에 부활하신 그리스도를 보여준다. 그리고 나서 약속이 이삭에게 확증되었다. "또 네 씨로 말미암아 천하 만민이 복을 받으리라."(창 22:18) 땅의 모든 족속 또는 천하 만민(all the nations of the earth)이 복을 받게 될 것이란 약속은 아브라함과 그의 씨에게 주어진 것이 아니었다. 창세기 12장을 보면, "땅의 모든 족속이 복을 받을 것"이란 약속은 오로지 아브람에게만 주어진 것이었다. 따라서 갈라디아서 3장을 원어로 보면, "이 약속들은 아브라함에게 말씀하셨고, 또 그의 씨에게 확증된 것인데"(16절)라고 되어 있다. 따라서 전에 하나님이 하신 약속은 다시 그리스도에게 (그리스도 안에서가 아니라) 확증되었던 것이었다. 따라서 사도 바울이 주장하는 바, 약속은 오로지 한 사람에게만 주어졌다는 것이다. 왜냐하면 유대인의 조상으로서 아브라함에게 주어진 약속은 자신과 자신의 후손 모두에게 공통적인 것으로 주어졌기 때문이다. 그리고 그 약속은 그의 씨가 하늘의 별과 같고, 바다의 모래와 같이 많아질 것이란 것이었다. 그렇다면 천하 만민이 복을 받을 것이란 약속은 우선적으로는 아브람에게 주어졌고, 그 후에 그의 씨였던 이삭 곧 자신을 희생제물로 바치셨다가 다시 살아나신 그리스도의 예표로서 이삭에게 확증된 것이었다. 게다가 이렇게 확증하는 일에는 어느 누구도 포함되지 않았고, 후손들의 엄청난 번성도 언급되지 않았다.

369

다시 돌아와서 생각해보자. 약속은 절대적이고 무조건적이었으며, 단 한 사람 약속된 씨를 통해서 하나님 편에서 약속을 성취하실 것을 선언하셨으며, 그 성취는 하나님 자신의 신실성에 달려 있었다. 그 복을 누릴 사람들이 직접 의(義)를 성취해야만 한다는 문제는 없었다. 복을 주시는 하나님의 은혜가 계시되었고, 우리는 사도 바울과 더불어 그것이 그리스도 안에서 계시되었다고 말할 수 있다. 하지만 그 복을 누릴 사람들의 죄는 그대로 있었고, 양심에 대한 문제도 그대로 남아 있었다. 해방자의 계시와 하나님의 약속은 이제 함께 부상하게 되었고, 복을 받게 될 사람의 상태는 아무런 문제가 되지 않았다. 그러한 것이 아브라함에게 주어진 무조건적인 약속이 가지고 있는 힘이었다. 모든 민족이 복을 받는 것은 확실했다. 의(義)의 문제는 제기되지 않았다. 하나님은 아브라함에게 약속하셨고, 그 약속을 그 후손 이삭에게 확증하셨다. 하나님의 신실성이 그것을 이룰 참이었다.

이 일 후에 율법이 왔고, 구속은 출애굽과 홍해를 건너는 것을 통해서 예표되었다. 율법은 의(義)의 문제를 일으켰다. 율법은 하나님 편에서 의로움을 주장했다. 약속은 율법 아래 있는 사람들에게 순종을 조건으로 내걸었다.

"세계가 다 내게 속하였나니 너희가 내 말을 잘 듣고 내 언약을 지키면 너희는 모든 민족 중에서 내 소유가 되겠고 너희가 내게 대하여 제사장 나라가 되며 거룩한 백성이 되리라…백성이 일제히 응답하여 이르되 여호와께서 명령하신 대로 우리가 다 행하리이다." (출 19:5-8)

여기서 복을 받는 일은 사람의 순종에 달려 있었다. 중보자에게만 달렸던 것이 아니라, 양쪽 모두에게 달려 있었다. 언약은 약속하신 이의 무오류성에 의존되어 있었던 것이 아니라, 상대방의 순종에 의존되어 있었다. 하나님이 한쪽에 있었다. 중보자는 양쪽 모두를 대변하고 있었다. 여기서 복의 성취는 인간 쪽의 순종이라는 조건에 의존되어 있었다. 게다가 율법은 약속을 아무것도 아닌 것으로 만들 수 있는 의(義)를 요구했고, 이렇게 의의 문제를 일으켰다. 사람 쪽에서 완전한 실패가 있었고, 율법은 진노를 가져왔으며, 또한 사람을 저주 아래 놓이게 했다.

그리스도께서 오실 때까지, 우리는 양심, 약속, 그리고 율법을 가지고 있었다. 확고하고 어김없이 이루어질 약속이 그 후손이신 그리스도(the Seed)에게 주어진 후에, 율법은 하나님 편에서 사람에게 요구하시는 의의 문제를 일으키고자 왔으며, 의를 이룰 수 있는 규례를 선언하는 등 마치 사람이 하나님을 위해 의를 이루어야 할 것처럼 그렇게 왔던 것이다. 율법은 피조물로서 의를 이루기 위해서, 즉 피조물의 의를 위해서 (만일 그런 것이 있다면) 무엇을 해야 하고 또 무엇을 하지 말아야 하는지를 선언했다. 율법은 약속과 또한 절대적이고 또 중요한 목표를 이루기 위한 그 약속의 성취 사이에 왔다. 여기서 목표란 하나님 앞에서 의롭게 되는 것으로, 이것은 그냥 지나칠 수 없는 문제였다. 의(righteousness)는 하나님께서 사람에게 정당하게 요구하시는 공의였지만, 사람은 이미 의를 이룰 수 없는 죄인이었다.

그리스도의 죽음을 언급하기 이전에, 나는 그리스도께서 하나님의 진실하심을 위하여 조상들에게 주신 약속을 견고하게 하시고자, 할례의 수종자로 오신 사실을 언급하고 싶다. (왜냐하면 할례는 모세를 통해서 온 것이 아니라, 조상들을 통해서 온 것이기 때문이다.) 즉 그리스도는 육신 가운데 사는 사람들의 대표로서 조상들에게 주신 약속의 성취로 자신을 나타내셨던 것이다. 따라서 만일 그러한 그리스도를 영접했더라면, (다시 말해서 만일 사람이 하나님에게서 완전히 그리고 전적으로 떠나있지 않았더라면), 복이 거기 있었기 때문에, 이스라엘 뿐만 아니라 모든 민족이 그 약속된 씨를 통해서, 실로께서 이스라엘을 통해서 오실 때 모든 백성이 복종할 것이란 예언의 말씀을 따라서 복을 받았을 것이다(창 49:10). 하지만 진실은 이랬다. 즉 사람은 전적인 죄인이었고, 그 육신의 생각은 하나님과 원수일 뿐이었다. 은혜로 오신 그리스도는 육체를 입고 오신 하나님이셨으며, 세상의 빛이셨다. 율법이 없는 사람은 무법주의에 빠졌고, 율법 아래 있는 사람은 율법을 깨뜨렸다. 빛과 은혜가 왔을 때, 즉 하나님이 은혜와 진리로 오셨을 때, 사람은 그 모든 복을 거절하는 자로 자처했다.

어쨌든 약속의 상속자였던 유대인들은 약속을 거절했고, 사람에게 남은 약속이란 더 이상 없게 되었다. 더 이상 사람과 하나님을 연결하는 고리가 남아있지 않게 되었다. 오히려 하나님과 육체에 속한 사람 사이엔 아무것도 없게 되었다는 것이 맞을 것이다. 이 말은 완전한 사랑이셨던 예수님이 말씀하신 다음 구절에 잘 표현되어 있다. "나는 받을 세례가 있으니 그것이 이루어지기까지 나의 답답함이 어떠하겠느냐?"(눅 12:50) 사랑이 거기에 있었다. 예수 그리스도의 마음 속엔 충만하고, 완전하고, 활력이 넘치는 사랑이 있었다. 그리스도는 자신이 하는 모든 일을 통해서 그 사랑을 나타내셨고, 사랑은 그렇게 가시적으로 나타났다. 하지만 그렇게 사랑을 베푸신 데에는 나름 목적이 있었다. 사람을 하나님과 화목시키는 것이었다. 하지만 그 사랑은 하나님 자신에게로 돌아갔다. 하나님을 찬송하라! 그 사랑이 약해서가 아니라, 사람의 마음 속에서 아무 반응이 없어서 돌아간 것이었다. 그 사랑에 화합하는 것은 아무 것도 없었고, 오로지 이기적인 죄악만 있었다. 하나님의 사랑 때문에 그리스도는 사람들에게서 미움을 받으셨다.

371

하지만 예수의 죽음은 하나님의 모든 사랑을 드러내고 또한 하나님의 모든 목적을 완성하도록 그동안 막고 있던 모든 수문을 열었다. 예수 그리스도는 우리를 위해서 죄(sin)가 되셨다. 이는 우리로 그리스도 안에서 하나님의 의(義)가 되게 하려는 것이었다. 그리스도는 죄 문제에서 하나님을 영화롭게 해드렸고, 지극히 높고 신성한 의미에서 의(義)를 완성했다. 즉 그리스도는 죄가 요구하는 모든 주장을 만족시켰으며, 죄와 관련해서 하나님의 본성과 성품이 온전히 드러나도록 했으며, 모든 문제를 해결했다. 그 결과 은혜가 의를 통하여 왕 노릇하게 되었고, 예수 그리스도 우리 주로 말미암아 현재적 복 뿐만 아니라 영원한 생명까지 줄 수 있게 했다. 이제 그리스도의 죽음과 현재 들어가신 그리스도의 지위가 이전에 사람이 하나님과의 관계에서 서 있었던 자리의 문제를 어떻게 해결했는가를 보라*. 죄가 그리스도의 희생제사를 통해서 제거되었다. 양심은 선악을 아는 하나님의 지식과 조화를 이룰 정도로 완전히 깨끗하게 되었다. 그리스도의 위격과 공로 덕분에, 의가 하나님 앞에서 확고히 세워졌으며, 약속이 이루어졌다. 사람은 하나님을 위해 의가 없었지만, 죽으셨다가 다시 살아나신 그리스도께서 하나님의 의(義)를 우리에게 가져다주었다.

약속의 참 상속자는 의(義)를 통해서 모든 약속들을 소유할 수 있게 되었다. 의(righteousness)는 우리로 하여금 그 모든 약속에 참여할 수 있는 자격을 준다. 이삭이 모형적으로 제단에 드려진 이후 약속이 그에게 확정되었던 것처럼, 참 이삭이신 그리스도께서 부활하신 후 영광의 자리에 들어가셨을 때 모든 약속이 그리스도에게 확정되었다. 이제 하나님의 모든 약속은 그리스도 안에서 예와 아멘이 되었고, 우리는 그리스도 안에 있는 자가 됨으로써 하나님의 모든 약속에 참여하게 되었다. 새 생명의 능력 가운데 자신의 자리에 들어가신 그리스도, 믿음으로 자신에게 속한 새로운 인류의 머리이신 그리스도 안에서 우리를 받아주신 하나님은 우리가 첫째 아담 안에서 죄인이 되었던 것처럼, 그리스도 안에서 의인이 되게 해주셨다. 이처럼 놀라운 역사는 죄를 없이하는 일 뿐만 아니라 전혀 새로운 생명을 전달하는 일을 통해서 모든 죄인들, 즉 유대인 뿐만 아

---

* 물론 신자만이 그 복에 참여한다. 나는 다만 그리스도의 사역이 가지고 있는 가치를 강조하고 있다.

니라 이방인에게까지 이르렀다. 하나님과 옛 사람 사이를 연결하고 있던 것은 아무 것도 없었고, 비록 그리스도께서 사람의 형체를 입고 오신 참 사람이셨지만 죄가 없으신 그리스도와 죄악으로 가득한 육신 사이에는 연합을 이룰 수가 없었다. 하지만 이젠 신자와 부활하신 예수님 사이엔 연결이 있다. 왜냐하면 신자에겐 새 생명이 주어졌기 때문이다. 성령에 의해서 신자는 하늘 처소에서 하나님 앞에 의(義) 가운데 계신 그리스도와 연합을 이루고 있다. 모든 신자의 이마엔 그리스도의 죽음이 새겨져 있다. 절대적인 죽음이다. 따라서 모든 신자가 죽은 것이다. 사람에겐 아무 것도 없다. 다만 주의 어떠하심과 같이 그리스도 안에 있는 생명을 공유하고 있을 뿐이다. (사도 바울도 그리스도를 육신을 따라 알았지만 이제부터 그같이 알지 않기로 작정했다. 즉 이 세상에 약속을 이루고자 오셨던 메시아로 더 이상 알지 알기로 했다.) *그리스도의 죽음 속에 연합함으로써* 죄인으로서 육신에 속한 사람의 전반적인 상태는 끝난다. 그리고 부활을 통해서 완성된 의로 말미암아 생명의 새로운 지위를 획득하신 그리스도는 우리로 하여금 새로운 방식으로 의(righteousness)를 얻을 수 있는 토대를 마련하셨다. (이 의는, 비록 사람이셨고 또한 사람이신 그리스도를 통해서 이루어진 것이긴 하지만 사람의 의가 아니라 하나님의 의다. 이 하나님의 의(義)가 사람이신 그리스도를 하나님의 우편에 앉게 했다.) 이로써 은혜가 의(righteousness)로 말미암아 우리로 하여금 하나님의 영광에 들어가도록 작용할 수 있게 된 것이다.

따라서 죄는 제거되었고, 양심은 정결함을 받았으며, 율법 아래 있던 자들을 두르고 있던 율법의 저주는 끝났으며, 의가 이루어졌다. 이로써 복과 약속이 예수 그리스도로 말미암아 신자에게 충만하게 임할 수 있게 되었다. 사람 편에서 필요로 하는 모든 것 또는 하나님 편에서 약속하신 모든 것이 이루어졌으며, 그것도 그리스도 안에서 그 모든 것이 이루어졌다. 하나님이 사람을 다루셨던 기초로서 모든 도덕적 요소들이 밝히 드러났으며, 그리스도 안에 있는 은혜를 통해서 확고히 세워졌다. 사람은 자신의 의를 통해서 약속을 취할 수 없었을 뿐만 아니라, 하나님은 정당한 방법으로 그것을 사람에게 주실 수도 없으셨다. 하지만 오늘날 한 영원하고도 신성한 의(義)를 토대로 해서, 하나님의 약속들이 그 풍성함으로 값없이 신자들에게 흘러나가고, 또 주 예수 그리스도의 죽음과 의(義)를 통해서 이러한 약속들에 부여된 중요성을 따라서 하나님의 사랑이 유대인 뿐만 아니라 이방 죄인들에게까지도 흘러나가게 하고자, 하나님은 확실히 약속을 이루셨던 것이다. 순서는 이렇다. 죄* - (죽었고 또한 하나님에게서 멀리 떠나 있었던) 양심 - 약속 - 사람에게 의의 문제를 일으키는 율법 (하지만 율법은 깨어졌고, 약속은 무시되었다) - (죄가 제거되고, 율법의 저주를 끝내고, 양심을 정결하게 만들고, 신성한 의를 가져다 준) 그리스도의 죽음과 새로운 인류의 머리로서, 성령과 영생의 능력으로 다시 살아나신 그리스도. 이제 하나

---

* 여기서 그리스도께서 오실 것이 선언되었고, 인류의 조상이었던 아담은 제껴졌다.

님의 계획과 하나님의 의를 따라서, 그리스도의 죽음과 이 하나님의 의에 연합하는 사람은 누구나 하나님의 약속에 참여할 수 있다. 제물로 바쳐졌다가 다시 살아난 이삭의 원형이신 그리스도께서 친히 약속의 후사이시기에, 그리스도 안에 있는 신자는 죄로부터 깨끗함을 받고, 하나님 앞에서 의롭게 되며, 새 생명의 능력과 성령의 에너지를 통해서 그리스도 안으로 접붙임을 받기 때문이다.

Chapter 3
그리스도의 십자가와 하나님의 때
Christ's Cross and God's "due time"

384

"우리가 아직 연약할 때에 기약대로 그리스도께서 경건치 않은 자를 위하여 죽으셨도다 의인을 위하여 죽는 자가 쉽지 않고 선인을 위하여 용감히 죽는 자가 혹 있거니와 우리가 아직 죄인 되었을 때에 그리스도께서 우리를 위하여 죽으심으로 하나님께서 우리에게 대한 자기의 사랑을 확증하셨느니라."(롬 5:5-8)

로마서 5장 21절 "은혜도 또한 의로 말미암아 왕 노릇 하여 우리 주 예수 그리스도로 말미암아 영생에 이르게 하려 함이니라"는 구절을 보면, 이 구절 속에는 복음을 통해서 하나님이 사람을 다루시는 신적 원리와 섭리가 요약되어 있다.

사도 바울이 하나님의 섭리에 대해서 말하고 있는 세대적이고 개인들에게 적용되는 특징을 가지고 있는 원리는, 모든 것이 은혜라는 특징을 가지고 있다. "우리가 아직 연약할(without strength) 때에 기약대로 그리스도께서 경건치 않은 자를 위하여 죽으셨도다." (6절) "우리가 아직 죄인 되었을 때에 그리스도께서 우리를 위하여 죽으심으로 하나님께서 우리에게 대한 자기의 사랑을 확증하셨느니라."(8절). 이 모든 일을 가능케 해준 것은 바로 은혜였다. 15-21절을 보라. "한 사람의 순종치 아니함으로 많은 사람이 죄인되었고"(19절), 그들은 계속해서 죄를 짓고 또 하나님의 권위를 무시한다. 하지만 그리스도의 순종으로 인해서 "많은 사람이 의인이 되었다." "죄가 더한 곳에 은혜가 더욱 넘쳤다."(20절) 전체적인 결론은 은혜가 다스리고 있다는 것이다.

이 점에 있어서 사도 바울에게 큰 확신을 가져다준 것은, 사람의 총체적인 상태에 대해서, 모든 측면과 모든 방식으로 충분히 논의한 결과였다. 그처럼 복된 결과는 우연의 산물이 아니라, 충분히 검토한 결과였다. 사람의 총체적인 상태를 검토한 후, 하나님은 자신의 입장에 서셨고 또한 자신이 예수 그리스도 안에서 죄인에게 무슨 일을 하실 것인지를 나타내셨다. 복음에는 그러한 내용이 담겨 있다. 복음은 사람이 어떤 존재인가 또는 하나님이 사람에게 무엇을 요구하시는가에 대한 것이 아니라, 하나님은 어떤 존재이시며 또한 사람이 어떤 존재인지를 총체적으로 드러내신 후에, 하나님이 무슨 일을 하셨는가에 대한 것이다. 단순하게 받아들인다면, 마음에 무슨 의심이나 의혹이 있을 수 없다. 복음은 하나님께서 우리의 모든 필요를 계산하신 후 제시하시는 하나님의 계시이다. 반복해서 말하지만, 복음은 사람이 어떤 존재인지를 완전히 드러낸 이후에 하나님은 어떤 분이신지를 드러내는 계시이다. "우리가 아직 연약할 때에(without strength) 기약대로 그리스도께서 경건치 않은 자를 위하여 죽으셨도다 의인을 위하여 죽는 자가 쉽지 않고 선인을 위하여 용감히 죽는 자가 혹 있거니와 우리가 아직 죄인 되었을 때에 그리스도께서 우리를 위하여 죽으심으로 하나님께서 우리에게 대한 자기의 사랑을 확증하셨느니라."(6-8절)

영혼의 평안은 하나님께서 우리가 어떤 존재인지를 충분히 검토하셨다는 사실을 인식하지 못한 채 그저 우리 자신을 바라봄으로써 항상 방해를 받는다. 복음은 하나님께서 완전한 계산을 하셨다는 사실에서 시작한다. 하나님은 태초부터 사람이 무엇이며 또 어떠한 존재가 될 것인지를 아셨다. 하지만 인간의 역사를 통해서 하나님은 인간이 어떤 존재인지를, 인간이 처할 수 있는 가능한 모든 환경 아래 두심으로써 그 행실과 행동을 통해서 드러내셨고 또한 입증하셨다. 인간이 전적으로 잃어버린바 된 존재인 것과 인간이 조금도 혹은 어떤 식으로든 신뢰할 수 없는 존재인 것을 드러내셨을 때, 하나님은 새로운 시작을 알리셨고, '나는 너를 신뢰할 수 없다. 대신 너는 나를 신뢰해야만 한다' 고 말씀하셨다. 따라서 오랜 시간 동안 고통스러운 내적 싸움이 종종 일어나는데, *그 이유는 우리 자신이 양심상 복음이 시작되는 지점까지 내려가지 않기 때문이다.* 사람은 자신을 경건하지 않은 사람으로 인정하기는 하지만, 단지 자신이 경건하지 않은 사람인 것을 멈추길 소망할 뿐이다. 하나님은 이 상태에 있는 사람에게, 일정 시간 동안 고군분투하고 몸부림치는 시간을 허락하신다. 그 사람의 영혼의 상태가 복음이 시작되는 지점에 이를 때까지 그리하신다. 복음이 단순하지 않은 것이 아니라, 우리 자신이 양심상 복음이 작용할 수 있는 상태에 이르지 못하고 있기 때문이다. 복음의 역사는 반드시 양심 속에서 시작되어야만 한다. 우리는 너무도 많은 사람들이 말씀을 듣고, 즉시 기쁨으로 받지만 그 속에 뿌리가 없어 잠시 견디다가 말씀을 인하여 환난이나 핍박이 일어나는 때에는 곧 넘어지는 것을 본다(마 13:20,21). 이 사람의 지성은 분명 복음에 의해서 영향을 받았지만, 이 사람의 양심 속엔 복음의 역사가 일어나지 않았다. 그렇다고 해서 이 사람이 진실하지 않은 사람이란 뜻은 아니다. 그는 결코 하나님 앞에서 유죄상태로, 즉 자신이 죄인이란 사실을 깨닫고 두렵고 떨리는 마음으로 하나님 앞에 서본 일이 없는 사람일 뿐이다. 이런 사람에 대해서 성경은 "말씀을 인하여 환난이나 핍박이 일어나는 때에는 곧 넘어지는 자요"라는 설명을 덧붙였다. 반면에 만일 자신이 그리스도가 없는 상태에서 잃어버린바 된 자인 것을 알았다면, 그는 분명 제자들과 더불어 "주여 영생의 말씀이 계시매 우리가 뉘게로 가오리이까?"라고 말할 것이다(요 6:68). 우리가 "경건하지 않다"는 사실 보다 우리가 "연약하다(without strength)"는 사실을 믿는 것이 훨씬 더 어려운 법이다. 많은 영혼들이 전자는 믿지만, 후자는 믿지 않는다. 하나님은 아담부터 그리스도에게 이르기까지 세상의 역사를 보여주셨다. 그리스도의 죽으심을 위한 "적절한 때"가 있었다. 여기서 적절한 때란 세상 역사 속에서 가장 좋은 때를 가리킨다. 물론 개인 영혼에게도 적절한 때*가 있다. 모든 사람의 마음에 동일한 감정이 일어나는 것은 아니지만, 어쨌든 각 사람은 그리스도의 죽으심 앞에서 자신의 경건치 않음과 연약함을 생각하면서 양심으로 반응을 해야만 한다.

385

많은 사람들이 자신을 경건하지 않은 사람으로 인정은 하지만, 그 말의 진정한 의미를 깨닫고 있지는 못하다. 하나님과 우리 사이를 막고 있는 도덕적 거리감이 어떻게 이것을 제대로 파악하지 못하도록 하는지 놀랍기만 하다. 만일 사람이 타고난 양심을 가지고, 하나님은 거룩하시고 자신은 죄인인 것을 인정할지라도, 자신이 하나님의 임재로부터 차단되어 있을 뿐만 아니라 하나님의 존재를 느낄 수조차 없는 존재라는 사실은 인정하고자 하지는 않을 것이다. 한편으로 하나님은 "눈이 정결하시므로 악을 참아 보지 못하시며 패역을 참아 보지 못하시는" 분이시며(합 1:13), 다른 한편으로 사람은 죄인이다. 따라서 사람은 근본적으로 자신이 하나님의 임재 속에 있다는 의식이나 또는 그런 양심을 가질 수는 없다. 여기서 제외되는 사람은 한 사람도 없다. 우리의 양심은 결코 그런 일을 감당할 수 없다. 인간의 소망과는 관계없이, 우리가 직면해야 하는 진실은 바로 우리는 한 번도 하나님의 임재 속에 있어본 적이 없다는 것이다. 광범위한 의미에선 우리는 항상 하나님의 임재 가운데 있다고 말할 수 있지만, 우리 양심상 우리 자신을 그만큼 하나님께 가까이 나아갈 수 있는 존재로 말할 순 없다. 사람은 절대적으로 하나님 없이 살아가면서도, 자신을 선한 사람으로 생각할 수 있다. 친구에

---

* 사람들은 인간의 가장 비참한 상황과 때가 곧 하나님의 기회란 말을 하는데, 이는 진리이다.

게 상처를 주는 일을 하는 것은 별개의 일로 생각한다. 세상에서 옳고 그름을 따질 때, 하나님은 항상 배제시킨다. 사람이 옳고 그름에 대해서 자신의 판단을 신뢰하는 것보다 하나님을 기만하는 확실한 방법도 없다. 사람은 자신에게 해로운 것을 "그르다(잘못되었다)"고 확정하며, 하나님의 임재와 하나님의 말씀은 외면한다. 이 모든 것은 사람이 "하나님이 없는 자"라고 하는 근본적인 진리를 보여준다.

386

여기엔 또 다른 진리가 진술되어 있다. 즉 "우리가 연약하다(without strength)"는 것이다. 사람이 실제적인 자신의 본 모습을 알게 될 때, 그것은 항상 현재적 신분의 문제(a question of present standing)로 귀결된다. 경건하지 않은 사람도 가끔 자신이 하나님을 만나게 될 것으로 생각한다. (이는 자연스러운 일이다) 어쨌든 그는 심판의 날에 그리될 것이다. 하지만 만일 하나님의 임재가 그 마음에 계시된다면, 그 사람의 마음은 하나님의 임재로 가득해지게 된다. 단순히 하나님에게로 가고 싶다는 생각이 있지만, 우선적으로 해결해야 할 문제가 있다. 즉 사람은 자신이 어떻게 하면 하나님과 화해할 수 있는지를 알고 싶어 한다. 시간이 허락된다면, 그는 하나님과 화목할 수 있다고 생각한다. 그는 자신이 처해 있는 상태에 대해선 아무 생각도 없이, 그저 자신이 소망하는 것을 바라보면서, 미래의 어느 날 자신이 하나님 앞에 서게 될 날을 생각할 뿐이다. 그는 재판장이신 하나님에 대해선 아무 것도 모른다. 사람은 그저 자비를 베풀어주시기만을 소망하면서, 하나님은 불법을 참아 보지 못할 정도로 눈이 정결하지는 않으실거야라는 말을 굳이 입밖으로 내지는 않지만, 자신만큼은 그냥 넘어가 주길 바라고 있다.

이방인의 상태는 전적으로 경건치 않다는 것이다(롬 1장). 모든 방면에서 사람을 두루 살핀 사도 바울은 의인은 없다고 선언했다. 하지만 사람은 자연적인 양심을 가지고 있고, 자신이 어둠 가운데 행한 일이 빛 가운데 드러날 것을 두려워한다. 사탄의 영적 어둠과 자신의 경건치 않음 가운데 있을 때, 그들은 "모든 더러운 것을 욕심으로 행했으며"(엡 4:19) 동물과 돌들에 우상을 새겨 경배했다. 기독교는 사람들이 이전 어둠 가운데 행했던 일들을 빛 가운데 드러냄으로써 부끄럽게 만든다. 여전히 이런 상태에 있는 사람은, 그 자신의 정욕이 모든 행동의 원천일 뿐만 아니라, 사탄과 자기 정욕의 노예로서 자신의 타고난 악한 성향을 기쁘게 하는 일에 점령되어 있다는 것을 알아야 한다. 이러한 일은 거룩하신 하나님에게서 나오지 않는다. 이러한 일에 연루된 모든 것은 경건치 않은 것이다.

387
이 외에도 또 다른 것이 있다. 하나님은 하나의 민족을 선택하셨고, 그 민족에게 엄청난 호의를 베푸셨으며, (하나님의 백성으로서) 하나의 규칙을 주셨다. 그러자 과연 사람이 이 규칙을 따라 행할 수 있는 능력이 있느냐는 것이 문제가 되었다. 하나님은 시내 산에서 친히 열 개의 계명을 말씀하셨고, "누구든지 율법 책에 기록된 대로 온갖 일을 항상 행하지 아니하는 자는 저주 아래 있는 자라"(신 27:26, 갈 3:10)는 말씀을 더하셨다. 이후로는 자기 뜻을 따라 자기 마음대로 행동하는 사람은 이 율법을 깨뜨리는 사람이 되었다.

좀 더 살펴보자. 나는 율법의 영성을 제대로 바라보고 또 평가하기 위해 율법을 향해 나의 마음을 열 수도 있지만, 그렇다고 해서 내가 육신적인 유대인이 되는 것은 아니다. 그렇다면 율법은 나를 어디로 데리고 가는 것일까? 양심 속으로 데리고 간다. 단지 내가 실패했던 삶이나, 율법 없는 상태에서 율법을 어긴 것을 직면하게 해주는 것이 아니라, 내적인 원리로서 "내 지체 속에서 한 다른 법이 내 마음의 법과 싸워 내 지체 속에 있는 죄의 법 아래로 나를 사로잡아 오는" 하나의 법으로서 대면하게 해준다(롬 7:23). 만일 나 자신을 율법 아래 놓는다면, 그 법을 잘 지키려고 애를 쓰면 쓸수록, 나는 더욱 나쁜 상태에 떨어지게 될 것이다. 그렇다면 하나님은 왜 율법을 주셨는가? 하고 묻고 싶을 것이다. 갈라디아서 3장 19절을 보면 "범법함을 인하여 더한 것이라 천사들로 말미암아 중보의 손을 빌어 베푸신 것인데 약속하신 자손이 오시기까지 있을 것이라"는 답을 들을 수 있다. 무슨 목적으로 주어진 것인가? "율법이 가입한 것은 범죄를 더하게 하려는"(롬 5:20) 것이었다. 이미 죄인일 뿐만 아니라 자기 지체 속에 이 법이 작용하고 있는 사람에게 율법은 무엇을 하고자 가입한 것인가? 바로 "범죄를 더하게 하려는 것이며" 또한 "계명으로 말미암아 죄로 심히 죄 되게 하려는"(롬 7:13) 것이었다. 이것이 바로 사람이 "연약하다(without strength)"는 것을 확신시키고자 하나님이 선택하신 방법이었다. 이런 의미에서 하나님이 택하신 방법은 자비였다. 이 사실을 사람에게 설득시키는 일보다 더 어려운 일이 있을까? 이 법이 자기 지체 속에서 여전히 작용하고 있는 한 판단도 옳고, 정서도 옳다. 율법은 무엇이 옳은지 그른지를 분별하게 해주는 기능을 하지만, 그 옳은 일을 하도록 힘을 주지는 않고, 다만 죄로 심히 죄 되게 할 뿐이다. 또 다른 기능이 있다. 즉 율법은, 우리 본성 속에 자리 잡고 있는 악 때문에 우리가 행하는 모든 행실을 "범법(transgression; 율법을 어기는 행위)"으로 만들어버린다. 이러한 범법행위는 하나님의 권위를 무시하는 죄다. 이는 곧 로마서 7장 13절에서 말하고 있는 "계명으로 말미암아 죄로 심히 죄 되게 하는 것"이다. 이제 죄로 "심히 죄 되게 하는 것"은 나를 죄인으로 만드는 방식이 아니라, 하나님 앞에서 의를 얻게 하는 방식인 것을 분명히 알 필요가 있다!

388

율법이 없다면 사람은 무엇일까? 반대로 율법이 있다면? 율법 없는 사람은 하나님의 임재 밖에 있는 사람이다. 율법이 있다면, 그는 책임에서 실패했고 또 율법을 깨뜨린 사람이다. 예수께서 오셨을 때, 예수님은 하나님의 선하심의 증인이셨지만, 사람은 그분을 거절했다. "내가 아무도 못한 일을 저희 중에서 하지 아니하였더면 저희가 죄 없었으려니와 지금은 저희가 나와 및 내 아버지를 보았고 또 미워하였도다 그러나 이는 저희 율법에 기록된 바 저희가 연고 없이 나를 미워하였다 한 말을 응하게 하려 함이니라." (요 15:24,25) 사람은 모든 방법으로 시험을 받았으며, 전적으로 부족하다는 사실이 입증되었다. 어째서 그런가? 과연 하나님께서 사람의 상태를 모르셨기 때문인가? 그렇지 않다. 율법은 사람의 상태를 회복하기 위한 것이었다. 하나님은 지금 사람의 양심에, 하나님은 처음부터 사람의 상태를 아신다는 사실을 깨닫게 하신다.

"우리가 알거니와 무릇 율법이 말하는 바는 율법 아래 있는 자들에게 말하는 것이니 이는 모든 입을 막고 온 세상으로 하나님의 심판 아래 있게 [즉 유죄 상태에 처하게] 하려 함이니라." (롬 3:19)

이 구절의 말씀은 율법의 세 가지 형태를 보여준다. 첫 번째, 사람이 무엇을 해야 하는지에 대한 완벽한 기준을 보여준다. 두 번째, 사람이 하고 싶어 하는 일에 대한 금지 명령이다. 즉 하나님이 요구하시는 것에 대한 적극적인 기준과 사람이 자신의 욕망을 따라 하고 싶어 하는 일에 대한 금지의 기준을 보여준다. 세 번째, 율법은 "개혁할 때까지 맡겨 둔" (히 9:9,10) 부가적인 예식과 예법이었다. 하나님은 율법을 통해서 무슨 일을 하셨는가? 한편으론 사람이 의롭지 못하다는 것을 보여주셨고, 다른 한편으론 "의인으로서 불의한 자를 대신" 하여 고통을 당하신 (거룩하고 의로우신) 그리스도에게로 우리를 안내하는 일을 하셨다.

사람은 무슨 일을 했는가? 하나님 앞에서 자신을 위해 의(義)를 행하고자 했으며, 하나님께서 사람이 죄인인 것을 보여주고자 보내신 율법을 지키고자 했다. 자기 마음의 공백을 메우고자 애를 썼으며, 죄인의 대속주이신 예수의 모형과 예표로 주어진 이러한 예식들을 통해서 자기 의를 세우고자 했다.

은혜는 이해하지 못한 채, 율법에 대한 영적인 깨달음을 따라 사람이 애쓰는 노력은 결국 영혼을 더욱 비참하게 만들 뿐이다. 율법을 행할 힘이 없기 때문이다. 무엇을 해야 하는가에 대한 율법의 깨달음이 많아지면 질수록, 정죄감은 더욱 많이 느끼게 될 것이며, 율법을 지킬 수 없는 무능력에 괴로움은 더해만 갈 것이며, 그처럼 연약한 상태에서 해방되고 싶은 열망은 더욱 커져만 갈 것이다. "오호라 나는 곤고한 사람이로다 이 사망의 몸에서 누가 나를 건져내랴?"(롬 7:24) 이 모든 것은 "사람이 무엇인가?"에 대한 질문으로 귀결된다. 사람은 경건치 않고 연약하다. 그렇기 때문에 사람의 역사는 주 예수 그리스도의 죽음 안에서 종결될 필요가 있었다.

이제 우리는 이 역사의 최종적인 결국이 무엇인지 알게 되었다. 하나님이 사람의 결국을 보여주신 것을 단순한 믿음으로 받아들였다면, 우리는 더 이상 사람을 보호관찰 아래 있는 존재처럼 생각해서는 안된다. 지난 4천년 동안 사람은 보호관찰의 상태에 있었고, 그렇게 시험을 받은 결과 나쁜 나무에게선 좋은 열매를 얻을 수 없다는 결론이 났다. (사람은 결코 율법을 지킬 수 있는 존재가 아니다.) 복음은 사람이 더 이상 하나님의 보호관찰의 대상이 아닌 것을 확증한 후에 주어졌다. 하나님은 사람에게서 무슨 좋은 열매 얻기를 포기하셨다. 예수께서 열매를 기대하셨던 것은 자연스러운 일이었다. 하지만 아무것도 거둘 수 없으셨다. 모든 포도가 시게 되었고, 사람이 먹을 수 없는 신 포도밖에 맺은 것이 없었다.

389
사람을 시험하셨던 하나님께서 친히 오셨다. 만일 영원한 정죄가 없다면, 우리는 심판장이신 하나님 앞에 서게 된다는 생각을 할 필요가 없다. "우리가 알거니와 무릇 율법이 말하는 바는 율법 아래에 있는 자들에게 말하는 것이니 이는 모든 입을 막고 온 세상으로 하나님의 심판 아래에 있게 하려 함이라 그러므로 율법의 행위로 그의 앞에 의롭다 하심을 얻을 육체가 없나니 율법으로는 죄를 깨달음이니라."(롬 3:19,20) 시편 기자는 "주의 종에게 심판을 행하지 마소서 주의 눈 앞에는 의로운 인생이 하나도 없나이다"(시 143:2)라고 부르짖었다. 나 자신을 더 많이 알수록, 시편 기자의 말이 사실인 것을 더욱 깨닫게 된다. 그리스도의 사랑만이 나 자신을 엄격한 잣대로 판단하는 자리에 나를 넣어준다. 선과 악이 아무 의미가 없는 것처럼, 하나님은 심판을 생략하실 수 있는가? 그럴 수 없다! 하나님을 경외하는 것이 지혜의 근본이다. 이 상태로 우리는 하나님 앞에 서있을 수 없다. 과연 무엇을 해야 하는 것인가? 이런 점에서 사람은 반드시 자신에 대한 모든 것에 대해서 죽음을 맞이해야 한다. 나는 과거 내가 행한 것이나 아니면 내가 행할 수 있는 그 무엇을 가지고 하나님 앞에 나아갈 수 없다. 하나님은 그런 나를 결코 신뢰하지 않으실 것이다. 과연 나는 하나님을 신뢰할 수 있는가? 하나님이 어떤 분이신가는 내가 지은 죄들을 앞에 두고 생각해야 하는 일이다. 만일 내가 이성적으로 생각하기 시작한다면, 나는 율법 아래 들어가게 될 것이다. 나 자신에게 은혜 자체이신 하나님에 대해서 나는 이성적으로 생각할 수 없다. 만일 은혜를 이성적으로 계산할 수 있다면, 그것은 은혜일 수 없다.

과연 어디서 하나님이 어떤 분이신지에 대한 계시와 증거를 볼 수 있는가? 그리스도 안에서 볼 수 있다. 하나님을 위한 이처럼 복된 증인은 여기서 무슨 일을 하셨는가? 오로지 은혜 베푸는 일만 하셨다. 그리스도는 바리새인들에게 그들의 의가 다만 그들이 지은 다른 죄들에 외식하는 죄를 더할 뿐이라는 것을 보여주셨다. 하지만 사람이 무슨 의를 가진 것처럼 자신을 꾸미지 않고, 그저 자신을 인류 가운데 가장 비참한 사람으로, (즉 도둑, 간음죄를 지은 여자, 어느 동네에 죄인이었던 한 여자 등등.) 그리스도 앞에 나아올 때마다, 그리스도는 그들에게 은혜를 베푸셨으며, 오로지 은혜만을 나타내셨다. 죄인으로서 나는 하나님이 그들에게 무엇이셨는가를 알고 싶을 뿐이다. 그때 뿐만 아니라 오늘날에도, 하나님은 무엇이신가? 바로 은혜다. 어쩌면 나는, '만일 내가 하나님에게로 간다면 나는 은혜로우신 하나님을 뵐 수 있을 거야.' 라고 말하고 싶을 것이다. 하지만 그것은 전혀 은혜에 대한 증거가 아니다. 우리가 하나님에게로 가는 것이 아니라, 하나님께서 우리에게로 오셨다. "하나님의 사랑이 우리에게 이렇게 나타난 바 되었으니 하나님이 자기의 독생자를 세상에 보내심은 그로 말미암아 우리를 살리려 하심이라 사랑은 여기 있으니 우리가 하나님을 사랑한 것이 아니요 하나님이 우리를 사랑하사 우리 죄들을 속하기 위하여 화목 제물로 그 아들을 보내셨음이라."(요일 4:9,10) 하나님의 아들께서 오신 사실을 통해서, 나는 하나님이 나에게 무엇인지에 대한 가장 완전한 형태의 확신을 가지게 되었다. 이로써 나는 나를 사랑하시는 하나님의 사랑에 대한 완전한 확신을 가지고 있다. "우리가 아직 죄인 되었을 때에 그리스도께서 우리를 위하여 죽으심으로 하나님께서 우리에 대한 자기의 사랑을 확증하셨느니라."(롬 5:8) (만일 내가 하나님의 말씀을 그대로 받아들인다면) 하나님의 입술에서 나오는 음성을 통해서 "네 죄 사함을 받았느니라…평안히 가라"는 음성을 듣게 될 것이다. 만일 내가 지은 죄들을 진실히 대면하기만 한다면, 나는 그 은혜의 진실하심 가운데서 그 모든 죄들을 대속해주시는 그리스도를 발견하게 될 것이다.

390

하나님은 주권적인 권리를 가지고 계시며, 그에 따른 은혜의 통치가 있다. 그럼에도 하나님은 의로우시다. 그러므로 "은혜도 또한 의로 말미암아 왕 노릇 하여 우리 주 예수 그리스도로 말미암아 영생에 이르게" 해야 한다(롬 5:21). 은혜로 통치하시는 하나님은 그 사랑의 증거로 자기 아들을 주셨다. 그럼에도 하나님은 의로우시기에, 자신이 지은 죄들 가운데 있는 죄인을 자신의 임재 속으로 들어가도록 허락하실 수 없으셨다. 따라서 하나님은 그 죄들을 대속하도록 자기 아들을 내어주신 것이었다. 하나님의 의(義)가 모든 것 가운데, 그 진실성과 권능으로 나타났다. 주 예수님은 경건하지 않은 자들을 위하여 죽으셨다. 그리스도는 자기 목숨을 내어놓기까지 순종하셨다. 그리스도는 모든 것을 홀로 지셨고, 죽음의 맨 밑바닥까지 내려가셨으며, 사람의 미움과 하나님의 내어버림과 사탄의 권세를 감내하셨다. 우리는 십자가에서 모든 것을 희생하신 그리스도를 본다. 우리를 거스르던 모든 것이 해결(解決)되고 또한 해소(解消)되었다. 이렇게 한 사람의 순종하심으로 많은 사람이 의인이 될 수 있는 길이 열린 것이다.

죄를 향한 하나님의 의로운 진노가 나타났다. 나는 어디서 그것을 볼 수 있는가? 그리스도의 십자가에서 볼 수 있다. 십자가에서 하나님은 자기 아들을 아끼셨는가? 아니다! 나는 그 십자가에서 집행된 나의 죄에 대한 하나님의 진노를 본다. 죄를 향한 하나님의 심판은 참으로 무섭고 두려운 일이지만, 이제 그것이 나의 구원이 되었다. "먹는 자에게서 먹는 것이 나오고 강한 자에게서 단 것이 나온 것이다."(삿 14:14) 소위 골리앗이 자신의 칼에 의해서 목 베임을 받은 것이다(삼상 17:51). 주 예수 그리스도는, 심판을 온 몸으로 받으신 후, 다시 살아나셨다. 게다가 그리스도는 하나님 앞에서 영원한 의(義) 가운데 서 계신다. 의(righteousness)는 하나님의 눈 앞에서 세세무궁토록 그곳에 있다.

그리스도의 피가 죽음의 표로 흘려졌다. 죄의 삯이었던 죽음이 하나님의 눈 앞에 세세토록 있다. 나는 감히 죽음이 나의 눈 앞에 있다고 말하고 싶지는 않다. 다만 하나님의 눈 앞에 있다. 하나님은 심판장이시다. 우리는 그 피에 대한 가치를 마땅히 느껴야할 정도까지, 느끼지 못할 수도 있다. 하지만 내가 확신하는 바는, 하나님께서 그 피에 대한 가치를 마땅히 느껴야할 정도까지 느끼신다는 사실이다. 하나님께서 그 피를 보고 계신다. "내가 피를 볼 때에 너희를 넘어가리라."(출 12:13) 피는 하나님께 무한한 가치가 있다. 이 외에 또 다른 것이 있다. 즉 그리스도, 즉 "의로우신 예수 그리스도"께서 하나님 우편에 계신다. 죽기까지 순종하셨고, 모든 일을 이루신 그리스도가 그곳에 계신다. 아버지에게서 오는 징계가 있을 수 있지만, 그 고통스러운 징계 조차도 우리의 유익을 위한 것이다

(히 12:10). 그럼에도 의가 항상 그곳에 있으며, 하나님의 임재 가운데서 우리를 위하시는 의로우신 예수 그리스도께서 계신다.

성령님은 세상에 의를 증거하기 위해 오셨다. 왜냐하면 예수께서 아버지께로 가셨기 때문이다. "그러나 내가 너희에게 실상을 말하노니 내가 떠나가는 것이 너희에게 유익이라 내가 떠나가지 아니하면 보혜사가 너희에게로 오시지 아니할 것이요 가면 내가 그를 너희에게로 보내리니 … 의에 대하여라 함은 내가 아버지께로 가니 너희가 다시 나를 보지 못함이요."(요 16:7,10) 의(義)는 하나님의 임재 가운데 있으며, 그 의는 내가 지은 모든 죄를 대신 지신 예수 그리스도이시다.

391
이 의의 문제는 장차 이루어지는 소망의 일부가 아니라는 사실을 기억하라. 나의 영혼은 지금 예수님을 바라보며, 평안의 말씀을 주시길 바랄 수 있다. 그럴지라도 나는 그리스도께서 나를 위해 죽어 주시길 빌거나 아니면 그리스도께서 나를 위해 다시 살아나시고, 이러한 의를 성취해주시길 소망하지 않는다. 그런 것이 아니다. 나는 다만 믿는다. 이는 주 예수 그리스도의 위격(또는 신격)을 믿고, 그 피와 그 십자가 사역이 가진 가치를 알고 믿는 문제다.

그리스도인의 삶에 대해서 생각해보자. 첫 번째 사안은 하나님과 함께 하는 삶을 시작하는 것이다. 우리가 어떠한 사람이 되어야 하는지에 대해선 말하지 말자. 만일 우리 손에 선물을 들고 하나님께 나아간다 해도, 첫 번째 질문은 당신이 누구냐는 것이다. 사람은 죄인이며, 하나님은 죄인의 손에 들린 선물을 받지 않으신다. 마음 속에 진실이 있다면, 양심은 사람이 처한 현재 상태에 주목하도록 작용할 것이며, 그것을 무시하는 꿈을 꾸지 않을 것이다. 우리에겐 "내가 눈으로 주를 뵈옵나이다. 무엇을 해야 하나요?" 라고 말하는 것이 필요하다. 욥은 경건한 사람이었고, 이성적인 사고를 하는 사람이었다. 그가 하나님을 본 순간, 그는 "내가 주께 대하여 귀로 듣기만 하였사오나 이제는 눈으로 주를 뵈옵나이다 그러므로 내가 스스로 거두어들이고 티끌과 재 가운데에서 회개하나이다" (욥 42:5,6)라고 말했다. 그가 하나님을 보는 순간, 이로써 전체 문제가 해결되었다. 우리도 나의 의이신 그리스도께서 하나님 우편에 계신 것을 보게 될 때, 모든 문제가 해결된다.

또 다른 것이 있다. 십자가 사역의 효력은 단지 내가 하나님 앞에서 아무 허물도 없이 서있을 수 있도록, 과거의 죄들만을 해결해주는 정도로 그치지 않고, 더욱이 나를 거기서 그리스도 안에 있는 존재가 되게 해준다. 그리스도인으로서 합당한 행실을 할 수 있도록 다양한 방법으로 도우시는 하나님을 찬송하자. 그럼에도 하나님 앞에서 의 가운데 서있을 수 있는 나의 신분(my standing)은 그야말로 필요한 모든 것을 공급받을 수 있는 은혜의 자리이다. "나는 그리스도 안에서 온전히 이루었다" 는 말을 할 수는 없다. 다만 참 믿음은 "그리스도께서 하나님의 마음을 따라서 나를 하나님의 임재 가운데 세우셨기에, 나는 아무것도 구하지 않는다"고 말한다. 이러한 것이 바로 사도 바울이 "머리를 붙든다"(골 2:19)고 말한 의미인 것이다.

또 다른 것이 여기서 나온다. 은혜가 의로 말미암아 왕 노릇하여 우리 주 예수 그리스도의 위격과 사역 안에 있는 영생에 이르게 하는 것으로 작용하기 때문에, 그리스도와 연합을 이룬 자로서 나의 지위(my position)를 온전히 이해하게 될 때, 그리스도와 하나가 된 생명은 이제 내가 살지만 내가 사는 것이 아니라 그리스도께서 사시는 그 모습을 스스로 나타내게 될 것이다. 그리스도인의 지위가 가지고 있는 원리는 바로 이것이다. 즉 당신은 그리스도와 함께 죽었으며, 이제 "자신을 죽은 자 가운데서 다시 살아난 자 같이 하나님께 드리는" 삶을 살 수 있다는 것이다. 그렇다면 당신은 세상과 동일한 가치관으로 살 수 없다. 나는 이제 그리스도와 하나가 되었으며, 결과적으로 하나님 앞에 계신 그리스도의 자리에 있다.

"내가 그리스도와 함께 십자가에 못 박혔나니 그럼에도 내가 사는 것은 내가 아니라, 오직 내 안에 그리스도께서 사시는 것이라 이제 내가 육체 가운데 사는 생명은 나를 사랑하사 나를 위하여 자기 자신을 버리신 하나님의 아들을 믿는 믿음에 의해서 사는 것이라."(갈 2:20, KJV 직역)

이 구절이 당신에게 사실이 되었다면, "우리가 항상 예수의 죽으신 것을 몸에 짊어짐으로써 예수의 생명이 또한 우리 몸에 나타나게"(고후 4:10) 해야 한다. 이것은 인간의 의를 쌓으라거나 아니면 양심을 해치거나 또는 공동체를 파괴하는 악을 제거하라는 요구가 아니다. 다만 사람들 앞에 그리스도가 나타나는 삶을 살라는 것이다. 사람들 앞에 그리스도를 나타내는 삶에 실패할 때, 우리 영혼 속엔 결코 만족함이 없을 것이다. 그리스도께서 하나님 앞에서 우리를 위한 의가 되신 것이 사실이듯이, 그리스도께서는 사람들 앞에서 의의 본보기이자 의의 기준이시다. 그리스도께서 하나님 앞에서 나를 위하고 계신 것처럼, 나 또한 사람들 앞에서 그리스도를 위하는 사람이 되어야 한다. 이러한 것이 바로 그리스도인으로서 옳고 그름을 판단하는 방법이다. 우리는 언제라도 실패할 수 있는 존재이기에 늘 겸손해야 하지만, 그렇다고 해서 기준을 낮추어서는 안된다.

Chapter 4
겟세마네와 십자가
Gethsemane and the Cross

225

주님은 겟세마네 동산에서 고뇌하는 기도를 통해서, 동산을 떠나기 전에, 그리고 십자가에서 자기 영혼을 내어놓기 전에 이미 기도에 대한 응답을 받으셨다. 이 두 가지 고뇌는 서로 다른 것으로 보인다. 이 세상의 임금이 왔고 또 예수님과 관계할 것이 없었지만, 사탄은 자신이 가진 권세를 통해서 예수의 아버지에 대한 신뢰를 무너뜨리고자 했으며, 예수께서는 그러한 의미를 가진 죽음이라는 과정을 통과하셔야만 했다. 그래서 주님은 "이제는 너희 때요 어둠의 권세로다"(눅 22:53)라고 말씀하셨다. 사탄은 기회 있는 대로 예수님을 넘어뜨리고 또 살아계신 메시아로서, 하나님의 아들로서 예수님을 좌절시키고자 애를 썼지만, 주님은 늘 그를 물리치셨고, 순종의 사람으로서 말씀으로 그를 이기셨다. 왜냐하면 이 일은 사람으로서 통과해야만 하는 일이었기 때문이다. 사탄은 매력적인 유혹으로 주님을 그 길에서 미끄러지도록 애를 썼다. 강한 자는 결박을 당하였고, 그 집의 세간은 강탈을 당했다. 살아계신 인자로서 주님은 마귀에게 눌린 모든 사람을 고치셨고 - 귀신들을 쫓아내셨으니, "이는 하나님이 함께 하셨기" 때문이다. 하지만 사람은 이러한 식으로는 복을 받을 수 없었을 뿐만 아니라 해방을 받을 수 없었다. 왜냐하면 사람은 죄인이었고, 도덕적으로 사탄의 권세 아래서 종노릇 하고 있었기 때문이다.

이제 주님은 사망을 상대하셔야만 했다. 사망이 복을 받을 수 있는 유일한 길을 막고 있었기 때문이다. 주님은 죽음을 통과하신 구주가 되실 필요가 있었고, 살아있는 구주로서는 복을 주시는데 한계가 있었다. 사람은 다른 방법으로는 하늘에 속한 복을 받을 수 없었고, 죽음이 절대적으로 필요했다. 그래서 사망의 권세를 가진 사탄이 새로운 모습으로 개입했던 것이다. 주님은 이처럼 끔찍스러운 필요성을 아셨기에, 사망을 통과하는 길을 선택하셨지만, 사탄은 자신이 가진 모든 권세를 사용해서 주님을 저지하고자 했다. 사탄은 지금까지 죽음의 세력을 잡고서 사람을 지배해온 자신의 권세를 총동원해서라도, 겟세마네 동산에 계신 그리스도를 위협하고자 했다. 이 모든 일은 그리스도에게 달려 있었다. 그리스도는 사망을 바라보았다. 그렇지만 하나님에게서 온 진노로서 사망을 바라본 것은 아니었다. 그럼에도 주의 마음은 "매우 고민하여 죽을"(마 26:38) 지경이었고, 그 영혼은 "물 같이 쏟아지는" 것 같았다. 사탄 제국의 영역에 이르기까지 펼쳐진 사망의 총체적인 권세가 주님을 내리누르고 있었고, 사람은 모든 측면에서 아무 도움도 받을 수 없었다.

배신과 적대감이 주님을 옥죄었으며, 무엇보다도 사탄의 권세가 끊임없이 주님을 도발해왔다. 하지만 주님은 사람에게나, 사탄에게나 아무 것도 기대하지 않으셨고, 욥처럼 불평하지도 않으셨다. 주님은 다만 기도하셨다. 혼신의 힘을 다해 기도하셨다. 하나님과 주님 사이에 들어와서, 주님의 영혼에게서 하나님을 가리려는, 신자들에게 자주 써먹는 사탄의 노력은 아무 소용이 없었다. 절망과 고통은 오히려 주님을 하나님께로 가까이 나아가게 했다. 이러한 때에 하나님께로 더욱 나아가는 것이야말로 하나님과 영혼이 서로 연결되어 있는 참 표식이었다. "예수께서 힘쓰고 애써 더욱 간절히 기도하시더라."(눅 22:44) 이것이 바로 잔이 그냥 지나갈 수 없었기에, 주님께서 그 잔을 아버지의 손에서 전심으로 그리고 홀로 받으신 결과였다. (이 얼마나 큰 은혜인가!)

226

주께서 두려움을 느끼셨던, 사탄이 권세를 쥐고 있었던 이처럼 끔찍스러운 심판은 주님에겐 영광스러운 순종이 되었고, 주님은 생명의 고요함 가운데 자신을 드리셨다. 여기엔 거룩한 능력이 동반되었기에, 주님을 잡으러 왔던 사람들은 뒤로 물러가서 땅 바닥에 엎드러졌다. 주님은 아버지의 뜻에 순종하기 위해 자신을 내어주셨다. 사탄은 그 일에 아무 것도 할 수 있는 것이 없었다. 이 일은 참으로 영광스러운 일이었다. 겟세마네는 슬픔의 장소였지만, 우리를 위한 기쁨과 해방의 샘이 되고자 그리스도의 영혼 깊숙이 구멍을 내었다.

또 다른 장면이 있다. 더 끔찍스러운 것이지만, 성격은 전혀 다른 사안으로서 하나님의 진노가 있다. 이것은 전혀 다른 성격을 가지고 있다. 이것은 악의 세력과 싸우는 문제가 아니다. 십자가에서 그리스도에게 쏟아 부어진 하나님의 진노는 사탄의 권세가 주는 공포심과는 차원이 전혀 다를 뿐만 아니라 오히려 거룩하고 공의로운 성격을 띠고 있기에 더욱 무섭고도 두려운 것이었다. 이렇게 그리스도께서는 죄에 대해서 하나님이 느끼시는 적대감을 온전히 그 몸으로 받으셨다. 하나님이 그리스도에게 내리신 진노는 다른 이유 때문이 아니라, 오로지 그리스도만이 그 일을 감당할 자격이 있으셨기 때문이었다. 그리스도는 하나님 앞에서 죄가 되셨기 때문에, 하나님의 심판으로부터 그리스도의 영혼을 가려줄 것은 아무 것도 없었다. 죄를 향한 하나님의 진노가 쏟아 부어졌던 것이다! 이 얼마나 무섭고도 두려운 일인가! 이 때 그리스도는 자상하신 아버지의 얼굴을 볼 수 없었고, 사탄이 요구하는 어둠의 요구 때문에 철저히 외면을 당하셨을 뿐만 아니라, 그저 모든 것이 하나님 앞에서 발가 벗겨졌다. 그리스도는 여기서 "내 하나님이여 내 하나님이여 어찌 나를 버리셨나이까?"(시 22:1)라고 부르짖지 않을 수 없었지만, 그럼에도 하나님께 완전한 찬송을 올려드리고 있다. "이스라엘의 찬송 중에 계시는 주여 주는 거룩하시나이다."(시 22:3) 그리스도는 우리가 지은 죄들을 위한 완전하면서도 충분히 대속(代贖, the full and perfect expiation of our sins)의 사역을 이루셨기에, 아버지 하나님께 무한히 기쁜 마음으로 찬송을 올리셨던 것이다. 그리스도는 겟세마네 동산에서 드린 기도에 대한 응답을 받으셨고, 사망의 공포에서 해방이 이루어졌기에, 자기의 영혼을 그 얼굴을 들어 그 빛을 자기에게 비추어주시는 아버지께 조금의 의혹도 없이 내어드리셨다. 어느 누구도 생명을 빼앗을 수 없었기에, 그리스도는 자신의 영혼을 내주셨으며, 자기 목숨을 내놓으셨다. 이로써 그리스도는 아버지의 명령을 따라서 생명을 다시 찾으실 수 있었다.

그리스도는 겟세마네에서 좀 더 세심하게 제자들을 격려하고, 종을 고치고, 자기를 잡으러 온 사람들에게 설명하고, 그리고 어둠의 권세의 때에 그들이 차지하고 있는 자리를 분별할 수 있도록 해주고, 그 눈 앞에서 유다의 죄를 드러내고, 악의 권세가 횡포를 부린 모든 결과들을 다루실 수도 있었다. 하지만 그리스도는 다만 (진리의 하나님이신) 아버지의 영광을 바라보며, 자기의 영혼을 아버지 하나님께 내어드렸고, 이 모든 것들에 대해서 십자가에서 응답을 받으셨다. 그리스도는 강도에게 평안을 주셨고, 그에게 낙원을 약속하셨으며, 이제 모든 일이 이루어졌을 때, 자기 어머니를 요한의 손에 의탁했다. 그리스도께서 기대하셨던 모든 것들이 완벽하게 회복되었으며, 부활을 통해서 그 모습을 드러내었다. 우리는 지금 그리스도께서 들어가신 지위에 대한 바른 지식을 가질 필요가 있다. 즉 그리스도는 이 세상을 떠나, 이 세상과의 관계를 끝내셨고, 진노와 사망의 권세를 모두 이기셨다. 그 결과로 들어가신 그리스도의 지위는 매우 새롭고도 독특한 지위인 것이다. 이로써 우리는 그리스도의 죽음을 우리의 죽음으로 삼을 수 있다. 그럴 때 사망은 더 이상 우리를 다스릴 권세가 없게 된다. 강도는 하나님의 나라가 임하길 기다릴 필요가 없었다. 그는 즉시 낙원으로 들어갔다. 그의 영은 그의 몸에서 분리되었지만, 그의 영은 그리스도와 늘 함께 하고 있다. 그리스도는 생명의 능력으로, 하나님의 은혜의 강력으로 사망을 통과하셨기에 완전한 평안과 해방이 이루어졌다. 이제 사망은 정복되었다. 그 승리의 충만한 빛 가운데서, 아버지 얼굴의 빛 안에서, 그리고 사망을 이기고 승리한 생명의 능력 안에서, 그리스도께서 자기 영혼을 아버지께 의탁드리신 결과로 얻으신 그 승리는 자신 뿐만 아니라 다른 사람들도 사용할 수 있게 되었다. 거기서 사망은 무슨 일을 할 수 있었을까? 아무 것도 없다. 그러한 것이 사망이다. 사망은 그저 승리하신 그리스도의 권세가 나타나는 도구였을 뿐이었고, 부활에 이르는 관문이었을 뿐이었다. 이제 부활과 승리는 우리를 위한 것이 되었다. 그리스도는 자신을 위해서라기보다는 우리를 위해서 부활하셨다. 이제 그리스도는 자기 속에 생명을 가지고 있으며, 우리는 그분 안에 있다. 이제 영생은 (하늘에서 영화롭게 되신) 그 아들 안에 있는 생명이다. 이 얼마나 영광스러우며 완전한 비밀인가! 이 얼마나 완벽한 사역이 이루어진 것인가! 그리스도는 그 사역을 얼마나 영광스럽게, 또한 완벽하게 해내신 것인가! 이제 우리는 우리 생각의 대상으로서, 우리가 묵상할 주제로서 그리스도를 영접할 필요가 있다. 그리하면 우리 영혼은 다시 살아날 것이며, 이렇게 살아난 우리 영혼은 그리스도로 말미암아 살아가게 될 것이며, 그리스도 사역의 열매가 우리 영혼 속에 절로 맺히게 될 것이다!

227

이스라엘을 해방시킨 그 동일한 능력이 오늘날 사람을 영적으로 해방시키는 역사를 통해서 영광스럽게 나타나고 있으며, 해방을 통해서 사람은 사망과 새 사냥꾼의 올무에서 벗어나게 된다. 우리의 운명은 죽음을 맞이해야 하는 것이지만, - 이제 우리의 운명이 바뀌었다 - 이러한 죄의 원리와 자리는 사망을 통과한 그 생명의 능력에 의해서 더 이상 우리에게 적용되지 않는다. 사망이 그리스도에게 이루어졌기에, 다른 사람에게도 그 효력을 적용할 수 있게 되었다. 따라서 사망의 권세는 더 이상 우리에게 그 효력을 발휘할 수 없다. 우리 자신을 위해서 이 얼마나 복된 일인가! 왜냐하면 우리 육신의 본성이 죄(sin)이기 때문이다. 이 얼마나 통쾌한 일인가! *이처럼 복된 특권이 죽음을 통해서 온 것이다!* 이제 우리는 우리의 죽음도 그리스도 안에서 이루어졌음을 주목해야 한다. 이것은 하나님께서 적극적으로 역사하신 결과를 (다만 이 생명의 능력 안에서) 소극적으로 적용한 것에 불과하다. 이처럼 죄로부터 분리되는 놀라운 역사는 그리스도의 영광스러운 사역을 통해서 이루어진다. 이 일을 위해서 그리스도는 자신의 영을 하나님께 바치셨다. "그가 죽으심은 죄(sin)에 대하여 단번에 죽으심이요."(롬 6:10) 죄로부터 분리되는 일이 얼마나 필요했는지 모른다. 왜냐하면 죄(sin)가 거기에 있었기 때문이었다! 죄로부터의 분리는 절대적으로 심판을 통해서 되는 일이었고, 자기 육신 속에 있는 죄를 알지 못하거나, 자기 속에 있는 죄성을 판단하지 않을 때에는 결코 가능하지 않은 일이었다. 게다가 이 일이 일어나려면 신성한 생명의 능력이 그 속에 반드시 있어야만 했다. 악으로부터 분리되는 일과 그리스도에 의해서 이루어진 절대적이고, 완전한 의를 얻는 일이 동일시되고 있다! 로마서 6장은 이러한 역사를 힘 있게 제시하고 있다. 죄(sin, 죄성)로부터 해방되는 일은 믿음에 의해서 이루어지는 신자만의 특권이며, 이로써 우리는 새로운 영적 상태로 들어가게 된다.

228

우리는 여기서 그리스도께서 자기 영혼을 "자기 아버지께" 부탁했던 사실에 주목할 필요가 있다. 전체적인 생애 동안 그리스도는 인자로서 하나님 아버지를 늘 의지했으며, 자기 속에 생명이 있었기에 능력도 거기 있었지만 그럼에도 그분 없이 능력을 행한 적은 없었다. 다만 그리스도 속에서 기동했던 생명은 자기 아버지를 의지하는 생명이었다. 이는 그리스도의 온전한 겸손을 보여주는 것이기도 하지만, 이것을 보는 일은 우리에겐 참으로 복이 된다.

이제 우리는 그리스도께서 거절당하신 일과 다윗의 아들이 다윗의 주가 되는 것을 통해서(눅 20장), 두 아담이 차지하고 있는 지위가 우리에게 가져오는 엄청난 결과에 주목할 필요가 있다. 그리스도는 지금 약속을 따라서, 이스라엘 가운데서 다윗의 아들의 자리에 계시지 않는다. 게다가 여호와로서 자신의 거룩한 직분을 취하고 계신 것도 아니다. 왜냐하면 이 땅에 다윗의 아들로 오셨지만, 거절당하신 분이 바로 여호와이시기 때문이다. 그리스도는 지금 자신의 원수들을 자기 발등상으로 삼을 때까지 보좌에 앉아 계시지만, 주님으로서 여호와에 의해서 마련된 자리에 앉아 계신다. 그리고 장차 자기 원수들 가운데서 통치하실 것이다. 이는 "길 가의 시냇물을 마시므로"(시 110:7), 즉 자기 아버지 하나님을 향한 믿음 때문에 겸비하셨기 때문이다.

그 첫 번째 사람은 "하나님과 같이" 되고자 자신을 높였으나, 사람으로서 완전한 계발과 발전에 이르렀을 때 오히려 추락하게 되었고, 이는 적그리스도와 같다. 그는 대적하는 자이며, 범사에 일컫는 하나님이나 숭배함을 받는 자 위에 자신을 높여 하나님의 성전에 앉아 자기를 보여 하나님이라고 할 것이다. 그는 높은 산 위에 올라 하나님의 뭇 별들 위에 자신의 보좌를 높이고, 하늘에 올라 지극히 높으신 하나님과 같이 되고자 했다(사 14:13,14). 하지만 그는 구덩이의 맨 밑바닥으로 떨어질 것이다. 반면 둘째 아담은 근본 하나님의 본체이시지만, 자기를 비어 종의 형체를 입고 사람의 모양으로 나타나셨으며, 첫 번째 아담이 불순종한 것과는 달리 자기를 낮추시고 죽기까지 복종하셨으니 곧 십자가에 죽으셨다. 그러자 하나님은 그리스도를 지극히 높이셨다. 이제 그리스도는 하나님의 계획을 이룬 사람, 하늘에 속한 사람으로서 하나님에 의해서 높임을 받으셨으며, 하나님의 계획 속에 있는 모든 것을 인자로서 받으셨고, 만물의 후사가 되었다. 즉 이 사람, 그리스도는 창조의 하나님으로서 만물을 소유하고 계실 뿐만 아니라 아들로서 만물의 상속자가 되셨다. 이제는 모든 것이 그저 하나님에게서 나오는 것이 아니라, 이 하늘에 속한 사람에게서 나온다. 생명은 이제 이러한 성격과 자리를 가지고 있을 뿐만 아니라 의(義)도 가지고 있다. 이로부터 하나님의 나라가 펼쳐진다. 그리스도는 왕권을 받아 가지고 오고자 하늘에 가셨지만, 시편 8편에서 말하고 있는 만물의 상속자로서 사람에 대한 하나님의 모든 경륜의 중심이자 원천이 되셨기에, 모든 것이 그리스도께서 들어가신 자리에 의존되어 있다. 왜냐하면 그리스도는 만물을 그 발아래 두셨기 때문이다. 교회는 그리스도의 이름으로 아버지께로부터 보내심을 받은 성령에 의해서, 하늘에서 그리스도와 연합을 이루고 있다.

229

이것이 하나님의 모든 섭리와 하나님이 만물을 향해 가지고 계신 목적의 핵심이다. 그리고 하나님과 우리가 맺고 있는 도덕적 관계의 그 참된 성격이 이 사실로부터 파생되어 나온다. 여기엔 하나님이 이루신 역사의 참된 성격과 입장과 완전성이 내포되어 있다. 자신을 스스로 낮추심으로써 하나님의 우편에 앉으신 분은 둘째 사람이시다. 반면 첫째 사람 또는 피조물인 사람은 스스로를 높였고, 그리스도께서 십자가에서 죽으실 때까지 책임문제에서 끊임없이 시험을 받았지만 늘 실패했으며, 십자가 이후에는 그처럼 높이 되신 분을 영접하기 위하여 바라보아야만 했다. 유대인들은 그리스도를 대적했기에 제쳐짐을 당했고, (특별히 바울도 과거 유대인으로서 적대감에 사로잡혔었지만, 이스라엘이 긍휼을 얻는 일에 본보기로 선택을 받았고, 교회와 더불어 주권적인 은혜의 증인이 되었다) 최종적으로는 이방인도 대적하는 자, 적그리스도와 영합함으로써 제쳐질 것이다. 그리고 나서 땅의 사람은 지금 하나님과 더불어 높임을 받으신 하늘의 사람이신 그리스도에게 자리를 내어줄 것이다. 이러한 것이 첫째 사람과 둘째 사람, 첫째 아담에 속한 사람과 둘째 아담에 속한 사람, 그리고 자신을 높이는 사람과 자신을 낮추는 사람의 결말인 것이다!

이제 그리스도 안에서 우리는 그리스도께 부여된 영광과 그리스도 자신의 복됨의 차이점을 볼 필요가 있다. 그리스도는 자기를 낮추시고 십자가에 죽기까지 복종하셨고, 그 결과 하나님은 그를 지극히 높여 모든 이름 위에 뛰어난 이름을 주셨다(빌 2:8,9). 그리스도는 장차 영광의 면류관을 쓰고 나타나실 것이지만, 지금은 간단히 말하자면, 자신의 신격과 변할 수 없는 복됨 가운데 계신다. 그리스도는 드러난 보상보다는 더 차원 높은 성격을 가진 기쁨을 누리고 계신다. 장차 이십사 장로들이 면류관을 쓰고 자기 보좌에 앉을 때, 그들은 그처럼 경이로운 지위에 들어가게 될 것이다. 분명 그들은 하나님의 보좌를 둘러싸고 있는 열두 보좌에 앉게 될 것이며, '거룩하다 거룩하다 거룩하다' 라는 찬송이 울릴 때 자신의 보좌에서 내려와 보좌에 앉으신 이 앞에 엎드려 경배하고 자기의 면류관을 보좌 앞에 던짐으로써 경의를 표할 것이다(계 4:4-11). 그처럼 높은 신분과 지위를 얻고, 자신들에게 주어진 보상이 드러났을 때, 그들은 비로소 그리스도의 영광이 가진 광채와 가치를 그때에야 제대로 보고 평가할 수 있을 것이기 때문이다. 그런 식으로 그리스도께 합당한 영광을 돌릴 때, 그리스도께서는 하나님께로부터 부여받은 영광의 장엄한 모습 보다 더욱 탁월한 부분을 가지고 계시다는 사실이 드러나게 될 것이다. 십자가에서 그리스도는 도덕적으로만 완성된 총체적인 신적 영광을 가지고 계셨고, 그것은 인자로서 가지고 있는 영광이었다. 하나님 안에 있는 모든 것이 온전히 영광스럽게 되고 또 영광스럽게 나타나도록 그리스도는 자신을 내어드렸다. 사람에겐 사랑으로 성육신하신 하나님이셨고, 하나님에겐 순종하는 사람이셨던 그리스도는 하나님의 완전한 사랑, 죄를 미워하는 의(義), 극악무도한 범죄자를 향한 위엄, 사람에게 위협적으로

다가왔던 진리, 그리고 은혜의 하나님의 영광을 따라서 완전한 구원이 되고자 자신을 버리셨다. 의(義)는 죄에 대해서 최대한도로 성취되었다. 왜냐하면 아들께서 고난을 당하시고, 가차없이 집행된 하나님의 심판을 대신 받으셨기 때문이다. 사랑은 죄인을 향해 아무 한계가 없다. 왜냐하면 아들을 내어주시기까지 사랑하셨기 때문이다. 은혜는 의로 말미암아 왕 노릇하면서도, 여전히 하나님의 영광을 거룩한 엄위하심 가운데 최대한도로 유지시킨다. 그러면서도 참혹하게 황폐화된 곳으로 내려와, 죄가 되어 주고 또 사망의 자리까지 내려간다. 왜냐하면 우리는 그처럼 무가치한 사람들이었기 때문이다. 하나님은 그리스도를 통해서 영광을 받으셨고, 순종 때문에 그리스도는 인자로서 영광을 받으셨다! 사람 속에 있는 하나님의 속성이 영화롭게 되고 선한 것이 되었다는 것은 얼마나 경이로운 일인가! 이 얼마나 놀라운 하나님을 향한 헌신인가! 이 얼마나 놀라운 하나님을 영화롭게 해드리는 자기 희생인가! 여기엔 아버지께서 자신을 사랑하신다는 신뢰가 깔려 있다. 그 신뢰 때문에 가장 낮은 자리까지 내려올 수 있었고, 자기 아버지의 신실한 사랑과 영광에 대한 신뢰 때문에 자신을 죽음에 내놓고, 다시 살리실 줄로 믿을 수 있었다.

230

따라서 십자가에서 인자께서는 하나님이 영화롭게 하실 수 있고 또 영화롭게 하셔야만 하는 자격을 갖춘 존재로서 영광을 받으셨다. 다시 말해서 인자께서는 하나님을 도덕적으로 영광스럽게 해드린 일에 대한 응답으로써 하나님에 의해서 영광을 받으신 것이다.

이는 그저 인자로서 자신이 본래 가지고 있는 영광을 나타내셨다는 말이 아니다. 인자로서 가지고 있는 영광은 장차 때가 되면 나타날 것이며, 그리스도는 자기 속에 있는 영광을 드러내실 것이다. 이렇게 되는 것은 합당하고 또한 필요한 결과였다. 만일 하나님께서 그리스도를 통해서 영광을 받으셨다면, 하나님은 반드시 그리스도를 통해서 하나님의 영광이 드러난 것에 대한 응답으로, 그리스도를 친히 영광스럽게 하셔야만 한다. 게다가 이 일은 무조건 나타나야만 하는 일이다. 하나님은 이 일을 즉시 하셔야만 하며, 인자께서 영광 가운데 계신 것을 드러낼 시간을 기다릴 필요가 없다. 하나님께서 그리스도를 통해서 영광을 받으신 결과, 그리스도 또한 하나님에 의해서 영광을 받으셨다. 이는 영광과 그에 따른 것들을 누리는 자리에 들어가셨다는 의미이며, 그처럼 높은 자리에 들어가신 결과로 하나님의 무한한 기쁨과 탁월하심에 참여하게 되었다는 뜻이다. 그러한 것이 인자로서 얻으신 영광과 복이다! 이 얼마나 경이로운 진리인가! 이는 그리스도의 어떠하심과 그 이루신 사역에 대한 합당한 결과로서, 사람으로서 천상에서 누리는 지복(至福)인 것이다. 이는 경이로울 뿐만 아니라 영광스러운 비밀이며, 장차 우리는 주께서 계신 그대로의 모습을 뵙게 될 것이다. 게다가 더욱 놀라운 점은 우리가 그 주님 안에 거하고, 주님은 우리 안에 거하고 있다는 사실이다.

그리스도는 사람을 향한 하나님의 완전한 은혜의 나타남이셨을 뿐만 아니라, (따라서 사람이 자신이 지은 죄들 가운데 있었을 때 죄로 물든 죄인으로선 가까이 갈 수도 없었던 그 자체로 완전한 거룩함이셨던 그리스도께서는 그 죄문제를 넘어 사랑으로 죄인들을 대하셨으며) 하나님이 기뻐하시는 아들로서 (신성한 생명을 가진 존재로서 이처럼 비참한 세상에서 그 신적 생명의 모든 특징을 드러내시고 또한 모든 시험을 거쳤지만 다만 그 밝은 광채를 밝히셨던) 새 사람의 나타남이셨다. "이 생명이 나타내신바 된지라 … 이는 아버지와 함께 계시다가 우리에게 나타내신바 된 자니라."(요일 1:2) "(이는) 저에게와 너희에게도 참된 것이라 이는 어두움이 지나가고 참 빛이 벌써 비췸이니라."(요일 2:8) 이제 우리는 "사랑을 입은 자녀같이 너희는 하나님을 본받는 자가 되라"(엡 5:1)는 부르심을 받고 있다. 왜냐하면 그리스도께서 우리의 생명이시기 때문이다. 따라서 우리는 그리스도 안에 있는 생명의 완전함을 우리 자신의 것처럼, 객관적으로 소유하는 기쁨을 취할 수 있다.

231

사도행전 7장에서 우리는 세 가지 중요한 요소를 볼 수 있다. 첫째, 항상 성령을 대적하는 일을 하는 사람, 둘째, (구속받았고 또 어린양의 피로 씻음을 받은 사람으로서) 성령으로 충만한 사람, 셋째, 창조와 연관해서 지상에서 설립되었지만, 첫째 창조에 속한 결과로 죄와 불순종에 연루되어 전적으로 제껴지게 된 종교이다. 이것은 사람이 하나님과 맺게 된 관계의 총체적인 성격이 무엇인지를 보여준다. (스데반이 설명하고 있는) 이스라엘이 성령을 대적하는 일을 했던 초기의 역사는 요셉과 모세와 연결되어 있다. 그들이 율법 아래서 실패했을 때, 그 일은 하나님을 대적하는 일이었다. 성령님은 증거하는 일을 하셨고, 그것도 주권적인 은혜 가운데서 회개를 촉

구하셨으며, 회개하면 그들이 거절했던 그리스도께서 돌아오실 참이었다. 다른 한편, 우리는 하늘이 열린 것을 보게 되는데, 이로써 성령님께서는 신자로 하여금 하늘을 바라보며 하나님의 우편에 계신 인자를 증거하도록 하셨다. (여기서 주목할 것은, 요한복음 1장과 마태복음 3장 17절처럼 기쁨의 사람을 내려다보기 위해서 하늘이 열린 것이 아니라, 구속의 은총을 입고서 성령으로 충만한 사람이 하늘에 계신 인자를 볼 수 있도록 하늘이 열렸다는 점이다.) 이것은 실로 위대한 증거였다. 이는 영광에 들어가는 일에 십자가를 가져오며, 예수님과의 완전한 일치를 소망하게 해준다. 이처럼 사도행전 7장에서 성령을 거스리는 것, 육체에 속한 모든 계명과 지상에 있는 모든 권세가 제껴지게 된 것, 그리고 반대로 성령으로 충만해진 상태에서 하늘을 바라보는 성도, 그리고 지상에서 종교적으로 하나님과 연합을 이루는 일이 (즉 유대종교가) 제껴지게 된 것 등이 함께 어우러지고 있는 모습은 참으로 놀랍다.

이상의 내용들을 살펴본 지금, 누가복음 22장의 마지막 부분을 좀 더 살펴보고자 한다. 첫째 아담을 시험했던 사탄을 이기고 승리하신 그리스도는 여기 이 땅에서 사람을 사탄에게서 해방시키는 일에 거절을 당하셨지만, 자신을 가리켜 기록된 모든 것을 이루셨다. 이를 위해 죽기까지 순종하셨으며, 심판과 진노의 성격을 가지고 있는 죽음을 당하셨다. 심판은 사탄의 손에 들린 권세였으며, 진노는 죄인을 향하여 하나님의 공의가 집행된 결과였다. 우리는 엄청난 위기가 세 가지 방식으로 나타난 것을 볼 수 있다. 첫째, 육신은 최선의 의도가 있었을지라도 십자가를 감당할 수 없었고, 사탄은 적개심과 자신이 가진 권세를 총동원했으며, 하나님은 공의로 임하셨다. 사탄은 밀 까부르듯 하였고, 인간은 실패했으며 통과할 수 없었다. 만일 인간이 절망 속에 빠져 날아가지 못하고 그저 하나님께 붙들린 새와 같다면, 그의 실패가 무엇이든지, 그것은 하나님의 은혜이며, 그리스도의 중보의 결과인 것이다. 인간은 가치 없고, 최선의 노력을 다했지만 실패했다. 그리스도는 그처럼 비참한 실패 속에서 완전한 은혜로 일하셨다. 사탄에 의해서 밀 까부르듯 체질을 당한 베드로를 생각해보라! 육신은 절망 속에서 몸부림쳤다. 하지만 베드로는 그때에야 비로소 하늘의 힘으로 충전받기에 가장 적합한 사람이 되었다. 왜냐하면 그는 육신 속에 아무 선한 것이 없다는 것과 사람이 그처럼 형편없이 되고, 황폐화되고, 가치 없게 될 때에만 그리스도께서 그 사람 속에 온전히 거하실 수 있다는 것을 알았기 때문이다.

232

둘째, 우리는 그리스도께서 이와 같은 위기 상황을 통과하신 일과 죽기까지 순종하는 일이 가져다줄 끔찍스러운 일로 그리스도의 영혼을 두렵게 했던 사탄의 권세가 총동원되었던 일을 볼 수 있다. 그리스도는 온전히 이 일을 이루셨다. 치열한 영적 싸움 속에서, 그리스도는 다만 하나님께 가까이 나아갈 뿐이었다. 여기서 우리는, 영혼에 덮친 사망의 그림자로 인해서 허물어진 것이 아니라, 다만 그 완전한 순종을 통해서 사망을 통과하는 것을 볼 수 있다. 모든 것을 하나님께 의탁했으며, 그렇게 인자로서 사망에 들어가셨을 때, 하나님의 뜻을 다 이룰 수 있었다. 그때 죽음은 다만 순종의 기회였을 뿐이었다.

셋째, 그렇게 이루어진 사역의 효력 덕분에, 강도가 하나님의 나라가 아니라 낙원에 들어가게 된 것을 우리는 볼 수 있다. 이로써 우리는 실패할 수밖에 없는 육신을 벗어나게 되었고, 사탄은 자기 손에 있던 사망의 권세를 놓게 되었다. 완전한 순종과 순복에 의해서 사탄은 전적으로 굴복되었고, 이로써 그가 가진 권세는 믿음을 가진 사람에겐 아무 효력이 없게 되었으며, 심판과 진노를 통과한 그리스도의 사역은 죄인을 위해 완벽하게 수행되었기에 강도는 예수와 함께 즉시 낙원에 들어갈 수 있었다. 이러한 것들이 사람이 죽음과 십자가로 연결되어 있는 세 가지 국면인 것이다. 사람의 매우 활동적인 의지가 사탄과 연결되어 있다는 점을 생각해야 한다. 유다의 경우가 여기에 해당된다. 이 부분에 대해서는 다른 곳에서 다루었기에 여기선 다루지 않을 것이다. 다만 "이제는 너희 때요 어두움의 권세로다"(눅 22:53)라는 말씀을 볼 때, 사탄의 어두운 권세가 나타나는 때에 사람의 의지는 쉽게 영합하게 된다는 것이다.

다른 사람들과 비교해서 자신을 높이려는 마음을 갖지 않는 것이 매우 어렵다는 점을 언급하고 싶다. 그럼에도 그런 마음은 뿌리째 뽑히는 것이 마땅하다. 주님이 과거 이러한 모습들을 상기시키셨기에, 베드로는 더 이상 그런 척 할 수 없었다. 혹 우리에게 다른 사람들 보다 우월한 점이 있을지라도, 우리는 다른 사람들의 수준까지 내려가야 한다. 그렇게 하려면 자신을 자랑하는 것을 부끄럽게 여기고, 다만 그리스도를 나의 모든 것으로 삼아야 한다. 베드로는 단순하게 "내가 주를 사랑하는 줄 주께서 아시나이다"(요 21:15)라고 말했다. 지금 잘 생각해보면, 나보다 그리스도를 더 사랑하는 사람들은 얼마든지 있는 법이다. 어떻게 나만 주님을 사랑한다고 생각할 수 있는가! 어쨌든 나는 주님을 사랑하며, 내 삶의 목적으로서 그리스도만을 사랑하며, 그것을 주님이 아신다. 그럼에도 그 사랑은 얼마나 보잘 것 없는가! 그래도 나는 그리스도 외엔 아무 것도 소유하지 않으며, 다른 아무 것도 바라지 않는다. 주님이 아시며, 나의 하나님이 아신다. 아버지의 사랑이 거기에 있다. 이 얼마나 복된 의식이며 자각인가!

Chapter 5
십자가에 달리신 그리스도
Christ on the Cross

시편 22편을 읽으시오.

144

우리가 지상에 계신 주 예수님을, 이 땅을 걸으셨던 주님의 발자취를, 그리고 그 길에 적합하신 주님을 더 가까이 들여다보면 볼수록, 우리는 사람의 마음이 하나님에게서 얼마나 멀리 떨어져있는지를 더 선명하게 볼 수 있다. 게다가 우리는 하나님의 아들께서 이 세상에 계셨던 것과 죽음을 통해서 이 세상을 벗어나신 것이 얼마나 복된 일인가도 더욱 분명히 볼 수 있다.

이 일은 참으로 엄청난 일이며, 그와 같은 것은 없다. 심지어 이 세상의 창조조차도 비교할 바가 못된다. 말씀이 육신이 되셨고, 우리 가운데 거하셨으며, 결국 모든 사람들에게 철저히 외면을 당하시고 거절을 당하신 일처럼 엄청난 일은 없다. 이렇게 된 것은 사탄이 이 세상 임금이며, 주를 따르는 자들에게 온갖 위협을 가했으며, 이 세상에서 최대한 자신이 가진 권세를 총동원할 수 있었기 때문이었다.

따라서 모든 사람은 그러한 일은 하나님의 허락이 없이는 일어날 수 없었다는 것을 보아야만 한다. 그리스도는 하나님이 허락하지 않으셨다면 죽음의 자리로 내려가실 수 없었다. 주님이 친히 말씀하신 대로, "내가 내 아버지께 구하여 지금 열두 군단 더 되는 천사를 보내시게 할 수 없는" 분이 아니셨다. 아니면 친히 초자연적인 일을 통해서 자신을 죽음에서 건지실 수 있으셨다. 아니면 주님을 잡으러 온 사람들이 그 앞에 엎드러졌을 때, 주님은 겟세마네를 벗어나실 수 있으셨다. 하지만 주님은 그렇게 하고자 이 세상에 오신 것이 아니었다. 게다가 거절당하신 채로 그냥 세상을 떠나고자 이 세상에 오신 것도 아니었다. 우리가 주님이 죽으신 것을 볼 때, 우리는 주님이 그러한 죽음을 통해서만이 이룰 수 있는 선하신 의도와 뜻이 있었던 것을 생각하지 않을 수 없다. 만일 그 뜻 가운데 구원받을 사람들이 없었다면, 어째서 주님은 죽음과 심판의 자리로 내려가셨는가? 그러한 뜻을 염두에 두면서 주님을 바라볼 때, 우리는 주님이 이 세상에 오신 것은 바로 구원 얻을 사람들 때문인 것을 알 수 있다. 따라서 한 사람이 죽음의 자리로 내려가고 또 거기서 올라온 것을 볼 때, 주님이 그렇게 하신 것은 모든 악의 세력을 없이 하고자 하신 것을 볼 수 있다. 우리는 이 점을 통해서 주님의 신성한 완전성을 볼 수 있다. 뿐만 아니라 주님의 완전한 사랑도 볼 수 있다. 주님은 사람의 마음을 얻고자 오셨다. 하지만 주님은 그 사랑 때문에 미움을 받으셨다. 사람은 주님을 영접하고자 하지 않았고, 그래서 주님은 십자가로 가셨다. 그리고 죄를 미워하실 뿐만 아니라 신성한 지혜로 일하시는 하나님은 예수님의 죽음을 통해서 영광을 받으셨다.

바로 이러한 내용이 우리가 시편 22편을 통해서 묵상하고자 하는 주제이다. 게다가 주님은 십자가에서 이 시편을 인용하셨다. 주님은 여기서 자신이 하나님에게서 버림받으신 것과 지상에서 걸으신 자신의 길은 십자가까지 인도하는 것이었다는 핵심 진리를 밝히셨을 뿐만 아니라 주님이 통과하셨던 모든 환경들도 이 중심 진리를 향하고 있었음을 드러내셨다. 그리고 세상이 처해있었던 상태가 무엇이었는지에 대한 진리도 밝히 드러내셨다. 이 모든 것을 볼 때, 주님은 사랑 때문에 사람들로부터 미움을 받으셨다. 그렇지만 이 일조차도 사랑을 숨길 순 없었다. 오히려 십자가는 사랑의 진면목을 밝히 드러내는 도구였다. 십자가 외에 과연 그 무엇이 사람의 마음 속에 있는 것, 그리고 마음의 상태를 드러낼 수 있었겠는가? 사람은 겉으로 드러난 것 외엔 아무 것도 보지 못한다. 오로지 십자가를 통해서만, 우리는 죄와 악이 그 온전한 모습을 드러내는 것을 볼 수 있을 뿐만 아니라, 그것을 치유하는 신성한 은혜, 그 완전한 은혜를 볼 수 있다.

145
우선적으로 주님이 세상에 오신 그 복된 성격을 보라. 창조와 섭리 같은 확실한 진리들은 다른 곳에서 배울 수 있지만, 공의로 심판하는 주제는 적어도 세상 끝날 외에는 볼 수 없을 것이다. 왜냐하면 악한 자가 멸망하는 일은 장래에 이루어질 것이기 때문이다. 이 주제는 어찌 보면 욥이 이해하기 어려워했던 것이기도 하다. 즉 어떻게 악을 행하는 자가 번성하며, 의로운 사람은 고통을 당하는가 하는 것이다. 이 주제는 크리스천들도 많은 흥미를 느끼는 주제다. 왜냐하면 심판의 때가 아직 오지 않았기 때문이다. 지금은 자비와 긍휼을 베푸는 때이다. 우리는 긍휼과 심판을 동시에 행할 수 없다. 따라서 지금은 모든 것이 수수께끼와 같다. 따라서 사람이 하나님에 관한 것을 생각할 수 있다는 것이 결코 좋은 일만은 아닐 수 있다. 뿐만 아니라 모든 것이 황폐화되어 있고, 비참한 상태에서 너무 선한 것만을 추구하는 것도 문제가 될 수 있다. 왜냐하면 사람들이 추구하는 그 선(善)이라는 것도 하나님에게 속한 것이 아닐 수 있기 때문이다. 사람들은 선해보고자 노력하다가도, 금방 선에 대해 무관심해진다. 왜냐하면 선을 추구하는 고상함 속에도 이기심이 배어 있기 때문이다. 약간 또는 부분적으로 회복된 부분이 있기에, 외부 환경이나 상황이 좋아보일지라도, 우리는 이 세상이 총체적으로 황폐화되어 있을 뿐만 아니라 비참한 상태에 있음을 보아야만 한다.

그리스도께서 이 세상에 오셨을 때, 그 혼돈된 세상에서 완전한 선을 찾고자 해도, 세상은 악과 고통과 슬픔으로 가득했다. 비록 선지자들과 그와 같은 사람들이 세상이 되어가는 모습을 보면서 경고하는 말을 했지만, 세상은 또 그렇게 기대했던 것과는 또 다른 모습으로 나타났다. 하지만 내가 그리스도 안에서 보는 것은 하나님께서 친히 선을 나타내셨다는 것이다. 물론 하나님은 악하고 슬픔으로 가득한 이 세상 가운데서 사람의 마음도 나타내셨다. 이렇게 선을 나타내심으로써 사람으로 선을 행하게 하여 유익을 얻게 하는 부분도 있지만, 사람의 마음을 하나님에게로 돌이키기 위한 것도 있다. 통치가 있기에, 장차 심판도 있을 것이다. 그러한 것이 하나님의 본성에 속한 본질이다. 이는 하나님은 결코 악이 영원하도록 허용하실 수 없는 분이시기 때문이다. 하지만 그리스도의 오심은 선을 나타내심으로써 사람의 마음을 하나님에게로 돌이키기 위한 것이었다.

사탄은 '그대가 내가 말하는 대로 행하면 그대는 하나님처럼 될 거야'라고 말하면서, 사람으로 하여금 하나님을 불신하게 만들었다. 그리스도는 진정 우리를 그렇게 만들고자 오셨고, 모든 슬픔 가운데 있는 사람들에게 그리고 죄인의 괴수들에게 자신을 나타내셨다. 그리고 이렇게 말씀하신다. '그대는 하나님을 신뢰하는가? 자신을 너무 나쁜 사람이라고 말하지 말라. 나는 그대가 나쁜 사람이기 때문에 왔노라. 자신을 너무 비참한 사람이라고 말하지 말라. 나는 그대가 비참한 사람이기 때문에 왔노라. 그대는 악이 감당할 수 없을 정도로 너무 크다고 말하지 말라. 하나님 보다 큰 것은 없노라.' 이러한 음성을 듣는 곳에서, 우리는 죄인들이 그리스도에게 나아와 눈물을 흘리며 회개하는 것을 볼 수 있다. 자신이 지은 죄들 때문에 눈물을 흘리는 것은 맞지만, 우리 마음을 돌이켜 확고히 거할 곳이 없는 이 세상에서 우리가 믿고 의지할 수 있는 이 사랑에 거하는 것이 더 중요하다.

이러한 것이 주님의 진면목이었다. 만일 누가 선한 척 보이고자 한다면, 주님은 그들의 가면을 벗기셨다. 만일 누가 악을 초월한 척 보이고자 한다면, 주님은 그들의 실상을 드러내셨다. 그리고 이렇게 말씀하셨다. "화 있을진저 외식하는 서기관들과 바리새인들이여!" 주님은 그들을 가리켜 "회칠한 무덤" 같다고 하셨다. 하지만 죄인들을 향해선, 우리가 "서기관들과 바리새인들이 음행 중에 잡힌 여자를 끌고 와서 가운데" 세웠던 경우에서 보듯이(요 8:3-11), 항상 완전한 은혜를 베푸셨다. 의심의 여지없이 그 여자의 죄는 크고, 악하고, 돌에 맞아 죽을만한 것이었다. 하지만 누가 그 여자에게 돌을 던질 것인가? 주님은 모든 사람의 마음을 시험하셨다. 비록 주님은 "사랑"이시지만, 여전히 "빛"이시다. 따라서 어느 누가 죄악을 품은 채 주님 앞에 설 수 있다는 것은 불가능한 일이다. 만일 누군가 그것을 시험하려 든다 해도, 그것은 하나님만이 걷어낼 수 있는 가려진 장막을 벗기는 일이 될 뿐이고, 결국 그는 자신의 죄악을 인정할 수밖에 없을 것이다. 양심을 꿰뚫는 주님의 한 말씀만으로도, 사마리아 여자처럼 "나의 행한 모든 일을 내게 말한 사람을 와서 보라"(요 4:29)고 말하게 될 것이다.

우리는 하나님 앞에서 우리 자신의 실제 모습 그대로 서야만 한다. 빛 앞에 서고자 하는 마음을 가질 때에야 그리 할 수 있다. 우리의 실상이 그대로 드러날 때, 하나님의 선하심 속에 있는 완전한 사랑에 의해서 치유가 일어날 것이다. 그 자리에 서는 것은 결코 어려운 일이 아니다. "하나님께서 그리스도 안에 계시사 세상을 자기와 화목하게"(고후 5:19) 하기를 바라신다. 그리스도는 결코 약해질 수 없는, 결코 슬픔을 위로하는데 실패할 수 없는, 결코 싫증나는 일이 없는, 그러한 선함의 나타남이셨다. 온갖 나쁨을 해소시키는 그러한 선함이셨다.

우리는 세상이 그러한 선을 견딜 수 없어 했다는 것을 알고 있다. 바리새인들은 그것을 받아들이기엔 너무 교만했다. 세상은 주의 이름을 무슨 악처럼 버렸다. 마침내 억제하는 것이 제거되고, 주의 시간이 다 찼을 때, 주님은 자신을 내어주셨다. 그래서 성경은 세상을 향해 "너희가 법 없는 자들의 손을 빌려 못 박아 죽였도다"(행 2:23)라고 말한다. 물론 주님은 "하나님께서 정하신 뜻과 미리 아신 대로 내준 바" 되셨다.

오, 사랑하는 친구들이여, 이 모든 것은 얼마나 놀라운 사실인가! 인간 마음의 나태함을 생각해보라! 하나님이 이 세상에서 하고자 하신 일과 인간이 하나님을 쫓아버린 일과 그래서 사람이 하나님을 떠나 자신을 기쁘게 하는 삶에 탐닉하는 것을 생각해보라! 이는 바닥부터 그리스도에 대한 미움이었으며, 그리스도를 멸시하는 것이었다. 이로써 세상은 쾌락과 흥미, 공허함으로 가득하게 되었다. 사람은 하나님을 거절한 이 세상에서 자신을 기쁘게 하는 일에 몰입해 있다! 하나님은 여전히 자신의 목적을 포기하지 않으셨다. 하나님은 자신의 이름을 위할 한 백성을 불러내는 일을 하신다.

시편 22편에서 어떻게 세상의 상태를 드러내고 있는지를 보라.

주님을 둘러싸고서 펼쳐지는 상황들을 살펴보라. 모든 사람이 각기 자신의 자리를 차지하고 있다. "많은 황소가 나를 에워싸며 바산의 힘센 소들이 나를 둘러쌌으며."(12절) 즉 이것은 폭력을 가리킨다. 주의 친구들은, 다 달아나고 없었다. 제자들을 생각해보자. 한 사람은 부인했고, 또 다른 사람은 배신했다. 빌라도는 무죄한 사람이 피를 흘리는 줄 알면서도 그저 자신의 손을 씻었다. 유대인들은 "그 피를 우리와 우리 자손에게 돌릴지어다"(마 27:25)라고 말했다. 우리는 오늘날 이 일이 그들에게 일어나고 있는 것을 볼 수 있다. 대제사장은, 무지하고 길을 잃은 사람들을 중보하기 위해 그 자리에 있는 것임에도, 무죄한 자를 정죄하는 일에 자신의 목소리를 내었다. 이 모든 것은 세상의 도덕적 암흑을 증거한다. 어떤 사람들은 되어지는 일을 보며 자신의 가슴을 쳤고, 한 백부장은 "이 사람은 진실로 하나님의 아들이었도다"(막 15:39)라는 완벽한 증언을 했다. 하지만 세상은 그리스도에게 속해 있지 않았다. 그래서 주님은 자신이 진리를 증거한 것 때문에 정죄를 받으셨고, 완전한 온유함 가운데 십자가로 나아가셨다.

147

겟세마네를 생각해보면, 주님이 고뇌 가운데 기도하실 때 제자들은 잠을 자고 있었다. 그리고 사람들이 주님을 체포하러 왔을 때, 주님은 자신의 안위를 걱정하기 보다는 제자들을 염려하셨다. 그래서 "나를 찾거든 이 사람들이 가는 것은 용납하라"(요 18:8)고 하셨다. 주님은 자신을 전면에 내세우시고, 몸으로 막고서 제자들이 피할 길을 내셨던 것이다. 그러자 제자들은 다 도망갔다. 이 모든 상황들은 세상의 실상을 드러내준다. 주님은 그러한 세상을 온전히 통과하셨다. 이 시편 22편에서 주님은 소위, 이 모든 것을 리허설(예행연습) 하셨고, 이 세상 가운데서 자신의 슬픔과 고통을 토로하셨다.

어쨌든 이 모든 것들은 깊고, 실제적이며, 사람에게서 온 것이었다. 이러한 것들로부터 돌이켜 주님은 하나님을 향했다. 여기서 시편의 적절한 주제와 그리스도께서 당하신 측량할 수 없는 고통을 볼 수 있다. 그리스도는 시련 가운데서 하나님을 바라보았고, 자신이 마셔야만 했던 잔 속에는 아무런 위로가 없었다. "나를 멀리 하지 마옵소서 환난이 가까우나 도울 자 없나이다."(시 22:11) 게다가 주님을 짓누르고 있는 슬픔은 더욱 커져만 갔다. 그래서 주님은 다시 "여호와여 멀리하지 마옵소서 나의 힘이시여 속히 나를 도우소서"(19절)라고 말씀하셨다. 이 모든 것들은 사람의 손에서 나오는 압박을 의미한다. 그리스도는 그들의 압박에 굴복하지 않으셨다. 다만 아버지께서 자신의 손에 들려주신 잔을 받아 마셨다. 이 때문에 주님은 "내 하나님이여 내 하나님이여 어찌 나를 버리셨나이까?"라고 부르짖으셔야만 했다. "우리 조상들이 주께 의뢰하고 의뢰하였으므로 그들을 건지셨나이다 그들이 주께 부르짖어 구원을 얻고 주께 의뢰하여 수치를 당하지 아니하였나이다 하지만 나는 벌레요 사람이 아니라 사람의 비방 거리요 백성의 조롱거리니이다."(4-6절) 죄를 심판하는 잔을 마시는 것은 얼마나 무섭고도 끔찍한 일인가!

우리는 이 지점에 이르도록 주님을 둘러싼 상황들을 살펴보았다. 그리스도께서 세상에 오셨고, 그분의 임재를 통해서 사람이 어떠한 존재인지가 드러났다. 하나님의 사랑 때문에, 그리스도께서 미움을 받으셨다. 이것은 오늘날에도 그리스도와 관련하여 여전히 사실이다. 지금도 하나님의 사랑은 자신의 일을 하고 있다. 우리 자신에 관한 것을 폭로하는 일을 하는 것이 아니라, 아예 그것을 생각하지 못하도록 하는 일을 한다. 우리 자신의 실상을 드러내고 폭로하는 일은 우리를 절망에 빠뜨릴 뿐이지만, 이 일이 아예 없다면 우리는 하나님께 가까이 나가고자 하지도 않을 것이고, 그렇다면 행복을 찾을 수도 없을 것이다.

148

사랑하는 친구들이여, 우리 자신을 속이고자 해서는 안된다. 쾌락이나 그런 것들을 쫓는 사람들은 그리스도에 관한 이야기를 듣고 싶어 하지 않는다. 그리스도는 당신이 이제 당신의 손으로 그리스도를 다시 십자가에 못 박는 일을 하도록 허용하지 않으신다. 예전에 그렇게 했던 세상은 조금도 변한 것이 없다. 세상은 그리스도를 영접하기를 원하지 않는다. 육신적인 마음을 가진 사람도 마찬가지이다. 그리스도께서 제시될 때, 사람들에게서 자연스럽게 나타나는 반응이 무엇인지 아는가? 사람들은 그리스도를 좋아하지 않는다는 것이다. 만일 하나님께서 지금 이 자리에 오셔서 이 모든 것들을 드러내실 때, 과연 사람은 자신의 생각과 감정과 성향을 무엇으로 표현하고 싶어 할 것 같은가? 그리스도께서 당신의 집에 오신다면, 과연 무슨 일이 일어날 것 같은가? 하나님이 그곳에 계실지라도, 모든 것이 망가질 것이다. 그 이유는 이렇다. 즉 사람이 자신의 쾌락을 추구하는 곳에서는 결코 하나님을 만날 수 없기 때문이다. 당신이 자연인을 하늘로 초대했다고 가정해보자. 과연 그가 거기서 무슨 일을 할 수 있을까? 그가 기뻐하며 즐거운 마음으로 할 수 있는 일은 아무 것도 없다. 그는 그저 가능한 빨리 천국에서 도망치고 싶어 할 것이다. 이것은 세상과 연합을 이룬 모든 사람들에게 일어날 일이다. 만일 하나님께서 우리가 세상에서 추구했던 쾌락을 천국에 가져가도록 허용하신다면, 그것은 천국의 모든 것을 망칠 것이다. 혹 우리가 주님이 계신 곳으로 가는 것이 가능하다 해도, 우리는 거기에 오래 머물 수 없을 것이다. 여전히 사람은 자신을 기쁘게 하는 일을 추구한다. 그리스도는 바로 그러한 장소에서 십자가에 못 박히신 것이다! 그래서 사람들은 심판 또는 죽음이 오기 전까지 모든 것이 잘 되고 있다고 생각한다. 하지만 그 날에야 비로소 그는 자신이 추구해온 세상의 헛됨을 보게 될 것이며, 거짓된 평안으로 자신을 위로하고 있었다는 것을 보게 될 것이다.

나는 구주의 사랑이 가진 완전함을 볼 수 있었다. 그리스도께서 거절당하신 일은 그리스도의 사랑이 가진 더 많은 면들을 나타나게 해주는 도구였던 것이다. 이 말은 우리가 처했던 모든 상황을 영구적으로 해결해주었음을 의미한다. 우리는 죽음의 자리에 누어있지 않았는가? 그리스도께서 친히 그 자리에 누우셨다. 우리는 진노의 잔을 마시기에 합당한 사람들이 아니었는가? 그리스도께서 그 잔을 대신 받아 마셨다. 사탄이 자신의 모든 권세로 우리를 대적하지 않았는가? 그리스도께서 그 권세를 깨뜨려버리셨다. 과연 그리스도께서 '그대는 필요한 준비를 갖춘 후 내게로 오라. 그리하면 내가 도와줄 것이다'라고 말씀하시는가? 그렇지 않다. 그리스도는 이 세상에 오셨고, 이 세상을 피해 도망치고자 하지 않으셨다. 그리스도는 사람들의 비방과 폭력을 피해 달아나고자 하지 않으셨고, 오히려 그 모든 것을 통과하셨으며, 아무 흠도 없는 상태에서 자신을 하나님께 드리셨다.

내가 하나님의 사랑과 및 죽음과 심판을 통해서 죄를 다루신 하나님의 목적을 보았을 때, 그리고 이처럼 복되신 분께서 그 자리에 서신 것을 보았을 때, 나는 하나님께서 은혜로 죄를 점령하셨다는 놀라운 진리를 확보할 수 있었다. 이처럼 복되신 분께서 그런 자리에 자신을 내어주신 것을 보았을 때, 나는 전체 문제가 하나님 앞으로 상정되었고, 주 예수 그리스도의 위격 안에서 그분에 의해서 해결되었다는 것을 볼 수 있었다. 이 일은, 하나님께서 이 지상에서 우리를 다루시는 일과는 전혀 성격이 다른 일이었다. 하나님이 우리를 다루실 때에는 우리의 연약함 때문에 무한한 자비와 온유한 동정심으로 대하신다. 하지만 그리스도에겐 그런 자비가 베풀어지지 않았다. 눈 가리고 아웅 하는 것도 없었고, 그리스도를 아끼는 배려라곤 전혀 없었다. 그리스도는 우리 죄 짐의 무게를 몸소 감당하실 수 있는 위격(또는 신격)을 가지신 분이셨고, 그래서 기꺼이 그 일을 하고자 하셨던 것이다. 그리스도는 그 일을 이루셨다.

149
아, 이 얼마나 장엄한 광경이었는가! 만일 하나님께서 심판을 통해서 모든 것을 쓸어버리셨다면, 공의가 나타나게 될 것이지만, 거기에 사랑은 없을 것이다. 만일 하나님께서 죄를 그냥 간과하셨다면, 거기에 공의는 있을 수 없을 것이다. 하지만 그리스도께서 십자가에서 우리의 자리를 대신하셨을 때, 우리는 죄를 심판한 신성한 의를 소유하게 되었을 뿐만 아니라, 죄인에게 베푸시는 무한히 신성한 사랑도 소유하게 되었다. 여기서 하나님과 연결된 모든 것이 영화롭게 되었다. 즉 죄가 완전히 나타났지만, 거기서 주님은 죄를 없이 하는 사역을 완성하셨던 것이다.

이제 우리는 이 시편에서 주님이 부르짖는 소리를 들을 수 있다. 주님은 "주께서 내게 응답하시고 들소의 뿔에서 구원하셨나이다"(21절)라고 말씀하셨다. 잔을 다 마셨을 때, 소위 주께서 그들이 찌른 창에 찔리시고 죽으셨을 때, 주의 기도는 부활로 응답받았다. 주께서 마지막 숨을 거두시기 바로 전에, 우리는 주께서 평화롭게 "아버지 내 영혼을 아버지 손에 부탁하나이다"(눅 23:46)라고 말씀하신 것을 볼 수 있다. 주님은 나약하기 때문에 죽으신 것이 아니었다. 주님은 스스로 자신의 목숨을 내놓으셨다. 이로써 우리는 죄의 총체적인 문제가 해결되었고, 끝난 것을 볼 수 있다. 만일 그때 해결된 것이 아니라면, 영원히 해결될 수 없었을 것이다. 이제 이처럼 큰 구원을 등한히 여기는 사람은 영원한 심판을 받게 될 것이며, 더 이상 하나님 앞에서 죄 문제는 해결될 수 없을 것이다. 만일 그때 해결된 것이라면, 완벽하게 해결된 것이다. 신성한 본성의 완전성을 따라 해결된 것이며, 하나님의 거룩성을 따라서 해결된 것이기에, 영원한 효력을 가지고 있다. 그 자리에서 진노의 잔을 받아 다

마시고, 하나님께 부르짖으셨던 그리스도는 이제 응답을 받으셨다. 그리스도의 부활은 그에 대한 증거이다.

이제 또 다른 것, 즉 하나님 사랑의 항상성에 주목해보자. 적대감도 그것을 막지 못한다. 이 모든 것을 통과하면서 하나님은 자신의 사랑을 계속 진행해 나가신다. 당신은 하나님의 은혜로 충족되지 못하는 결핍을 찾아낼 수 없다. 은혜가 인간 마음 속 깊은 곳에 자리잡고 있는 공허감을 풍족하게 채울 수 없는 죄인을 당신은 한 사람도 찾아낼 수 없을 것이다. 이제는 사탄의 권세도, 인간의 무정함 때문에 겪는 가슴 찢어지는 듯한 고통도, 악한 자 앞에서 느끼는 두려움도 하나님 사랑의 역사를 막을 수 없다. 하나님의 사랑을 대적하는 일이 거세지면 질수록, 하나님의 사랑이 더욱 진면목을 나타낼 뿐이다. 하나님께서 그러한 사랑을 우리에게 베푸실 이유는 없지만, 하나님 안에 있는 사랑은 바로 그러한 속성을 가지고 있다.

150

이제 그리스도는 이렇게 말씀하신다. "내가 주의 이름을 형제들에게 선포하고 회중 가운데에서 주를 찬송하리이다."(22절) 무슨 이름을 선포한다는 것일까? 그리스도의 아버지와 그리스도의 하나님의 이름이다. 죄를 없이 하는 일을 한 자신에게 베풀어진 구름 한 점 끼지 않은 듯한 호의를 베푸신 분의 이름이다. 그리스도께서는 무한히 거룩하신 하나님의 임재 가운데 들어가 계신다. 그리스도는 죄를 이기신 하나님의 권능을 경험하셨고 충분히 느끼셨다. 그리고 이제 그리스도는 사람으로서 하나님의 복을 누리는 자리로 들어가셨는데, 여기서 주목할 점은 단지 창세 전에 영원하신 하나님의 아들로 들어가신 것이 아니라 인자로 들어가셨다는 것이다. 그리스도는 십자가 사역을 이루신 결과로 그 자리에 들어가셨기에, 이제 "내가 주의 이름을 형제들에게 선포하리라"고 말씀하신다. 따라서 그리스도는 자신이 부활하셨을 때, "내 형제들에게 가서 이르되 내가 내 아버지 곧 너희 아버지, 내 하나님 곧 너희 하나님께로 올라간다 하라"(요 20:17)고 말씀하셨던 것이다. 이전에는 제자들을 그렇게 부를 수 없었다. 이제 그리스도는 제자들을 자신이 들어가신 그 자리에 넣어주신다. 그에 필요한 사역을 이루셨기 때문에, 자신이 이루신 역사의 공로를 통하여 그리스도는 자신이 하나님과 맺고 있는 관계 속으로 제자들을 들어가게 해주신다. 왜냐하면 그리스도께서 그 일을 이루셨고, 그들을 위하여 그 일을 하신 것이기 때문이다. 그리스도는 자신이 들어간 그 자리에 제자들도 있게 하셨다.

따라서 만일 우리 영혼이 주님을 향해 악의 모든 세력과 적대감이 폭발하고 쏟아지는 그 때, 주님으로 하여금 묵묵히 사망의 진토까지 내려가도록 만든 그 사랑의 진실 속으로 들어갈 수만 있다면, 이로써 우리는 구원이 무엇인지를 볼 수 있을 것이다. 하나님은 주님으로 하여금 우리를 위하여 죄가 되게 하셨고, 죄에 대한 공의로운 심판을 대신 받게 하셨다. 이제 그리스도께서 그 일을 통해서 하나님을 얼마나 영화롭게 해드렸는가를 보라. 이제 그리스도께서 전에 버림받은 자로서, 한 점 구름도 끼지 않은 충만한 빛 속으로 들어가셨음을 이해하라. 이제 나는 나도 그곳에 있노라고 말할 수 있다. 왜냐하면 주께서 "내 아버지 곧 너희 아버지께로 올라간다"고 말씀하셨기 때문이다. 이 말은 무슨 뜻인가? 즉 "나는 네 자리를 대신했고, 너를 하나님 앞으로 데리고 가는데 필요한 모든 일을 이루었다. 너는 내 안에서 하나님의 의가 되었다. 왜냐하면 내가 너를 위해 죄(sin)가 되었기 때문이다" 라는 뜻이다. 주께서 응답받으셨을 때, 주께서 하신 첫 번째 생각은 이렇다. "내가 주의 이름을 형제들에게 선포하리라." 이제 나 자신이 이러한 사실을 생각하면서 행복감을 느낀다면, 나도 그들에게 주의 이름을 선포해야만 한다. 약화될 줄 모르고, 쇠진해지는 것도 모르는 하나님의 사랑은 그리스도의 사역이 가진 효력을 우리 영혼에 적용시키는 일을 한다. 주님은 '이제 너는 곧 나와 함께 하게 될 것이다' 라고 말씀하신다. 이 말은 우리는 더 이상 주님과 분리될 수 없다는 의미이다. 주님 홀로 그 잔을 다 마셨고, 그래서 잔이 비어졌기에, 우리는 결코 주님과 나누어질 수 없게 되었다. 주님은 결코 '이제 그들이 노래하리라' 고 말씀하지 않으신다. 오히려 "내가 주를 교회 중에서 찬송하리라"(히 2:12)고 말씀하신다. 주께서 찬송을 인도하신다. 주께서 자신이 기뻐하는 그 이름을 선포하신다. 이렇게 우리가 주님과 찬송을 부르는 일에 연합을 이룰 것이란 사실은 얼마나 경이로운가! 이것은 일종의 예표다. 그럼에도 이 구절은 주께서 모든 일에 자신과 우리를 연합시키셨다는 것을 말해준다.

151

이 얼마나 완전한 구원인가! 당신은 과연 이 사실을 믿고 있는가? 당신은 과연 그리스도께서 아버지와 맺고 있는 관계와 동일한 관계 속에 서있는가? 이것이 바로 주님이 나에게 말씀하신 것이다. 주님이 나를 속이시거나 잘못 인도하신다는 것은 있을 수 없다. 만일 주께서 "평안을 너희에게 끼치노니"라고 말씀하신다면, 이어서 "나의 평안(My peace)을 너희에게 주노라"는 말씀을 더하신다(요 14:27). 게다가 "내 기쁨(my joy)이 너희 안에 있어 너희 기쁨을 충만하게 하려 함이라"(요 15:11)고 말씀하셨다. *완전한 사랑은 무슨 일을 하는가? 그 완전한 사랑은 자신이 사랑한 사람을 자신이 서있는 자리(신분, 위치, 지위)에서 연합시키는 일을 한다. 이것이 바로 그리스도께서 복을 주시는 방식이다.* 이것은 단지 선물을 주는 것으로 끝나는 것이 아니다. 물론 우리의 필요를 따라 선물을 주시는 일도 하신다. 하지만 그리스도는 우리를 자신의 기쁨 속으로 이끌어 들이신다. 그래서 주님은 "그들로 내 기쁨을 그들 안에 충만히 가지게 하려 함이니이다"(요 17:13), "내게 주신 영광을 내가 그들에게 주었사오니"(요 17:22), "나를 사랑하신 사랑이 그들 안에 있고 나도 그들 안에 있게 하려 함이니이다"(요 17:26), "나는 아버지께서 내게 주신 말씀들을 그들에게 주었사오며"(요 17:8)라고 말씀하셨다. 이러한 것이 그리스도의 사랑이다. 우리는 참으로 연약한 그릇에 불과하지만, 그럼에도 우리와 같은 자들에게 베푸신 완전한 사랑이다. 그리스도는 우리를 자신과 함께 있게 하려는 목적으로 자신이 들어간 그 자리로 이끌어 들이신다.

이 시편 22편 23절부터 그리스도께서는 천년왕국 시대를 소개하신다. 요한계시록 시대와는 달리, 지금은 여호와를 두려워하는 시대가 아니다. 하지만 만일 당신이 여호와를 두려워한다면, 그분을 찬송해야만 한다. "여호와를 두려워하는 너희여 그를 찬송할지어

다."(23절)

어쩌면 당신은 작은 죄를 용서하시는 하나님을 믿고 있을지 모른다. 그렇지 않다. 하나님은 작은 죄는 취급하지 않으신다. 오히려 하나님은 모든 죄를 없이 하셨고, 우리에게 최고로 좋은 의의 옷을 입혀주시며, 자기 집으로 초청하신다. 이로써 우리 마음은 영적 자유를 주시는 하나님께로 달려갈 수 있다. 하나님의 집 내부에 들어가서야 볼 수 있는 진리가 있다. 죄를 하나님의 빛을 통해서 보게 되면, 죄는 빛에 의해서 사라질 것이다. 이렇게 우리 마음에 주어지는 평안은 얼마나 놀라운 것인가! 지금도 십자가를 바라보면서 당신은 과연 나의 죄가 사함을 받았는지 모르겠다는 말을 할 수 있는가? 당신은 이제 십자가에서 모든 죄가 영원히 속죄되었다는 것을 알고 있다. 그리스도께서 거기서 죄가 되셨다. 거기서 하나님은 자신의 신격을 걸고 죄 문제를 해결하셨다. "자기를 단번에 제물로 드려 죄를 없이 하시려고 세상 끝에 나타나셨던"(히 9:26) 것이다. 나는 이제 그 일이 이루어진 것을 알고 있다. 그리스도는 그 일을 이루고자 오셨고, 그 일을 완벽하게 성취하셨다. 나는 나 자신에게 그것을 어찌 생각하는가 하고 묻지 않는다. 다만 하나님이 그것을 어찌 생각하시는가 만을 알 뿐이다. 그것이면 충분하다. 하나님이 그리스도를 죽은 자 가운데서 일으키셨다. 이 말은 하나님께서 그리스도를 받으셨을 뿐만 아니라, 그리스도께서 죄 문제를 해결하심으로써 하나님을 영화롭게 한 결과로, 하나님은 사람이신 그리스도를 영화롭게 했다는 뜻이다. 이 진리를 진정 보았다면, 인간의 이성과 지성의 작용에 의해서 거미줄처럼 뽑아냄으로써 얽히고설킨 모든 사상들이 깨끗하게 정리가 될 것이다. 나는 또 다시 속죄하는 제사를 드려줄 또 다른 그리스도가 필요치 않다. 그리스도는 단번에 영원히 우리 죄 문제를 해결하셨다. 이를 위해서 전에 죽으셨던 그리스도는 다시 죽으실 수 없다. 하나님을 찬송하자. 그리스도께서 그 일을 완성하셨고, 그 가치는 그리스도께서 하나님 앞에서 세세무궁토록 사시는 한 결코 사그라지는 일이 없을 것이다.

152

나는 어쩌면 훈계를 받기도 하고, 책망을 받기도 하며, 또 때로는 격려를 받기도 하고, 경고를 받을 수도 있다. 하지만 그리스도의 영광이 계시되면 될수록 나는 더욱 하늘에 계신 그리스도에게로 가까이 나아가게 된다. 이제는 아무 것도 내가 그리스도 안에서 하나님의 의가 되었다는 사실을 흔들 수 없다. "만일 누가 죄를 범하여도 아버지 앞에서 우리에게 대언자가 있으니 곧 의로우신 예수 그리스도시라 그는 우리 죄를 위한 화목 제물이니."(요일 2:1,2) 이제 우리가 의롭게 되었다는 것은 결코 변하지 않는 사실이다. 의가 전가된다기 보다는 하나님의 의 덕분에, 그리스도께서는 우리의 대언자이시다. 우리가 실패한다 해도, 우리 영혼은 금새 회복된다.

이 얼마나 완벽한가! 너무나 완벽해서, 어쩌면 믿는 것이 상당히 어려울 수 있다. 왜냐하면 우리로서는 그러한 사랑을 믿는 것이 상당히 어렵기 때문이다. 당신은 그리스도께서 당신을 자신과 연합시키신 것을 믿는가? 그리스도는 찬송의 곡조를 맞추셨고, 당신이 그리스도를 따르길 바라신다. 만일 당신이 그리스도께서 진정 그 일을 완성하셨는지 모르겠노라고 말한다면, 만일 당신이 나는 진정 그 완벽한 빛과 호의 속에 들어왔는지를 모르겠노라고 말한다면, 당신은 그리스도와 더불어 그 곡조를 따라서 찬송을 부를 수 없을 것이다. 그리스도는 그 일이 이미 이루어진 것을 알고 계신다. 뿐만 아니라 그리스도는 자신이 완벽한 빛과 호의 속에 들어온 것을 아신다.

당신이 어려움을 느낀다는 것을 나는 알고 있다. 그럼에도 그것은 별개의 사안이다. 당신은 곧 의로 말미암아 은혜가 다스리는 것을 경험하게 될 것이다. 그리스도는 우리가 그리스도를 믿는 일에 한 점 의혹도 없이 공정하게 믿을 수 있도록 완전한 역사를 이루셨다. 과연 어떻게 이 일이 당신에게도 이루질 수 있을까? 당신은 하나님과 화목했는가? 당신은 진정 이러한 그리스도의 사역을 통해서 하나님과 화평을 이루었노라고 말할 수 있는가? 우리는 여전히 재미있는 일, 재정적 이익, 사람들의 모임, 그리고 오락 등 하나님에게 속하지 않은 것들을 좋아하고 있다. 그럼에도 당신은 하나님과 화해했는가? 만일 그렇다면, 우리의 연약함에도 불구하고, 우리는 하나님께로 나아갈 수 있다. 유혹이 올 때, 나는 어디로 피할 수 있을까? 나는 "약함 가운데서 온전하게 해주는" 능력으로 나아갈 것이다.

로마서 8장에서 사도 바울이 이 하나님의 사랑을 모든 것에 적용시키는 것을 볼 때, 참으로 기쁜 마음이 든다. 자기 아들을 아끼지 아니하시고 내어주신 하나님께서, 어찌 그 아들과 함께 모든 것을 우리에게 주시지 아니하겠는가? 하나님은 우리를 위하시기에, 모든 것을 주신다. 누가 하나님의 택하신 자들을 고발할 수 있는가? 하나님은 우리를 위하시기에, 우리를 의롭다고 하신다. 하나님 편에서 무엇을 주는 일이건 또는 우리 편에서 죄의 문제건 하나님은 우리를 위하신다. 시련 또는 무슨 어려운 문제에 있어서도 하나님은 우리를 위하신다. 그것이 무슨 일이건, 하나님이 우리를 위하신다면, 누가 우리를 대적할 수 있는가? 시련이 올 때, 안식이 앞에서 기다리고 있다는 것을 우리는 기억해야 한다. 만일 안식이 있다면, 그것은 하나님의 백성들을 위한 것이다. 만일 그것이 하나님의 백성들을 위한 것이라면, 그것은 하나님의 안식이다. 하나님은 장차 오셔서 우리를 그 하나님의 안식으로 데리고 들어가실 것이다. 만일 내가 어떤 사람을 중요하게 생각하지 않는다면, 그저 사람을 보내어 그 사람을 데리고 오고자 할 것이다. 하지만 만일 내가 그 사람을 아주 중요하게 생각한다면, 내가 직접 나가서 그를 맞이할 것이다. 따라서 주님은 *"내가 다시 와서* 너희를 내게로 영접하여 나 있는 곳에 너희도 있게 하리라"(요 14:3)라고 말씀하셨다.

Chapter 6
십자가를 자랑하라
Glorying in the Cross

289

"내게는 우리 주 예수 그리스도의 십자가 외에 결코 자랑할 것이 없으니 그리스도로 말미암아 세상이 나를 대하여 십자가에 못 박히고 내가 또한 세상을 대하여 그러하니라." (갈 6:14)

사람이 자기 자신에게서 벗어나는 일만큼 어려운 일은 없다. 새로운 본성이 주어지지 않는 한, 그것은 불가능하다. 사람은 자신에게 명예를 가져다주는 일을 자랑한다. 자신을 남보다 더 나은 사람처럼 보이게 하는 일을 자랑한다. 그렇게 하면 할수록 있는 그대로 자신의 모습을 보여주는데서 멀어져갈 뿐이다. 사람의 교만은 다른 사람보다 자신에게 이로움을 가져다주는 일에 빠져듦으로써 커져만 간다. 어떤 사람들은 자신의 재능을 자랑한다. 사람의 마음은 다 다르다. 어떤 사람의 마음 속엔 허영이 가득하며, 그저 다른 사람들에게 좋은 평판을 얻는 일에만 몰두한다. 그러한 사람은 다른 사람들에게 좋은 평판을 얻으면 얻을수록 교만은 더욱 커져만 간다. 사람을 다른 사람들과 구분시켜주는 것, 이를 테면 재산이나 지식이 많아질수록 그는 더욱 자랑할 것이고, 그렇게 자랑거리가 많을수록 자기 주변에 있는 사람들을 더욱 멸시할 것이다.

재능, 가문, 재물들 외에 사람이 자랑하는 또 다른 것이 있다. 그것은 종교이다. 한 유대인을 생각해보자. 우리는 그가 자신이 터키인이 아닌 것을 자랑하는 것을 볼 수 있을 것이다. 소위 크리스천들도 마찬가지로, 자신이 이교도나 세리가 아닌 것을 자랑한다. 이렇게 하는 사람은 하나님이 사람을 건져내주신 그 자리를 다시 취하는 것이다. 힘이 있는 사람에게 빌붙고자 하는 사람들은 자랑할 거리가 없거나, 아니면 허황된 것을 자랑하는 사람들이다. 사람들이 종교를 붙잡고 싶어 하는 이유도 사실은 자신의 자랑거리를 삼고 싶어 하기 때문일 경우가 많다. 따라서 하나님을 믿는 터키인도 자신의 종교를, 아직 믿지 않는 사람들에게 자랑하고 싶어 한다. 유대인도 마찬가지로, 자신이 진리를 가지고 있고 또 구원이 유대인에게서 나기 때문에 자신의 종교를 자랑한다. 이방인 그리스도인도 진리를 가지고 있기 때문에, 자신을 자랑스럽게 여긴다. 이 모든 일은 다 잘못된 것이다. 대적의 간교한 역사는 여기에 감추어 있다. 즉 사람이 진리를 가지고 자신을 자랑하는데 빠지게 한다는 것이다. 만일 당신이 그리스도인이 된 것을 자랑스럽게 여기고 있다면, 이러한 내용을 이해하는 것이 다소 어려울 수도 있다.

참 하나님의 자녀가 자신이 하나님을 아는 것을 자랑스럽게 여기면서, 십자가의 능력으로 행하는 것이 과연 가능할까? 요나의 경우를 보면, 이러한 교만이 확실히 있었다. 그는 자신이 유대인인 것을 자랑스럽게 생각했기에, 하나님의 말씀에 순종하여 니느웨로 가기를 원치 않았다. 왜냐하면 그는 자신의 명성을 잃을까봐 두려워했기 때문이다. 그는 선지자로서 자신의 평판이 나빠지는 것을 감내하기 보다는 차라리 니느웨 사람들이 모두 멸망하길 바랬다. 요나는 참 선지자였지만 자신을 자랑스럽게 생각했고, 그 결과 자신의 종교를 자신을 자랑하는 도구로 삼고 있었다. 당신 자신을 빛내줄 것으로 여기고 있는 것이 있다면, 심지어 그것이 성경을 아는 지식일지라도, 그것은 다만 육신을 자랑하는 것일 뿐이다. 아무리 사소한 것일지라도 우리 자신을 기쁘게 하는 일을 하기엔 충분하다. 달리 신경쓸만한 것으로 보이지 않지만, 우리 자신의 중요성을 뽐내기에 충분한 것들이 있다.

290

종교를 자랑하는 것은 흔히 생각하는 것보다 우리 영혼 속에 더 깊이 뿌리를 내리고 있다. 사람에게서 나오는 것은 그것이 무엇이든지 가치가 없다. 사람은 죄인이기에 자랑할 것이 없다. 우리 양심도 자랑할 것이 없다. 사실 양심이 없다면 참 종교도 없다. 이런 일은 그리스도 안에 있는 의(義)와는 아무런 관계가 없다. 그렇다면 사람이 자랑하는 종교에는 무엇이 있는가? 이 일은 항상 율법적인 성격을 띠고 나타난다. 왜냐하면 여기엔 사람이 해야만 하는 일이 있기 때문이다. 자신을 자랑할 수 있는 일이라면 힘든 고행, 또는 어떠한 대가를 지불해야 하는 힘든 일도 마다하지 않는다. "무릇 육체의 모양을 내려 하는 자들이 억지로 너희로 할례받게 함은 … 너희의 육체로 자랑하려 함이니라."(갈 6:12,13) 사람은 아무리 무거운 짐이라도 기꺼이 지고자 한다. 어째서 그런 일을 하려고 하는 것인가? 왜냐하면 자아는 무슨 일이든 하고 싶어 하기 때문이다. 사람이 자아를 자랑하고 싶어 할 때, 거기엔 어느 정도 진실이 있을 수 있다. 하지만 그러한 일은 항상 율법적인 특징을 띠고 있다. 왜냐하면 거기엔 사람이 하나님을 위해 할 수 있는 일이 어느 정도 있기 때문이다. 자아를 자랑하는 것은 죄를 자랑하는 것과는 다르다. 빌립보서 3장을 보면, 종교적인 자랑은 그리스도 밖에 있는 무언가를 자랑하는 것임을 알 수 있다.

하지만 십자가를 보면, 사람은 아무 것도 할 것이 없다. 이는 나의 십자가가 아니라, "우리 주 예수 그리스도의 십자가"이기 때문이다. 내가 그리스도의 십자가에 참여한 부분이 있다면, 그것은 죄(sin)뿐이다. 나의 죄가 십자가에 관여되어 있다. 왜냐하면 죄가 그리스도를 십자가로 끌어들였기 때문이다. 이 십자가는 사람도 함께 끌어들인다. 십자가는 사람을 구원하는 일을 하며, 하나님은 그 일을 기뻐하신다. 사람은 그 십자가를 지는 일에 손가락 하나 더할 수 없었다. "하나님의 미련한 것이 사람보다 지혜 있다."(고전 1:25) 내가 십자가에 더한 유일한 것은 나의 죄(my sin)이다. 더 생각할 부분이 많이 있을 것이다. 십자가가 없다면, 우리는 완전히 잃어버린 존재로 남을 뿐이다. 하나님의 사랑은 나를 전적으로 잃어버린바 된 죄인으로 다룬다. 내가 하나님의 사랑을 더 많이 보면 볼수록,

나 자신이 얼마나 천하고, 완전히 가증스러운지, 얼마나 더럽고, 잃어버린 존재인지를 더욱 보게 된다. 나는 더럽혀진 나를 좋아했다. 나는 불쌍한 죄의 노예였고, 나 자신을 더럽히는 데까지 몰락했다. 내가 십자가가 무엇인지를 보았을 때, 십자가는 나 자신을 자랑하는 나란 사람 자체를 아무것도 아닌 것으로 만들었으며, 비로소 진리를 내 영혼 속에 스며들게끔 해주었다. 왜냐하면 십자가는 나에게 나 자신이 얼마나 나쁜 존재인가를 보게 해줄 뿐만 아니라 나의 죄를 회피하려 하기보다는 오히려 나의 죄를 고백하는 것을 기뻐하게끔 해주었다. 나는 심지어, 이 모든 죄를 사랑하는 죄성이 내 속에 있음을 인정할 정도로 각성되었다. 그리스도의 사랑이 나의 마음을 열어주었고, 그리스도에게 나아가 내가 얼마나 나쁜 사람인지를 고백할 수 있게끔 해주었다. 나는 이제 그리스도께서 하신 일과 내가 그분께 빚지고 있는 모든 것과 그분께 대한 감사한 마음을 기쁘게 증언할 수 있다. 나는 이제 아무 숨김도 없이, 내 마음의 천하고 악한 것을 말할 수 있을 뿐만 아니라 죄(the sin)에 대한 치료책이 있음을 기쁘게 증언할 수 있다.

291

또 다른 측면에서 우리는 십자가에 나타난 하나님의 기쁨을 볼 수 있다. "그의 십자가의 피로 화평을 이루사 만물 곧 땅에 있는 것들이나 하늘에 있는 것들을 그로 말미암아 자기와 화목케 되기를 기뻐하심이라."(골 1:20) 하나님은 십자가의 가치를 보게 해주심으로써 우리도 자신과 함께 기뻐하길 바라신다. 우선 우리는 십자가를 통해서 하나님의 말로 표현할 수 없는 사랑을 볼 수 있다. 이 하나님의 사랑은 우리의 사랑과 같이, 사랑할만한 대상을 사랑하는 그런 사랑이 아니다. 그렇지 않다. "우리가 아직 죄인 되었을 때에 그리스도께서 우리를 위하여 죽으심으로 하나님께서 우리에게 대한 자기의 사랑을 확증하셨느니라."(롬 5:8) 이 사랑은 그 자체의 힘으로 사랑의 행위를 하는 사랑이었다. 다시 말해서, 한 영혼이 자신이 사랑받을 수 없다는 것을 잘 알고 있지만, 그럼에도 베풀어지는 거룩한 사랑인 것이다. 하나님의 역사와 하나님의 방식은, 사람이 감히 생각도 하지 못했고 또 생각할 수도 없었던 방식으로 나타났다. 나는 참으로 가련하고 비참한 죄인이다. 그럼에도 십자가에서 나는 자신의 아들을 내어주신 하나님의 사랑을 본다. 하나님이 용서하는 일을 하실 때, 거기엔 최상의 것을 내어주시는 사랑의 강력한 힘이 있다. 그 사랑과 가장 거리가 가까운 것, 즉 자기 아들을 내어주셨고, 그 사랑과는 가장 거리가 먼 것, 즉 죄 때문에 내어주셨던 것이다. 십자가를 바라볼 때, 나는 완전하면서도 무한한 사랑, 즉 자기 아들을 죄가 되도록 내어주신 하나님의 사랑을 본다. 뿐만 아니라, 거기서 나는 완전하면서도 무한한 지혜를 본다.

양심적으로 생각해볼 때, 내가 지은 죄들(my sins) 때문에 그리스도께서 당하신 고통을 생각해보지 않고서, 그저 하나님의 사랑을 즐거워할 수만은 없다. 하나님은 참새 한 마리에게 조차 선을 베푸는 분이 아니신가? 그렇다. 하지만 내가 지은 죄들이 있는데, 어찌 하나님이 나를 그저 받아주실 수 있단 말인가? 과연 하나님께서 흠이 있는 제물을 받아주실 수 있을까? 미가 선지자가 말한 것처럼, "내 영혼의 죄를 인하여 내 몸의 열매를" 드릴 수 있는가? 가인은,

죄에 대한 아무런 각성도 없이, 그저 자기 노력의 산물을 제물로 드렸다. 그 마음의 강퍅함은 그 사실 자체로 증명되었다. 그는 자기 죄를 철저히 망각한 사람이었다. 나는 십자가를 통해서 나 자신의 죄가 무엇이었는지를 볼 수 있었다. 하나님의 마음을 이해하지 못한 채, 나는 하나님이 보시는 것처럼 십자가를 볼 수는 없다. 사람은 자신의 비참한 상황을 해결하기 위해서 치료책을 가지고 오신 하나님을 대적할 정도로 하나님을 잊고 살아왔다. 그래서 심판이 반드시 집행되어야 한다. 하나님의 권위는 옹호되어야만 한다. "만물이 인하고 만물이 말미암은 자에게는 많은 아들을 이끌어 영광에 들어가게 하시는 일에 저희 구원의 주를 고난으로 말미암아 온전케 하심이 합당하도다."(히 2:10) 과연 천사들은 사람들이 자신의 죄를 가슴에 품고서 하나님 앞에서 날아다니는 것을 보게 될 것인가? 그렇지 않다! 하나님은 의로우신 재판장이시기에 죄에 대한 심판이 반드시 집행되어야만 한다. 십자가에는 사랑 뿐만 아니라 심판도 있다. 그래서 거룩하신 그리스도께서 죄가 되셨을 뿐만 아니라, 죄 때문에 심판을 대신 받으셨다. 죄를 향한 아낌없는 하나님의 진노가 쏟아 부어졌지만, 죄인을 향해서는 하나님의 완전한 사랑이 쏟아 부어졌다. 우리가 모욕했던 하나님의 위엄이 바르게 세워질 필요가 있었다. 그래서 아들이시라도 그 앞에 엎드려야만 했던 것이다. 만일 그리스도께서 아버지의 영광의 광채를 밝히 빛내고자 하신다면, 그리스도는 반드시 하나님의 위엄을 세우시는 방식으로 행하셔야만 했다. 이런 식으로 하나님의 진리가 십자가에서 확증되었다. "죄의 삯은 사망"이다. 사람은 이 사실을 망각했다. 하지만 그리스도는 그러한 세상에서 하나님의 증인으로 우뚝 서서, 하나님이 말씀하신 것이 사실인 것을 증언하셨다. "죄의 삯은 사망"이다. 하나님이 영혼을 얻으신 것은 모두 사랑 때문이지만, 이 사랑은 동시에 이 모든 사실을 증거하고 있다.

292

십자가에는 그 이상의 것이 있다. 하나님은 여전히 십자가를 통해서 자신의 모든 목적을 이루신다. 하나님은 "많은 아들을 이끌어 영광에 들어가게 하시는 일"을 하고 계신다. 그렇다면 하나님은 어떻게 이처럼 죄로 더럽혀진 죄인들을 자기 아들과 동일한 영광에 들어가게 하는 일을 하실 수 있는가? 그리스도께서 그 십자가 사역을 완수하셨을 때, 우선적으로 하나님은 그리스도를 영광의 자리에 앉게 하셨다. 장차 우리는 그 영광이 나타나는 날, 그 영광의 일부로서 나타나게 될 것이다. 그래서 하나님은 "그 은혜의 지극히 풍성함을 오는 여러 세대에 나타내려 하심이니라"(엡 2:7)고 말씀하신 것이다. 막달라 마리아, 그리고 십자가에 달렸던 강도를 생각해 보라. 그들은 영원무궁토록 이러한 은혜의 상징이다! 하나님은 어떻게 그들을 그 아들과 함께 하는 자리에 앉게 하실 수 있는가? 하나님의 영광과 사랑은 우리 모두의 죄보다 더 높이 솟아올랐을 뿐만 아니라, 그 모든 죄를 없이 해주셨기 때문이다. 하나님께서 친히 그 일을 하셨다.

이제 십자가는 우리를 위해서 두 가지 일을 해주었다. 십자가는 양심의 평안을 준다. 이것은 사람이 겉으로 볼 수 있는 것이 아니다. 그렇다면 그마저도 망가질 것이다. 그럴 수 없다. 하나님은 "한

제물로 거룩하게 된 자들을 영원히 온전케 하셨다."(히 10:14) 모든 죄와 죄의 얼룩까지도 말끔하게 씻어졌다. 모든 죄 문제가 영원히 해결되었기에, 나는 이제 십자가를 자랑할 수 있다!

뿐만 아니라 "이제 우리는 하나님을 알 뿐더러 하나님의 아신 바 되었다."(갈 4:9) 우리는 불쌍하고 가련한 죄인이었지만, 이제는 하나님의 사랑과 은혜를 담는 그릇이 되었다. 우리 양심은 확신과 평안을 가지게 되었으며, 그 이상으로 무죄상태에 있었던 아담조차 가질 수 없었던 자신감마저 소유하게 되었다. 나의 영혼 속에는 교통과 평안이 있으며, 또 다른 것이 있는데, 즉 하나님의 섭리를 확실히 이해하는 것이 생겼다. 이처럼 십자가가 가져다준 영원히 온전케 된 것 외에 무언가를 더하고자 율법 앞에 무릎을 꿇거나 아니면 율법이 정한 무슨 예식을 드려야 하는 것인가? 그렇게 생각한다면 당신은 아직 십자가를 모르고 있다. 만일 당신이 자신을 더 낫게 만들기 위해서 다른 일들을 하고자 애쓰고 있다면, 당신은 십자가를 통해서 하나님이 하신 일, 즉 그리스도께서 하신 일이 무엇인지 도무지 감도 잡지 못하고 있는 것이다. "표범이 그 반점을 변할 수 있느뇨?"(렘 13:23) 십자가를 모르고 있다면, 당신은 자신의 양심을 잠재우거나 아니면 만족시키고자 모든 수단과 방법을 가리지 않을 것이다. 십자가를 안다면, 모든 인간적인 노력과 자기 힘으로 무언가를 해보려는 애착을 버리고 자유를 누리게 될 것이다. 내가 십자가를 바라볼 때, 나는 하나님을 사랑할 수 있었다. 내가 하나님께 범죄했을지라도, 나는 즉시 하나님께 나아가 자백하는 일을 할 것이다. 왜냐하면 나는 하나님의 자녀이기 때문이다. 하나님과 나의 관계는 비록 죄를 짓는 일로도 변경되지 않는다. 나는 아버지와 아들과 함께 하는 사귐을 나눈다. 이것이야말로 내가 가진 행복한 특권이다.

293

내가 십자가를 자랑할 수 있을 때, 거기엔 나 자신, 곧 자아에 대한 자랑은 끝난다. 왜냐하면 나는 죄인일 뿐 그 이상도 그 이하도 아니기 때문이다. 그리스도는 십자가를 통해서 우리를 하나님께로 가까이 이끄셨다. 왜냐하면 그리스도께서 의인으로서 죄인을 대신하여 고난을 당하셨기 때문이다. 과연 우리 영혼은 주 예수 그리스도의 십자가를 자랑하는가? 아니면 헛되고 헛될 뿐인 자아를 자랑하는가? 만일 당신이 십자가를 자랑하고 있지 않다면, 그것은 당신 자신에겐 엄청난 손실이다. 그렇다면 당신 속에 있는 죄는 그대로 있게 된다. 이는 당신이 십자가에 나타난 하나님의 사랑도, 하나님의 거룩도, 하나님의 지혜도, 하나님의 진리도 보지 못하고 있기 때문이다.

그저 당신이 서있는 자리에서 십자가를 바라보라. 당신은 십자가를 바라보기 위해 일부러 갈보리 언덕에 올라갈 필요가 없다. 오히려 십자가는 당신이 있는 자리까지 내려올 것이다. 당신이 좀 더 나은 사람이 된 후에, 십자가로 가는 것이 아니다. 당신이 좀 더 나은 사람이 된다면, 당신은 결코 십자가로 나아가고자 하지 않을 것이다. 당신은 오로지 죄인의 자격으로 나아가야 한다. 사도 바울은 죄인의 괴수였을 때, 나아갔다. 그리고 그는 "세상이 나를 대하여 십자가에 못 박히고 내가 또한 세상을 대하여 그러하니라"고 고백했다. 세상과 연결되어 있는 우리 속에 있는 바로 그 본성이 그리스도의 죽음을 초래했다. 그러므로 내가 십자가를 자랑할 때, 나는 세상에 대하여 못 박힌 사람이 된다.

Chapter 7
그리스도와 함께 십자가에 못 박히다
Death with Christ

187

로마서 6장은 그리스도의 죽음과 부활을 신자의 삶에 적용시킴으로써, 은혜는 결코 죄를 짓는 일을 허용하지 않는다는 것을 명백히 밝힌다. 우리는 여기서 그리스도인의 실천적인 삶과 그러한 실천적인 삶을 가능케 해주는 토대가 무엇인지를 볼 수 있다. 우리는 노예상태가 아니라 자유로 부르심을 받았으며, 거룩한 삶으로 부르심을 받았다. 이 거룩한 삶은 의(義)에 뿌리를 내리고 있으며, 그것도 실제적인 열매를 맺게 해주는 의(義)다. 이 의는 모든 것이 하나님에게서 나오고 또 나와야만 하는, 경이로운 깊이와 가치가 있다. 이 말은 그저 이 땅에서 (육신의 열매인지, 성령의 열매인지 분별도 없이) 아무 열매나 맺으면 된다는 식이 아니라, (그런 것이 사람의 생각이다) 하나님에게로 올라가고 또 하나님이 받으실 수 있는 열매를 맺는 차원을 의미한다. 하나님에게서 나오는 것만이 하나님에게로 올라가는 법이다. 제단 위에 있는 번제물을 불에 살라 하나님께 드렸던 화제(火祭)를 생각해보자. 화제는 제사장이 먹을 수 있었지만, 그 향기는 하나님에게로 올라갔다. 그리스도께서 오셨을 때, 그리스도는 자신을 향기로운 제물로 바치셨다(엡 5:2). 하나님에게서 내려온 것이 다시 하나님에게로 올라가는 것이다. 이러한 것이 그리스도인의 도덕성이다. 여기에 부족함이 있다면, 아무 것도 아닌 것이다. 그 참된 가치는 마음의 동기에 있다.

여기엔 두 사람이 개입되어 있다. 한 사람은 자신의 쾌락을 위해서 모든 것을 하고, 다른 사람은 자기 주변에 있는 모든 사람들을 위해서 한다. 한 사람은 이기적인 목적으로 행하고, 다른 사람은 한 가정의 가장처럼 행한다. 그러므로 우리는 우리 자신을 끊임없이 판단하는 일을 해야만 하며, 그럴 때 판단을 받지 않게 된다. 자신을 늘 판단하는 일을 하는 그리스도인은 자신을 하나님께 드리는 일에 거룩하지 못한 것들이 혼합되는 것을 볼 때, 마음이 상하는 것을 느낀다. 자신을 하나님이 기뻐하시는 거룩한 산 제물로 드리는 일에 자아가 개입되면, 그 제물에서 나는 향기는 육신의 냄새가 날 것이고, 역겨울 수밖에 없다. 순전한 믿음과 마음으로 하나님께 드리는 제사만이 하나님이 받으시는 영적 예배인 것이다.

로마서 4장은 지극히 큰 능력으로 개입하심으로써 죽음의 권세 아래 있던 예수를 다시 살리셨고, 자신의 우편에 앉게 하신 하나님을 믿는 믿음을 소개하고 있다. 따라서 우리는 "예수 우리 주를 죽은 자 가운데서 살리신 이"를 믿는 자들이다(롬 4:24). 주님은 자신을 가리켜 "너희가 이 성전을 헐라 내가 사흘 동안에 일으키리라"(요 2:19)고 말씀하셨고, 말씀하신 대로 다시 살아나셨다.

로마서 5장을 보면 믿음이 칭의에 적용되고 있으며, 그러자 율법이 들어온다. 율법은 그 자체로 의로울 뿐만 아니라 율법을 받아들인 사람들에게 불의를 확증시켜준다. 왜냐하면 그들이 아무리 율법을 환영할지라도 율법을 지킬 수 없기 때문이다. 사람은 무죄하거나 아니면 구원을 받아야 한다. 만일 무죄한 사람이라면, 그는 율법이 필요치 않다. 율법이 아담에게 '탐내지 말라 도둑질하지 말라'고 말하지 않았다면 그는 그것이 무슨 말인지 알 수 없었을 것이다. 그가 누구의 것을 도둑질한단 말인가? 율법은 사람을 죄인으로 정하고 있지만, 약속을 주신 후 적어도 400년 동안 율법은 존재하지도 않았다. 다만 한 사람(첫째 아담)이 순종하지 아니함으로 많은 사람이 죄인 된 것 같이, 한 사람(둘째 아담이신 그리스도)이 순종하심으로 많은 사람이 의인이 될 수 있었다.

188

이러한 은혜의 나타남은 은혜를 돋보이게 하기 위해서 신자가 아무렇게나 살아도 되는 것처럼 보이기에, 로마서 6장은 이에 대한 해답을 제시한다. 육신의 왜곡성 때문에, 율법은 본래 하나님이 율법을 주신 목적과는 정반대되는 일을 하게 되었고, 은혜도 다른 목적에 사용될 수밖에 없었다. 즉 율법은 사람에게 죄를 깨닫도록 주어진 것이건만, 그들은 자기 의를 쌓는데 사용했다. 은혜는 사람을 거룩하게 만들고자 주어진 것이건만, 그들은 도리어 방종으로 바꾸었다.

그리스도께서 오시기 전에도 (그리스도의 오심을 바라보면서) 영혼이 살리심을 받는 일이 있었던 것은 사실이지만, 그럼에도 우리는 사람이 타락한 인류의 머리인 아담 아래서 타락한 죄인일 뿐만 아니라, 잃어버린바 된 자라는 진리를 배울 필요가 있다. 따라서 그리스도는, 구속받은 새로운 인류의 머리가 되기 전에도 의로우신 사람이셨다. 사람은 자연스럽게 거룩하지 않은 것을 좋아하는 성향이 있다. 어떻게 이 성향을 제거할 수 있는가? 그래서 "죄에 대하여 죽은 우리가 어찌 그 가운데 더 살리요?" (롬 6:2)란 말씀이 중요한 것이다. *그리스도인의 삶은 우리가 그리스도와 함께 죽었다는 진리와 함께 시작된다. 우리는 그리스도와 함께 죽었고, 죽으신 그리스도로 말미암아 새로운 생명을 얻었다.* 만일 우리가 칭의(justification)를 소유하고 있다면, 우리는 그리스도의 생명에 참여하고 있으며, 바로 거기에 거룩한 삶의 샘(the spring of holiness)이 있다. (우리가 지은 모든 죄들을) 속죄(贖罪)해준 피는 양쪽 귀와 손과 발에 발라졌다. 이로써 성별되었다. 이제 그 피가 가진 효력을 훼손하는 것은 (생각이나 사상이나) 그것이 무엇이든지 용납해서는 안된다. 죽은 사람은 더 이상 죄에 대해 사는 것이 가능하지 않다. 그것은 불가능한 일이다. 일단 죄에 대해 죽었다면, 나는 죄 가운데 살 수 없다. 하나님이 금하신다! 그리고 나서 당신의 지체들을 죽음에 넘기는 일을 해야 한다. 그럼에도 당신은 이미 죽은 사람이기에, 죽고자 애쓸 필요가 없다. 그리스도의 십자가는 죄(sin)를 죽인다. 나는 이제 이 옛 것, 즉 죄를 나와는 상관없는 것처럼 다룰 수 있다. 나는 죄와는 모든 관계를 끝낸 사람이다. 나는 새로운 생명을 가지고 있으며, 이 생명을 통해서 다른 이가 내 속에서 승리의 삶을 사신다.

어떤 그리스도가 당신의 삶에 개입했는가? 죽으신 그리스도이시다. "우리가 그의 죽으심과 합하여 세례를 받음으로 그와 함께 장사되었나니 이는 아버지의 영광으로 말미암아 그리스도를 죽은 자 가운데서 살리심과 같이" 우리를 이 새로운 권능으로 살리려는 것이다. 나는 이 표현을 참된 것으로 생각한다. 왜냐하면 이 구절을 묵상할 때, 이 표현이 매우 적절하다고 느낄 뿐만 아니라 마음이 영적인 자양분을 얻게 되고, 세상의 간교함과 우리 자신의 간교함을 해소시켜 버리기 때문이다. 그리스도의 부활과 관계가 없는 아버지의 영광은 우리와는 아무 상관이 없다. 부활 속에는 특별히 하나님의 능력과 아버지의 사랑이 함께 어우러져 있다. 게다가 하나님의 영광도 연결되어 있는데, 왜냐하면 그 대상이 아버지의 아들이고, 그 아들은 아버지 하나님과 하나였으며, 또한 하나님의 의와 연결되어 있기 때문이다. 이로써 하나님은 의에 대하여 세상을 책망하실 수 있게 되었다. "주께서는 주의 거룩한 자로 썩음을 당하지 않게 하실 것이라."(시 16:10, 행 13:35) 그리스도는 육체를 입고 오신 하나님이셨고, 성령으로 의롭다 하심을 받으셨고, 천사들에게 보이셨다. 천사들은 아들의 부활이라는 엄청난 역사의 증인으로 나타날 것이다.

189

만일 그리스도께서 죽은 자 가운데서 살아나지 못하셨다면 하늘엔 빈자리(gap)가 생겼을 것이다. 이제 우리는 이 생명의 새로움이 무엇으로 나타나야만 하는지를 볼 필요가 있다. 혹 그 속에서 하나님의 의를 보지 못하고 있지는 않는가? 혹 그 속에서 하나님의 사랑을 보지 못하고 있지는 않는가? 혹 그 속에서 그리스도 신격의 영광이 나타나는 것을 보지 못하고 있지는 않는가? 우리의 정서 체계는 이러한 것과 연관되어 있다. 왜냐하면 그리스도께서 땅의 아래 깊숙한 곳으로 내려가셨기 때문이다. 그리스도는 어찌 그곳까지 내려가셨는가? 왜냐하면 죄인인 나 때문이었다. 그처럼 낮은 곳까지 내려가셨던 그리스도께서 다시 살아나시는 것이 지극히 합당하다는 생각이 들지 않는가? 그분은 과연 누구이셨는가? 하나님의 아들이셨다. 사마리아 여자에게 말씀하실 때에도, 주님은 "네가 만일 … 네게 물 좀 달라 하는 이가 누구인 줄 알았더라면"이라고 말씀하셨다. 주님은 "물을 좀 달라"고 하신 후에, 그녀의 양심에 호소하셨다. 그러자 그녀의 마음에 깨달음이 왔다. "주여 내가 보니 선지자로소이다." 그렇게 주 예수의 위격이 그녀의 마음을 가득 채울 수 있었다. 그러자 그녀는 "물동이를 버려 두고 동네로 들어가서 사람들에게 이르되 나의 행한 모든 일을 내게 말한 사람을 와서 보라 이는 그리스도가 아니냐?"고 말할 수 있었다. 우리의 양심도 바로 이 지점까지 도달해야 한다. 우리 마음이 그리스도를 좇되, 소위, 새 생명 속으로 연합되어 하늘에 계신 그리스도와 하나가 될 정도로 그리해야 한다. 왜냐하면 이 하늘 아래에 있는 모든 것은 그리스도의 죽음 속에 묻혀 있기 때문이다.

"세상을 이기는 승리는 이것이니 우리의 믿음이니라."(요일 5:4) 싸움이 없을 거라고 나는 말할 수는 없다. 그럼에도 우리 마음은 그에 대해서 걱정할 필요가 없다. 그리스도의 죽음과 우리는 얼마나 가까운가! 성경은 "그리스도의 죽음에 함께 심겨졌다(planted together)"(롬 6:5)고 말한다. 이것은 그저 단순히 지적인 이해에 불과한 것이 아니다. 그리스도께서 나의 모든 죄문제를 해결하기 위해서 죽음의 자리에 내려가신 것을 나는 보고 있다. 이것은 나의 모든 필요를 충족시키는 하나님의 방법인 것이다. 우리는 그의 죽으심과 같은 모양으로 연합되었고, 함께 심겨졌다. 이는 우선적으로 나의 죄들을 위한 것이고, 또 이것은 나를 사랑하시는 하나님의 사랑이었다. 이를 통해서 내가 배우는 것은 이 모든 것이 모든 죄문제를 해결하기 위한 것이라는 점이다. 죽음 속에 하나님의 능력은 없는 것일까? 그렇지 않다. 나는 그리스도의 죽음 속에서 성화의 능력을 본다. 그리스도의 마음은 나를 위해 친히 죄가 되어 주실 정도로 나를 아꼈다. 이제 나의 마음은 부활 안에 계신 그리스도에 이르기까지 좇아야만 한다. 우리는 그리스도를 절반만 소유할 수 없다. 우리는 그리스도의 죽음 속에 함께 심겨졌을 뿐만 아니라 그리스도의 부활 안에도 함께 심겨졌다.

그리스도는 죽으셨을 뿐만 아니라, 하나님에게로 열납되셨다. 이것은 "죄의 몸이 죽어 다시는 우리가 죄에게 종 노릇 하지 아니하려는 것이다."(롬 6:6) 당신은 노예였고, 다른 것의 지배 아래 있었으며, 내일 아침에 해야 할 일을 그 전날 밤엔 아무 것도 모르는 상태에 있었다. 이렇게 당신은 죄에 노예 또는 율법 아래서 종 노릇하고 있었다. 율법이 죄는 아니다. 요한복음 8장 32,33절을 보라. "진리를 알지니 진리가 너희를 자유롭게 하리라 그들이 대답하되 우리가 아브라함의 자손이라 남의 종이 된 적이 없거늘 어찌하여 우리가 자유롭게 되리라 하느냐?" 여기서 유대인들은 율법 아래 있는 존재로서 이 말씀을 듣고 있다. "종은 영원히 집에 거하지 못하되 아들은 영원히 거하나니 그러므로 아들이 너희를 자유롭게 하면 너희가 참으로 자유로우리라."(요 8:35,36) 이것은 완전한 자유를 의미한다. 죄와의 관계를 끝낸 사람은 죄에 대하여 죽은 사람이다. 죽은 사람에게 무슨 책임을 물을 순 없다. 당신은 어째서 죄에 매여 이런저런 일을 하는 것인가? 만일 예수와 함께 십자가에 못 박힌다면, 그래서 죄에 대하여 죽은 자가 된다면 "죄에서 벗어나 자유롭게" 될 것이다(롬 6:6,7, KJV 직역) 죄에 부속된 모든 것이 다 끝나는 것이다. 나는 내 자신이 죽지 않았음을 아는데, 어떻게 그리 말할 수 있느냐고 묻고 싶은가? 그렇게 말할 수 있는 이유는 그리스도께서 죽으실 때, 당신도 죽었기 때문이다. 그리스도는 당신의 자리에 들어가셨다. 그 자리를 자신의 자리로 삼으셨으며, 그리하여 죄에 대하여 죽으셨다. 이제 나를 괴롭히는 것들은 그리스도를 죽음에 내몬 것들이다. 하지만 그리스도는 죄와의 관계를 끝내셨다. 그러므로 당신도 죄를 죽이라. "너희 자신을 죄에 대하여는 죽은 자요 그리스도 예수 안에서 하나님께 대하여는 살아 있는 자로 여길지어다."(롬 6:11) 만일 죽이는 일이 필요치 않다면, "여기라"는 말도 필요치 않았을 것이다. 우리가 가지고 있는 자유는 죄를 마음껏 지을 수 있는 자유가 아니라, 죄를 짓지 않을 수 있는 거룩한 자유(holy liberty from sin)인 것이다.

"생명의 새로움 가운데서 행하게 하려 함이라" 그리고 "거룩함에 이르는 열매를 맺었으니"라는 구절을 주목하자. 은혜라는 위대한 교리는 중보자에 의해서 효력을 발휘한다. "주의 종에게 심판을 행치 마소서 주의 눈 앞에는 의로운 인생이 하나도 없나이다."(시 143:2) 만일 나를 심판하신다면, 나는 그야말로 끝장이다. 당신이 아무리 깨끗하게 씻었다한들, 당신을 주목하시는 하나님의 눈을 바라보는 순간, 당신은 스스로를 오물 구덩이에서 나온 사람처럼 볼 수밖에 없다. 욥은 "우리 사이에 손을 얹을 판결자"를 바라보았다(욥 9:33). 양심이 더러움을 느끼는 정도가 약하면 약할수록, 실제로 중보자의 필요성은 더욱 커진다. 당신은, 나는 죽어야 마땅한 사람이지만 여전히 살고 있다는 말을 심심찮게 한다. 과연 그리스도는 당신의 죄들을 위해 돌아가셨는가 아니면 당신이 짓지 않은 죄들을 위해 돌아가셨는가? 당신이 찾아낼 수 있는 그 죄들 때문에 그리스도께서 돌아가신 것이다. 양심이 더욱 선명하게 작동하면 할수록, 은혜는 더욱 크게 보일 것이다.

우리는 죽은 행실에서 깨끗하게 된 양심을 가지고, 그리스도 안에 있는 새로운 것을 볼 필요가 있다. 왜냐하면 그리스도께서 죽은 자들 가운데서 살아나셨기 때문이다. 심판도 그것을 건들지 못하고, 죽음도 그것을 건들지 못한다. 그리스도께서 친히 감당하지 않고 남겨두신 것은 아무 것도 없다. 우리는 지금 그리스도와 함께 존재하는 새로운 상태 속에 심겨졌다. 우리가 그리스도와 함께 죽은 것과 마찬가지로 우리는 그리스도 안에서 살아났으며, 게다가 그리스도 안에서 살고 있다. 그리스도는 죽으셨지만, 그냥 죽으신 것이 아니라 죄가 되셨다. 게다가 모든 일에 시험을 받으셨다. 그리스도는 그 받으신 고난으로 순종함을 배우셨다. 그리스도는 모든 것, 즉 세상의 멸시와 사탄의 권세, 심지어 하나님의 진노까지 모두 감당하셨고 또 통과하셨다. 그리스도는 모든 일에 우리와 똑같이 시험을 받으셨지만 죄는 없으셨다. 사탄은 아무 죄도 그리스도에게서 발견해낼 수 없었다. 그리스도는 아버지의 뜻을 행하는 것을 자신의 양식으로 삼으셨다. 성경은 그리스도께서 죄 때문에 고난당하는 것을 기뻐하셨다고 말하지 않는다. 오히려 "만일 할 만하시거든 이 잔을 내게서 지나가게 하옵소서 그러나 나의 원대로 마시옵고 아버지의 원대로 하옵소서"(마 26:39)라고 간구하셨다.

191

이제 그리스도는 죽음 너머에 있는 부활 가운데서 사신다. 그리스도는 성결의 영을 가지고 계셨다. 그리스도의 전체 생애 동안, 거룩한 성령으로 사셨다. 그리고 모든 일에 시험을 받으셨다. 이제 우리는 새 생명 가운데 계신 그리스도를 본다. 우리는 그리스도를 절반만 영접할 수 없다. 그리스도는 죄에 대하여 죽으셨고, 하나님께 대하여는 사신다. 그러므로 우리도 우리 자신을 죄에 대하여는 죽은 자요, 하나님께 대하여는 살아 있는 자로 여겨야 한다.

이것은 매우 실제적인 문제이다. 이것을 당신 삶에 실현시키지 못했다고 해서, 당신이 피의 효력과 가치의 적용을 받지 못하고 있다는 뜻은 아니다. 그렇지 않다. 하지만 당신은 피의 가치를 반드시 알아야 할 뿐만 아니라, 그것도 그리스도 안에 있는 자로서 그 가치를 당신 자신에게 적용시켜야 한다. 그럴 때 하나님을 향해 살아날 수 있다. 하나님께 대하여 살아 있는 자가 될 수 있는 토대는 (십자가의 도를 통해서) 그리스도와 함께 죄에 대하여 죽은 자가 되는 것이다. 이것은 지위(position)의 문제이다. 그래서 성경은 이것을 '경험하라'고 말하지 않고, "여기라"고 말한다. 즉 당신 자신을 죄에 대하여는 죽은 자요 그리스도 예수 안에서 하나님을 대하여는 산 자로 여기는 것이다. 그럴 때 "죄가 너희 죽을 몸을 지배하지 못하게" 된다. 성경은 "하나님께 대하여 살아나고, 그 다음 그렇게 여기라"고 말하지 않는다. 다만 그리스도와 함께 죽었고, 그리스도와 함께 살아났다는 믿음의 능력을 통해서 나는 세상 앞에서 하나님께 속한 자로 살아갈 수 있게 되고, 열납된 자로서 하나님 앞에서 살아갈 수 있게 되는 것이다. 왜냐하면 그리스도의 피에 의해서 의롭게 되었기 때문이다. 그렇다면 이제 하나님을 향해 살라. 옳은 일을 해야 하는 것을 알고 있지만, 정작 하나님을 위해서 그것을 하지 못할 때, 나 자신을 미워하는 것 외에 달리 할 수 있는 일이 무엇인가? 우리가 흔히 하는 최악의 선택은 가장 좋은 것을 버리고, 가장 나쁜 것을 취하는 것이다. 그렇게 해선 안된다. 자신을 미워하는 쪽 보다는 하나님을 향해 사는 쪽을 택하라.

"너희 지체를 의의 무기로 하나님께 드리라."(롬 6:13) 과연 그리스도는 자신을 위해 무슨 일을 하셨는가? 그리스도의 삶은 사랑의 삶이었다. 그리스도는 항상 다른 사람들을 위해 사셨기에, 먹을 시간조차 없으셨다. 그리스도는 물론 명령받으신 것을 행하셨다. 이는 하나님의 명령이었기 때문이었다. 자신에 대해서 아무 것도 생각지 않는 삶이란 얼마나 복된 것인가! 이는 세상에서 최고로 복된 것이다. "죄가 너희를 주장하지 못하리라."(14절) 하지만 당신은 이렇게 말하고 싶을 것이다. "죄가 나를 다스리고 있습니다. 저는 하나님이 저를 모른다고 하실까봐 두렵습니다." 당신에게 은혜는 무엇인가? 어떻게 당신은 마치 은혜 가운데 서있지 않은 것처럼 하나님께 나아가고자 하는가? 당신이 은혜 가운데 있지 않다면, 과연 누구에게 나아갈 수 있는가? 로마서 5장이 로마서 6장 앞에 온다. 만일 당신이 그 순서를 바꾸고자 애쓴다면, 당신은 곧장 로마서 7장으로 떨어지게 될 것이다. 만일 내가 그리스도를 마땅히 사랑해야 함을 알지만 그럼에도 사랑하지 않고 있다면, 내가 정말 그리스도의 사람인지를 의심하게 될 것이고, 나 자신을 율법 아래 두게 될 것이다. 이 일은 그리스도를 십계명 대신 율법으로 삼는 것이다. 이렇게 하는 것은 은혜를 체험하는 것이 아니다. 왜냐하면 은혜는 자격 없는 사람들에게 베푸는 호의이기 때문이다. 이러한 일은 은혜를 오용하는 마음의 간교함이다. 우리는 이 문제를 무시하려고 해서는 안된다.

"죄로부터 해방되어 의에게 종이 되었느니라."(롬 6:18) 율법에서 해방되어 자유를 얻었다고 해서 방종에 빠져서는 안 될 뿐만 아니라, 오히려 "거룩함에 이르는 열매"를 맺어야 한다. 거룩이란 무엇인가? 악한 모든 것에서 분리하는 것이다. 타락하기 이전 아담은 거룩했다기 보다는 무죄상태였다. 하나님은 거룩하시다. 그리스도도 거룩하시다. 마찬가지로 우리도 거룩하다. 이는 우리가 죄를 미워하고, 의(義)를 사랑하기 때문이다. 물론 하나님이 의를 사랑하시는 것만큼 우리는 그렇게 할 수는 없지만, 그럼에도 우리는 의를 사랑한다. 거룩의 대상은 반드시 하나님이어야 한다. 그리스도는 하나님의 거룩한 이로서, 전적 순종과 의존의 삶을 사셨지만, 믿음의 대상은 필요치 않으셨다. 하지만 우리는 바울처럼, 믿음의 대상을 필요로 한다. 바울은 영광 중에 계신 주님을 보았고, "거룩함에 이르는 열매"를 맺었다. 죄는 무슨 열매를 맺는가? 아무것도 없다. 죄는 다만 사망과 심판을 불러올 뿐이다. 그렇다면 "거룩함에 이르는 열매"란 무엇을 의미하는가? 우리는 하나님이 좋아하시는 것을 좋아해야 한다. 이 일의 결과는 무엇일까? 즉 우리는 거룩하지 않은 것에서 분리하게 되고, 하나님을 아는 지식에 의해서 자라가게 될 것이다. 실제적인 열매가 나타나게 될 것이며, (사실이다. 그 열매를 통해서 나무를 알 수 있는 법이다.) 이렇게 실제적인 열매를 맺는 일은 하나님의 의와 연결되어 있다. 하나님의 임재 속으로 자주 들어가라. "여호와의 친밀하심이 그를 경외하는 자들에게" 있기 때문이다(시 25:14). 그리고 당신을 향한 하나님의 뜻을 지속적으로 살피라. "네 눈이 성하면 온 몸이 밝을 것이요."(마 6:22) 우리는 하나님을 배워야만 하며, 점점 흘러 떠내려가는 것이 아니라, 마음의 헌신과 더불어 하나님을 아는 지식에서 자라가야 한다. 왜냐하면 우리는 의에게 종이 되었을 뿐만 아니라 *"하나님께"* 종이 되었기 때문이다.

192
하나님의 성품이 우리 속에 형성될 필요가 있다. 그래서 그리스도는 하늘로 떠나가시면서 제자들을 이 땅에 남겨 두신 것이다. 이 세상을 사는 동안, 우리 영혼 속에 하나님의 성품이 형성되는 일은 그 만큼 가치 있는 일이다. 이 땅에서 거룩에 이르는 열매를 얻은 사람은 언제라도 하늘에 올라갈 준비가 되는 것이기 때문이다.

하나님을 기쁘시게 해드리는 적극적인 기쁨의 삶이 있다. "하나님의 선물은 그리스도 예수 우리 주 안에 있는 영생이니라."(롬 6:23) 모든 것이 은혜이다. 이 세상에 속한 목숨을 열 개나 가지고 살 수 있다 해도 나는 하나님의 선물로서 영생을 취할 것이다. 왜냐하면 영생은 나를 향한 하나님의 사랑의 증거이기 때문이다.

우리 자신을 죄에 대하여는 죽은 자요 예수 그리스도 우리 주님으로 말미암아 하나님께 대하여 살아난 자로 여길 수 있는 진리를 늘 기억하면서, 하나님의 뜻을 행하는 데까지 자라가길 바란다. 그럴 때 우리도 그리스도처럼 하늘에 속한 자로서, 세상의 악에서 분리되어 이 세상을 넉넉히 이기며 살아갈 수 있을 것이다.

제 2부
신령한 그리스도인

Chapter 8
성화가 없는 곳에, 기독교는 없다
Sanctification, without which there is no Christianity

190

사도 베드로가 베드로전서를 통해서 전해주는 진리들은 우리에게 확신 뿐만 아니라 감미로움을 준다. 조금도 주저함이나 불확실한 것이 없다. 베드로전서의 말씀은 그 서신을 받는 수신자들에게 확신 가운데서 그 내용들을 받아들일 수 있게 해준다. 그들의 믿음은 시험을 받았지만, 흔들림 없이 확실한 것으로 나타났다. 사도 베드로는 무궁무진한 진리들의 자원을 소개하면서 자신이 거기에 속해 있음을 말한다. 베드로는 어둠 속에서 무언가를 더듬어 찾고 있는 것처럼 말하지 않는다. 이러한 진리들은 너무도 중요한 것이기에, 의심이나 의구심 속에 남겨둘 수 없다. 우리 모두가 시간을 내어 묵상하고 살펴보아야 할 만큼 가치가 있으며, 우리 마음이 진정 필요로 하는 것들이다. 중생한 일이 없는 사람은 주 예수님을 사랑하지 않는다. 누군가 용감하고, 게다가 행실도 선하다면, 사람들은 그 사람을 참 그리스도인이라고 생각한다. 하지만 어찌된 일인지 그 마음 속에 주 예수님을 사랑하는 마음이 없다. 과연 이러한 사람이 그리스도인일 수 있는가? 바로 주 예수님을 마음 속으로 사랑하는 것이야말로 그리스도인의 참 표식인 것이다.

베드로는 베드로전서 1장 8절에서 "예수를 너희가 보지 못하였으나 사랑하는도다 이제도 보지 못하나 믿고 말할 수 없는 영광스러운 즐거움으로 기뻐하니"라고 말했다. 거듭남이 없다면, 그래서 새 생명을 받은 적이 없다면, 이런 일은 있을 수 없다. 새 생명은 문자 그대로 전체적으로 새로운 생명이다. 거듭난 사람은 새로운 흥미, 새로운 감정과 새로운 정서, 그리고 새로운 세상에 속한 열망을 자연스럽게 가지게 된다. 이러한 것들이 없다면, 그리스도인이 아니다. 왜냐하면 그 사람 속에 그리스도께서 계시지 않기 때문이다.

베드로전서 1장에는 두 가지 원리를 소개하고 있는데, 모두 성령의 사역과 연결되어 있다. 하나님은 우리 영혼을 확실한 위치, 확실한 관계 속에 넣어주신다. 게다가 옛 관계를 제거하시고 완전히 새로운 상태 속에 있는 자리로 넣어 주신다. 이러한 분리는 그리스도의 부활 능력에 따라서 이루어진다.

사도 베드로는 디아스포라 상태에 있는, 즉 흩어져 있는 유대인들에게 (다시 말해서 요한복음 7:35에서 언급한대로, "헬라인 중에 흩어져 사는 자들에게") 서신을 쓰고 있다. 그래서 "예수 그리스도의 사도 베드로는 본도, 갈라디아, 갑바도기아, 아시아와 비두니아에 흩어진 나그네 곧 하나님 아버지의 미리 아심을 따라 성령의 거룩하게 하심으로 순종함과 예수 그리스도의 피 뿌림을 얻기 위하여 택하심을 받은 자들에게 편지하노니"(1,2절)라고 시작한다.

베드로는 흩어진 유대인들, 곧 기독교로 회심한 유대인들에게 편지를 쓰고 있다. 그들은 하나님 아버지의 미리 아심을 따라 성령의 거룩하게 하심을 받았고, 순종의 삶을 살도록 예수 그리스도의 피 뿌림을 받은 사람들이었다. 여기서 베드로가 이런 말을 하는 이유는, 그들이 과거 유대 백성으로서 선택함을 받은 것 외에 또 다른 선택을 받았음을 강조하기 위한 것이다. 유대 민족은 전혀 다른 방식으로 선택을 받았다. 여기서 베드로는 주 예수님을 믿는 유대인들에게 서신을 쓰고 있다. 그들을 거룩하게 성화시킨 것은, 구약시대에 하나의 민족을 성화시켰던 외적인 수단에 의한 것이 아니라, 성령에 의한 것이었다. 성령님은 영혼들을 유대인 가운데서 분리해냄으로써 하나님께 속하게 만드시고, 또 현재 은혜의 세대에 속하도록 하셨다. 이렇게 분리시키는 일은 구약시대 이스라엘 백성들에게 하신 방법과 달랐다. 이스라엘 백성들은 홍해를 통해서 애굽인들로부터 분리되었다. 하지만 유대인 그리스도인들은 성령의 성화시키는 방법에 의해서 (자기 민족 또는 세상으로부터) 분리되었다. 이제 거룩하게 하셨다는 의미를 담고 있는 성화(sanctification)란 단어에 주목하자. 이 단어는 우선적으로 하나님을 위한 분리란 개념을 가지고 있다. 악으로부터 분리될 뿐만 아니라 성화시키는 역사의 주체이신 하나님을 위하여 따로 구별되는 것이다.

191

성화는 하나님이 부르신 사람들에게 친히 하나님께서 하시는 일이다. 하나님은 악으로 가득한 세상에서 살아가던 영혼들을 찾으신다. 주로 이 주제를 다루었던 사도 요한은 요한일서 5장 19절에서 이렇게 말했다. "우리는 하나님께 속하고 온 세상은 악한 자 안에 처한 것이며." 여기에 진술된 내용을 볼 때, 참으로 보배롭다. "우리는 하나님께 속했다." 이것은 우리가 바른 행실을 할 때, 그렇다는 것이 아니다. 물론 우리는 바른 행실을 해야 한다. 하지만 우리가 하나님께 속했기 때문에 바른 행실을 하는 것과 바른 행실을 할 때에만 하나님께 속한다는 것 사이엔 엄청난 차이가 있다. 우리는 하나님께 속했다. 이것은 단순히 바라고 소망하는 내용이 아니다. 게다가 장차 하늘나라에 가서나 이루어지는 일도 아니다. 사실 하늘나라에 갔을 때에만 이루어지는 일은, 하나님께서 우리를 그 사랑하는 아들의 형상으로 변화시키시는 역사뿐이다.

성화는 지금 하나님께서 행하시는 일이다. 채석장에서 돌을 잘라낸 사람처럼, 하나님은 우리를 자신에게로 분리시키셨다. 그렇게 따로 구분된 돌은 새로운 빌딩을 장식하는 일에 사용될 것이다. 하나님은 이 세상이란 채석장에서 한 영혼을 따로 떼어내어 하나님 자신을 위해 따로 분리시키시는 일을 하신다. 채석장에서 떠온 원석을 실제 건축되는 빌딩에 사용하려면 많은 공정이 필요한 것은 사실이지만, 영혼을 하나님께 성별시키는 일에는 많은 공정이 필요치 않다. 하나님은 영혼을 분리시키고, 준비시키고, 하나님의 신령한 집으로 건축되는데 딱 맞도록 빚으신다. 제거되어야 할 불필요한 것들이 많이 있긴 하지만 하나님은 날마다 은혜로 역사하신다. 어쨌든 우리 영혼은 이 세상이란 채석장에서 떠온 순간부터 하나님을 위해 따로 구별되었고, 신분적으로 성화되었다.

사도 베드로는 순종과 예수 그리스도의 피 뿌림을 언급하기 전에 성화를 먼저 언급하고 있다. 우리는 두 가지를 위해서 성화되었다. 2절을 보자. "하나님 아버지의 미리 아심을 따라 성령이 거룩하게 하심으로 순종의 삶과 예수 그리스도의 피 뿌림을 얻기 위하여 택하심을 받은 자들에게 편지하노니 은혜와 평강이 너희에게 더욱 많을지어다." 하나님은 우리를 이 세상이란 채석장에서 떠온 후에 그리스도의 피가 가진 효력 아래에 두셨다. 이렇게 떠온 돌은 전적으로 하나님의 소유이며, 하나님의 목적에 따라 사용되도록 구별되었다. 여전히 하나님께서 그 돌에 하실 일이 있긴 하지만, 핵심은 하나님이 이렇게 따로 구별시키는 일을 날마다 하시는 것이 아니라, 하나님께서 자신이 정하신 목적을 위해 단번에 최종적으로 그 돌을 따로 구별했다는데 있다. (이것을 절대적 성화, 신분적 성화, 또는 위치적 성화라고 부른다.) 우리 영혼을 하나님에게 합당한 존재로 지속적으로 다듬고 또 변화시키는 일을 하시는 분은 성령님이시다. 이전 행실이 좋았을 수도 있고 **나빴**을 수도 있지만, 만일 **나빴**다면, 더욱 감사할 일이다. 이전 상태는 문제가 되지 않는다. 이제는 하나님께 속했다는 것이 중요하다.

192
하나님이 이렇게 영혼을 성화시키시는 목적은 무엇인가? 순종의 삶을 살도록 하기 위한 것이다. 지금까지 자신의 뜻대로 살아왔고, 자신의 길을 걸어왔다. 때로는 선한 일도, 때로는 악한 일도 행했지만, 사실은 매한가지이다. 성격이 온화할 수도 있고, 열정적일수도 있다. 바울의 경우를 생각해보자. 주님은 그를 다메섹으로 가는 도상에서 사로잡으셨다. 이제 이 영혼을 보라. 지금까지 자신의 뜻대로 살던 사람이 순종의 삶을 위해 따로 구별되었다.

바울은 자기 조상들의 종교에 열정과 열심이 있었다. 그는 가말리엘 문하생이었다. 그는 자신이 하나님의 뜻을 행하고 있다고 철석같이 믿었지만, 결코 그렇지 않았다. 그는 조상들의 전통과 유전에 함몰된 채, 성공하고 싶은 뜻을 세우고는 그 목표를 향해 내달리고 있었다. 예수께서 다메섹으로 가는 길에서 그를 세웠을 때, 그는 "주여, 내가 무슨 일 하기를 원하시나이까?" 라고 말했다.

따라서 이렇게 구별시키는 일이 일어나기 전까지 한 영혼의 과거 행실은 그것이 무엇이었던지, 하나님의 뜻을 행하는 일과는 아무 상관이 없다. 그렇지만 성화된 또는 따로 구별된 영혼의 삶의 목표는 하나님의 뜻을 행하는데 있다. 실패할 수도 있지만, 그것이 분명한 목표다. 예수님은 "오 하나님이여, 보소서. 주의 뜻을 행하려고 내가 왔나이다" 라고 말씀하셨다(히 10:7). 예수 그리스도는 사실 성화되실 필요가 없으셨다. 왜냐하면 그분 자신이 거룩하시기 때문이다. 그럼에도 그리스도의 전체 생애의 목표는 순종이었다. "주의 뜻을 행하려고 내가 왔나이다." 그리스도는 종의 형체를 입으셨고, 사람들과 같은 모습으로 나타나셨으며, 죽기까지 순종하셨으니, 곧 십자가에서 죽으셨다. 그리스도는 하나님을 위해서만 존재하셨다. 그리스도의 삶의 원칙은 순종이었다. 그리스도는 다른 그 무엇이 아니라, 오로지 아버지의 뜻을 행하러 오셨다. 이처럼 한 영혼이 성화되자마자, 순종의 삶을 살기 시작하는 것이다. 그렇다면 성화는 자신의 뜻을 행하던 데서 돌이키는 것으로 나타나게 된다. 그리고 "이제 내가 무엇을 하리까?"라고 부르짖게 된다. 연약함 때문에 여러 가지 면에서 순종은 실패할 수 있지만, 순종이 성화된 영혼의 유일한 목표다.

193

성화의 두 번째 목적에 대해서 생각해보자. 우리는 피 뿌림의 효력을 누리도록 성화되었다. 첫 번째 순종의 삶을 살도록 성화되었고, 두 번째 피 뿌림의 효력을 누리도록 성화되었다. 그리스도의 피의 영향력 아래 들어가게 된 영혼은, 이로써 완전히 깨끗하게 된다. 뿐만 아니라 하나님 아들의 피가 우리를 모든 죄에서 깨끗하게 하신다. 게다가 우리가 이 세상에서 성화된 것은 그 아들의 피로써 된 것이다. 이렇게 성화되는 것은 황소와 염소의 피로 되는 것이 아니다. 황소와 염소의 피는 그 제물을 드리는 사람의 양심을 온전히 성화시키지 못했다. 하지만 영원하신 성령을 통하여 흠 없는 자신을 하나님께 드린 그리스도의 피는 우리를 성화시키는 작용을 한다. 양심을 정결케 하는 것은 오직 그리스도의 피 외엔 없다.

율법 아래 있는 유대인들은 자신의 능력을 신뢰하는 가운데, "주께서 말씀하신 모든 것을 우리가 다 준행하리이다"라고 말했다. 그들은 하나의 조건으로서 자신들에게 부과된 율법의 모든 조항을 행하기로 맹세했다. 하지만 그때와는 달리 여기서 "내가 무엇을 하리까?"라는 말 속엔 그 이상의 내용이 있다. 이러한 고백을 이끌어내신 분은 성령님이시다. 이것은 순종을 의미하며, 진정 마음에서 우러나는 자발적인 순종을 가리킨다. "주께서 무엇을 원하시는지 모르지만, 나는 여기 주의 뜻을 행하고자 있나이다." 조금도 유보하는 것이 없는, 즉 마음 속에 불순종의 여지를 조금도 남겨두는 것이 없는 순종이다. 여기엔 사람이 행할 수 없는 규례의 문제는 없고, 다만 전인적인 변화만 있다. 더 이상 자신의 뜻을 행하는 것이 아니라 오직 하나님의 뜻을 행하는 것이 있을 뿐이다.

백성에게 뿐만 아니라 율법 책에도 피가 뿌려졌고, 이로써 율법 조항에 그 권위를 더했다. 반면 예수의 피는 그 피 뿌림을 받은 사람에게 정결한 마음을 주고, 그리스도 피의 효력 아래 들어간 사람들에게 평안을 준다. 유대인들이 속죄제 염소의 피 아래 있었던 것처럼 우리는 그리스도의 피 아래 있다. 염소의 피가 가진 효력이 1년 뿐이었다면, 그리스도의 피는 그 효력이 영원하다.

이제 성령님은 영혼을 이 세상 채석장에서 떠온 후 하나님의 선하신 섭리로 둘러 보호하시고 또 지키신다. 하나님은 세상에서 또 세상에 속한 영혼을 찾으시고, 전에 자신의 의(義)를 행하던 상태에서, 어쩌면 좋은 성품을 갖춘 가운데 자기 의를 힘써 세우려고 했던 상태에서 건져내신다. 그는 하나님의 사랑을 마음에 받아들이고는 조금도 주저함 없이 하나님의 뜻을 행하는 것만을 생각한다. 이렇게 피 뿌림을 통해서 구별되고, 모든 낱낱의 죄에서 깨끗함을 받게 된다. 이러한 것이 첫 번째 원리이다. 친히 하나님에 의해서 분리가 일어난다. 하나님은 우리를 이 세상 밖으로, 게다가 이 세상에 속한 것들에서 빼내서 성별시키시고, 또한 그리스도인으로 만드신다. 이러한 성화가 없다면, 기독교는 없다. 하나님께서 확실하게 일하신다. 하나님은 어중간하게 일하시지 않는다. 이 모든 것이 다 하나님의 일이다. 하나님은 자신을 속이는 일을 하지 않으신다. 하나님은 실제만을 소유하신다. 우리가 우리 자신을 속이고 또 다른 사람을 속이는 것처럼, 하나님은 자신을 속이는 일이 없으시다.

194

나는 당신이 "성화"란 단어의 의미에 집중하길 바란다. 이 단어는 성경에서는 우리가 일반적으로 사용하는 것처럼, 즉 점진적인 의미로는 거의 사용되고 있지 않다. 다만 점진적인 성화의 개념으로는 세 번 정도 사용되고 있다. 성경은 "거룩함(holiness)을 좇으라 이것이 없이는 아무도 주를 보지 못하리라."(히 12:14) "평강의 하나님이 친히 너희로 온전히 거룩하게(sanctify) 하시고"(살전 5:23) 라고 말한다. 이 두 구절은 성화를 점진적인 의미로 사용하고 있다. 하지만 성화는 본질적으로 하나님을 위하여 단번에 성별되고 분리되는 행위를 가리킨다. 만일 성화를 이런 의미로 파악하고 있지 않다면, 성화가 무엇인가에 대한 엄청난 혼돈을 야기하게 될 것이다. 앞에서 인용한 두 구절을 보면, 그 단어는 매일 우리 삶에 적용할 필요가 있다. 사도 바울은 히브리서 시작 부분에서 이런 의미로 이 단어를 사용하면서, 완벽하게 이 세상의 채석장에서 돌을 떠다가 그 돌을 다듬어 하나님을 위해 사용하는 의미로 사용했다. 성화는 따로 구별해 둔다는 의미로 사용했을 때, 장소 보다는 아버지께 소속시킨다는 의미가 더 강하다. 히브리서 10장 10절을 보라. "이 뜻을 좇아 예수 그리스도의 몸을 단번에 드리심으로 말미암아 우리가 거룩함을 얻었노라(즉 성화되었노라, we are sanctified)." 우리가 거룩해진 것도 이러한 뜻을 따라서 된 것이며, 이를 위해서 예수 그리스도의 몸을 단번에 드리신 것이다. 따라서 우리가 성화된 것은 이러한 하나님의 뜻을 따라 된 것이다.

1. 가장 중요한 것은 우리를 성화시키신, 즉 따로 구별하신 하나님의 뜻이다.
2. 두 번째 중요한 것은, 수단이다. 그리스도의 몸이 제물로 바쳐졌다.

히브리서에서 언급하고 있는 성화란 단어는 항상, 한 번도 예외 없이 이런 식으로 사용되고 있다. 성화는 유다서를 보면, 하나님 아버지께서 하시는 일로 언급되고 있다. "하나님 아버지에 의해서 성화되고(sanctified by God the Father) 예수 그리스도 안에서 지키심을 입고 또 부르심을 받은 자들에게."(유 1:1) 아버지께서 자신을 위해 자녀들을 소유하실 것을 작정하셨고, 예수의 피가 그 일을 이루었으며, 이제 성령께서 아버지의 뜻을 성취하고자 오셨다. 이제 성령님께서 그 피의 효력을 영혼 속에 실제적으로 적용시키는 일을 하신다. 세상으로부터 구별된 영혼은 이러한 사실 때문에 성화된 것이다. 잔 가지들이 많은 나무가 있다. 하나님은 가지치기를 하신다. 이렇게 가지 치는 일은 성령에 의해서 진행된다. 성령님은 날마다 실제적인 성화를 위해 일하신다. 마음은 날마다 더욱더 성화되어간다. 이 일은 꽃병 속에 있는 꽃과 같지 않다. 왜냐하면 사람 속에서 성별되는 것은 마음이기 때문이다. 따라서 생명을 받게 되면 이로써 사람은 성화되고, 감정과 정서, 습관, 행실 등에 날마다 적용되는 성화의 역사가 일어나게 된다.

195
이제 하나님께서 어떻게 실제적인 성화를 이루시는지를 살펴보자.

"찬송하리로다 우리 주 예수 그리스도의 아버지 하나님이 그 많으신 긍휼대로 우리를 거듭나게 하사 예수 그리스도의 죽은 자 가운데서 부활하심으로 말미암아 산 소망이 있게 하시며."(벧전 1:3)

이러한 것이 하나님이 일하시는 방식이다. 하나님은 우리를 자신을 위해 따로 구별하신다. 우리 속에 있는 나쁜 것을 교화시킴으로 하시는 것이 아니라, 우리를 새롭게 창조하심으로써 하신다. 새로운 피조물로 만드심으로써 하시는데, 이는 옛 사람이 하나님의 법에 순종할 수 없기 때문이다. 하나님은 새 생명을 주신다. 만일 거듭나지 않았다면, 그는 여전히 세상에 속한 사람이며, 정죄 아래 있는 사람이다. 하지만 하나님이 일하시면, 전혀 얘기가 달라진다. 아담 안에서 태어난 우리는 그리스도에 의해서 다시 태어날 필요가 있다. 우리 마음이 성령에 의해서 새로이 나게 될 때, 이 세상에 속하지 않은 생명으로 거듭나게 된다. 거듭나는 역사는 옛 사람에게 부과된 율례를 지킴으로써 되는 것이 아니라, 별도의 생명을 얻음으로써 된다. 거듭나고 난 이후 하나님의 법을 지키는 것이다. 다시 말해서 우리가 말하고 있는 생명은 새로운 출생의 결과이며, 이 생명은 이 세상에 속한 것이 아닐뿐더러, 이 세상을 원천으로 하고 있지도 않고 이 세상을 목표로 삼지도 않는다. 새 생명은 옛 생명과 단 한 가지도 공통점이 없다. 생명은 이 세상에 있는 동안 몸을 필요로 한다. 우리는 먹고 일한다. 하지만 이러한 삶을 위해서 그리스도께서 오신 것이 아니다. 그리스도는 이 땅에 속한 삶 너머의 다른 것을 우리에게 주고자 오셨다. 그리스도께서 들어가신 하늘에 속한 삶을 우리에게 알게 하신다. 하늘에 속한 삶을 사는 것이 그리스도인 삶의 규례다. *그리스도인은 그리스도의 목적, 목표, 기쁨을 자신의 목적, 목표, 기쁨으로 삼은 사람이다. 그리스도인의 마음은 그리스도의 마음을 품은 채 하늘에 머문다.*

만일 그리스도의 생명이 내 속에 있다면, 내 속에 있는 그리스도의 생명과 영은 그리스도께서 자신의 기쁨으로 삼으실 수 없는 곳에선 기쁨을 찾을 수 없다. 내 속에 있는 그리스도의 영은 공생애 당시 그리스도 속에 있었던 영과 다른 영이 되실 수 없다. 분명 하나님을 위해 이 세상으로부터 분리의 길을 가셨던 그리스도는 이 세상의 죄악을 누리는 삶을 기뻐할 수 없으셨고, 다만 하늘의 삶을 좇아 사셨다. 우리는 그리스도인들이 하늘에 속한 삶의 규례를 따라 사는데 자주 실패한다는 것을 잘 알고 있다. 하늘의 삶과 세상의 삶 사이엔 공통점이 없다. 하늘에 속한 삶은 세상에서 이것 저것을 하지 못하도록 금지함으로써 되는 일이 아니라, 전혀 다른 취향, 다른 열망, 그리고 다른 기쁨을 가지고, 하늘에 속한 것들을 따라 사는 것으로 된다. 이런 점에서 사람들은, 그리스도인이 한 가지 생각에만 몰두하는 슬픈 사람이라고 상상하곤 한다. 우리의 기쁨과 세상 사람들의 기쁨은 이처럼 전적으로 다르다. 세상은 결코 우리의 기쁨을 알지 못한다.

196
새롭게 된 일이 없는 사람은 무엇이 그리스도인을 행복하게 하는지 이해하지 못한다. 다시 말해서 그리스도인의 취향은 이 세상의 것들에 대해서 아무런 감흥을 느끼지 못한다. 그리스도인의 정신 세계는 매우 높다. 그리스도께서 하늘에 들어가셨고 또한 그리스도께서 친히 우리로 하여금 그곳에 들어가지 못하도록 하는 모든 것을 파괴시켰음을 아는 것, 바로 이러한 것이 그리스도인의 기쁨이다.

사망, 사탄, 그리고 악한 영들은 그리스도에 의해서 정복당했고, 부활은 그리스도와 영광 사이에 있는 모든 것을 무너뜨렸다. 그리스도는 친히 우리 자리에 들어오셨고, 그에 따른 모든 결과를 감당하셨다. 그리고 세상과 사탄을 정복하셨다. 성경은 이렇게 말한다. "마귀를 대적하라 그리하면 너희를 피하리라." (약 4:7) 만일 그리스도께서 이미 사탄을 이기셨다면, 우리가 사탄과 싸울 필요가 없고, 다만 대적하면 된다. 우리가 사탄을 대적할 때, 사탄은 자신을 이기신 그리스도를 상대해야 한다는 사실을 알고 있다. 육신은 사탄을 대적하는 일을 하지 않는다. 예수님은 죽은 자 가운데서 부활하신 자신의 부활을 통해서 우리에게 산 소망을 주신다. 이처럼 부활 때문에 우리는 그리스도 안에 있는 자로서 흔들리지 않는 터 위에 서 있다.

그리스도는 자신이 이미 승리했음을 보여주셨다. 우리에게 주신 은혜는 얼마나 놀라운 것인가! 게다가 "썩지 않고 더럽지 않고 쇠하지 아니하는 기업을 잇게 하시나니 곧 너희를 위하여 하늘에 간직하신 것이라 너희가 말세에 나타내기로 예비하신 구원을 얻기 위하여 믿음으로 말미암아 하나님의 능력으로 보호하심을 입고 있다."(벧전 1:4,5) 이처럼 보배로운 기업은 하늘에 있다. 하늘에 있는 기업은 온전히 보호되고 있기 때문에 나는 걱정할 필요가 없다. 오히려 나 자신과 유혹, 온갖 종류의 난관에 대해서 걱정해야 할 판이다. 왜냐하면 나는 아직 하늘에 들어간 것이 아니기 때문이다. 이것은 사실이다. 그럼에도 모든 것이 안전한 이유는, 우리가 아무 시련도 없고 또 아무 시험도 받지 않기 때문이 아니라, 기업이 하늘에서 우리를 위해 안전하게 보관되어 있는 것처럼, 우리도 시련 중에 보호를 받기 때문이다.

이러한 것이 그리스도인이 들어간 지위이다. 이는 거듭남과 그리스도의 부활에 의해서 따로 구별된 자리이다. 영광을 기다리는 동안, 세상에서 우리를 방해할 수 있는 모든 것을 이기고 승리하신 그리스도의 생명을 받고 또 그 능력에 의해서 세상으로부터 성별되었고, 믿음을 통해서 하나님의 능력으로 보호를 받는다. 어째서 이러한 시련들이 우리에게 임하는 것인가? 하나님은 마음의 토양을 일구는 일을 하신다. 그래서 우리 마음의 모든 정서를 우리 앞에 있는 거룩한 목표와 일치를 이루고 또 하늘의 영광과 완벽한 조화를 이루도록 순결하게 하는 일을 하신다.

금을 풀무불 속에 담그는 일은 아무 소용이 없는 일일까? 그렇지 않다. 더욱 순도 높은 정금을 얻게 된다. 하나님은 시련을 통해서, 우리 마음 속에 있는 불순물을 제거하신다. 그래서 영광의 날에 영광에 합당하게 된 우리 자신으로 인해 기뻐하게 하신다.

197

사도 베드로가 이 주제를 어떻게 다루고 있는지를 잠시 살펴보자. "그러므로 너희가 이제 여러 가지 시험을 인하여 잠깐 근심하게 되지 않을 수 없었으나 오히려 크게 기뻐하도다 너희 믿음의 시련이 불로 연단하여도 없어질 금보다 더 귀하여 예수 그리스도의 나타나실 때에 칭찬과 영광과 존귀를 얻게 하려 함이라."(벧전 1:6,7)

성화의 과정으로 우리는 과연 무슨 일을 겪을 것인가? 그것은 이렇다. 즉 우리는 예수를 보지 못했지만 예수를 사랑한다. 지금도 예수를 보지 못하지만 여전히 믿고 있으며, 말로 표현할 수 없는 영광으로 가득한 기쁨을 맛본다. 그리하여 우리 믿음의 최종 목적인, 우리 영혼의 구원에 이르게 될 것이다.

우리 마음은 여기서 해답을 찾을 수 있다. 따라서 현재 삶의 환경이 어떠하던지, 그리스도는 우리가 시험받는 중에 함께 계시며, 우리 마음은 항상 예수께 밀착하게 되고, 진정한 행복의 근원을 예수님에게서 찾는다. 그래서 사람들이 그리스도의 사랑은 한이 없다, 모든 지식을 초월한다고 말할 때, 우리 또한 그 사랑을 체험하고 있노라고 말할 수 있다.

나침반의 바늘은 항상 북극을 가리킨다. 태풍이나 폭풍의 비바람 때문에 바늘이 잠시 흔들릴 순 있지만, 그 방향이 변하는 법은 없다. 그리스도인의 바늘은 항상 그리스도를 가리켜야 한다. 예수를 사랑하고 이해하는 마음, 예수께서 이 세상을 통과하신 것을 아는 마음은 삶의 난관을 통과하면서 자신의 마음을 붙들어줄 유일한 원천이신 예수를 바라본다. 아무리 거칠고 힘든 길이라도 그 길은 우리에게 무척 보배롭다. 왜냐하면 우리는 거기서 예수의 발자취를 발견하기 때문이다. (예수님이 걸어가셨던 길도 평탄한 길이 아니었다.) 특별히 이처럼 평탄하지 않은 길은 온갖 어려움을 통과해서 지금은 영광에 들어가신 예수님을 우리에게 가르친다. 이런 점 때문에 사도 베드로는 그 길이 우리에게 꼭 필요한 것이라고 말한다. "너희 믿음의 시련이 불로 연단하여도 없어질 금보다 더 귀하여 예수 그리스도의 나타나실 때에 칭찬과 영광과 존귀를 얻게 하려 함이라."(벧전 1:7)

우리는 거듭났을 뿐만 아니라, 우리 믿음의 결국인 영혼의 구원을 받았다. 최종적인 목표는 그리스도를 만나는 것이며, 그리스도께서 나를 위해 획득하신 영광에 들어가는 것이다. 여기서 베드로는 영혼의 구원을 언급했는데, 이는 문제가 옛날 유대인의 경우처럼 일시적인 구출에 있지 않기 때문이다. 나는 지금 이 영광을 휘장을 통해서 볼 뿐이긴 하지만, 나 자신이 친히 영광에 들어가길 간절히 바라고 있다. 지금은 시련 중에 있지만, 나는 영광 중에 계신 그리스도를 바라본다. 그리스도는 나에게 주실 영광을 붙들고 계신다. 이 세상의 금은 사라질 것이지만, 진짜 금은 하늘에 있다. 나에게 있어서, 나의 영생에 있어서 나는 마치 지금 영광에 들어간 것처럼 여긴다. 구원과 영광은 조금도 불확실하지 않다. 나는 비록 시련 중에 있지만 이미 안식에 들어간 것과 같다. 이러한 믿음이 실제적인 성화로 나를 이끈다. 거룩한 습관, 정서, 그리고 행실은 거듭남을 통해서 생명을 받고 또 하나님에게서 받은 소명을 이해한 이후 실제적인 성화의 과정을 통해서 점차적으로 형성된다.

198

만일 내가 종을 고용한다면, 나 자신의 신분에 걸맞게 행동하도록 그 사람에게 깨끗함을 요구할 것이다. 하나님은 "내가 거룩하니 너희도 거룩할지어다"(벧전 1:16)라고 말씀하셨다. 나는 나의 집에 들이길 바라는 종에게도 동일한 것을 요구할 것이다. 이것은 우리에게도 마찬가지이다. 하나님은 우리가 하나님 집의 거룩한 상태에 어울리는 거룩을 갖출 것을 요구하신다. 하나님은 자기 종들에게 실제적인 성화를 요구하신다. 게다가 사도 베드로의 목적은, 우리의 믿음이 견고해지고 또 항상성을 가지는데 있었다. 그래서 21절에서 그는 우리에게 "너희 믿음과 소망이 하나님께 있게 하셨느니라"고 말함으로써, 확실한 안전을 보장하고 있다. 이는 공의로 심판하시는 하나님 앞에서 우리를 의롭다고 선언하는 것만을 의미하지 않는다. 우리를 따로 구별하심으로써 순종의 삶을 살게 하시고 또한 예수의 피 뿌림의 은총에 참여시키신 분은 하나님이시다. 하나님은 우리를 위하시는 분이시며, 우리를 기꺼이 도우시는 분이시며, 우리를 자신의 가족으로 삼아주신 분이시다. 하나님은 우리를 영원한 사랑으로 사랑하셨다. 하나님은 우리에게 필요한 모든 것을 이루셨다. 하나님은 우리를 영광에 들여보내주시기 위해서, 자신의 능력으로 우리를 지키신다.

하나님은 또한 우리를 시련에 넣으신다. 하나님은 우리로 하여금 풀무 불을 통과하게 하신다. 왜냐하면 우리를 온전히 순결하게 하셔야만 하기 때문이다. 우리를 의롭다고 하신 분은 하나님이시다. 누가 우리를 정죄하리요? 죽으셨고 다시 살아나셨으며, 지금은 하나님의 우편에서 우리를 위해 중보하시는 분은 그리스도이시다. 누가 우리를 그리스도의 사랑에서 끊을 수 있는가? 우리의 믿음과 우리의 사랑은 하나님 안에 있다. 우리가 무엇을 두려워 할 필요가 있는가? 스가랴서 3장을 보면, 매우 격려가 되는 사례를 볼 수 있다. 주님은 스가랴로 하여금 주의 천사 앞에 서있는 대제사장 여호수아를 보게 하셨고, 사탄은 그 옆에 서서 그를 대적하고 있다.

"여호와께서 사단에게 이르시되 사단아 여호와가 너를 책망하노라 예루살렘을 택한 여호와가 너를 책망하노라 이는 불에서 꺼낸 그슬린 나무가 아니냐 하실 때에 여호수아가 더러운 옷을 입고 천사 앞에 섰는지라 여호와께서 자기 앞에 선 자들에게 명하사 그 더러운 옷*(이는 죄와 인간의 부패를 상징한다)*을 벗기라 하시고 또 여호수아에게 이르시되 내가 네 죄과를 제하여 버렸으니 네게 아름다운 옷*(이는 하나님의 의를 상징한다)*을 입히리라 하시기로 내가 말하되 정한 관을 그 머리에 씌우소서 하매 곧 정한 관을 그 머리에 씌우며 옷을 입히고 여호와의 사자는 곁에 섰더라."(슥 3:2-5)

사탄은 하나님의 자녀를 고소한다. 하지만 하나님이 의롭다고 하시니 누가 정죄할 수 있는가? 당신은 과연 하나님께서 자신을 위해서 이루신 그리스도의 사역에 만족하지 못하셨다고 말하고 싶은가? 그리스도의 사역은 바로 우리로 하여금 "사랑 안에서 그 앞에 거룩하고 흠이 없게 하기" 위한 것이었다.

199

당신은 과연 하나님께서 당신에게 믿음의 대상으로서 예수님을 주셨다는 의미에서 "하나님께서 저를 거룩하게 성화시키셨습니다"라고 말할 수 있는가? 만일 그렇다면, 하나님은 당신이 그리스도인이 되고 또 행복한 순종의 삶을 살도록 당신을 그리스도의 보배로운 피 뿌림 아래 두신 것이다. 당신은 이제, 그리스도는 나의 모든 갈망과 소망의 대상이라고 말할 수 있다. 당신은 아직 그리스도께서 당신을 위해 하시는 모든 일을 이해하지 못할 수도 있고, 당신이 무엇을 실천해야 하는지 모를 수도 있다. 하지만 중요한 것은 당신이 행복해지고 또 하나님의 사랑을 즐거워하도록, 이에 필요한 모든 일을 하나님이 하셨으며, 바로 하나님께서 당신을 그 부활 생명의 효력 아래 두셨다는 사실을 이해하는 것이다. 가장 놀라운 점은, 하나님이 우리 속에 있는 모든 것을 새롭게 하신다는 것이다. 왜냐하면 우리가 참 평안을 누리기 위해서 하나님은 우리 옛 사람의 생각을 소멸시켜야만 하기 때문이다.

첫 사람과 둘째 사람 사이에 도덕적인 공통점은 없다. 첫째 사람은 죄를 지었고, 인류 전체를 타락시켰다. 마지막 아담은 생명과 능력의 원천이시다. 이 사실은 기독교의 모든 진리에 적용될 뿐만 아니라 이 세상에 있는 모든 것에도 적용된다. 오로지 이 두 사람만 존재한다. 당신은 첫 사람 아담에게 속했는가 아니면 둘째 아담이신 그리스도에게 속했는가? 니고데모는 예수의 지혜와 예수께서 베푸신 이적 가운데 나타난 능력을 보고 충격을 받았다. 그리고 그 능력을 얻고자 예수님께 나아왔다. 하지만 주님은 그에게 단도직입적으로 말씀하셨다. "네가 거듭나야만 한다." 그는 하나님의 교훈을 받아들일 수 있는 상태에 있지 않았다. 그는 하나님께 속한 것들을 이해할 수 없었다. 사람이 하나님의 것들을 이해할 수 있으려면 반드시 거듭나는 일이 먼저 일어나야만 한다. 다시 말해서 니고데모에겐 생명이 없었다. 하지만 나는 니고데모가 끝내 거듭나지 못했을 거라고 보지 않는다. 시간이 지나고 나서, 우리는 그가 예수님의 시신에 바를 몰약과 침향 섞은 것을 가져옴으로써 예수님께 존경을 표하는 것을 볼 수 있다(요 19:39,40).

나는 이 생각에 잠시 머물고자 하는데, 요한복음 3장의 끝부분은 이사야서 40장을 기억나게 하기 때문이다. 나는 여기서 말일에 유대인들에게 이루어질 예언의 성취에 대해 말하려는 것이 아니라, 다만 큰 원칙을 말하고자 한다. 이사야 40장은 이렇게 시작된다.

"너희 하나님이 가라사대 너희는 위로하라 내 백성을 위로하라 너희는 정다이 예루살렘에 말하며 그것에게 외쳐 고하라 그 복역의 때가 끝났고 그 죄악의 사함을 입었느니라 그 모든 죄를 인하여 여호와의 손에서 배나 받았느니라 할지니라 외치는 자의 소리여 가로되 너희는 광야에서 여호와의 길을 예비하라 사막에서 우리 하나님의 대로를 평탄케 하라 골짜기마다 돋우어지며 산마다, 작은 산마다 낮아지며 고르지 않은 곳이 평탄케 되며 험한 곳이 평지가 될 것이요 여호와의 영광이 나타나고 모든 육체가 그것을 함께 보리라 대저 여호와의 입이 말씀하셨느니라 말하는 자의 소리여 가로되 외치라 대답하되 내가 무엇이라 외치리이까 가로되 모든 육체는 풀이요 그 모든 아름다움은 들의 꽃 같으니 풀은 마르고 꽃은 시듦은 여호와의 기운이 그 위에 붊이라 이 백성은 실로 풀이로다 풀은 마르고 꽃은 시드나 우리 하나님의 말씀은 영영히 서리라 하라." (1-8절)

하나님은 일을 시작하시기 전에, 모든 육체는 풀과 같다는 사실을 이해시키고자 하신다.

200
만일 하나님께서 자기 백성을 위로하길 바라실진대, 무어라 말씀하시는가? "모든 육체는 풀이요 그 모든 아름다움은 들의 꽃 같으니 풀은 마르고 꽃은 시들도다"고 말씀하신다. 우리는 이 사실로부터 시작해야 한다. 풀은 마른다. 왜냐하면 주의 영이 그 위에 불기 때문이다. 하지만 하나님의 말씀은 영영히 설 것이다. 바로 거기에 소망이 있다. 누군가 무엇을 얻는 일이 가능하다면, 그것은 유대인일 것이다. 유대인은 하나님의 모든 약속을 받은 사람들이기 때문이다. 하지만 그들은 들의 꽃과 같고, 마르고 시드는 풀과 같았다. 하나님께서 자신이 맡은 책임에서 실패한 사람들을 위로하실 때 하나님은 이렇게 시작하신다. "모든 육체는 풀이요." 따라서 새로 회심한 사람의 마음 속에, 상당히 주의해보지 않는다면, 이상하리만치 혼돈이 있는 이유도 다 그 때문이다. 다시 말해서, 말씀이 그에게 풀은 마르고 육체는 선한 열매를 맺을 수 없다고 말해줄 때, 그는 이 사실 때문에 마음의 안식은 없지만 주의 말씀은 영영히 있기 때문에, 결과적으로 하나님의 복이 하나님의 백성된 그에게 임하는데 아무 문제가 없다. 우리가 육체에게서 선한 열매를 얻으려는 노력을 포기할 때까지, 주의 말씀은 영영히 설 것이란 사실을 확신할 때까지, 우리는 대적의 송사 앞에 당혹스러움을 겪기도 하고 또 연약함을 느낄 수밖에 없다.

이스라엘 백성은 계명을 무시하고, 율법을 깨뜨리고, 메시아를 십자가에 못 박았으며, 모든 악을 다 저질렀다. 하나님의 말씀이 바뀌었는가? 결코 그렇지 않다. 하나님은 자신의 선택도, 자신의 약속도 아무 것도 변경하지 않으신다. 사도 바울은 "하나님이 자기 백성을 버리셨느뇨?"(롬 11:1)라고 묻는다. 그럴 수 없다. 베드로도 유대인들에게 이렇게 말했다. "더 이상 약속은 없다. 풀은 마르지만, 하나님의 말씀은 항상 있다. 하나님은 이제 그들에게 말씀하실 수 있다. '너희는 내 백성이요, 이제는 긍휼을 얻은 자니라'."

이제 이 말씀이 신령한 복의 통로가 되고 또 실제적 성화의 도구가 되는 것에 대해 살펴보자. 하나님은 풀과 같이 마르는 것을 결코 성화시키시는 법이 없다. 반대로 하나님은 무엇이 영구한 것인지, 하늘나라로 가져갈 수 있는 사람의 가장 탁월한 것이 무엇인지를 소개하신다.

201

말씀은 사람을 마르게 하며, 주의 기운은 그 위를 덮는다. 사람의 영광을 하늘나라로 가져간다는 것은 정말 끔찍스러운 일이다! 이 일은 고통스럽기까지 하다. 왜냐하면 육신은 자기 자랑과 자기 의의 과시를 멈추는 일이 없기 때문이다. 하나님은 이처럼 우리 속에 이미 존재하고 있는 것을 개량함으로써 하나님의 일을 하지 않으신다. 하나님은 새로운 나무를 심으시기 전에, 옛 나무의 열매를 기대하지도 않고, 거기서 무슨 열매를 얻고자 애쓰지도 않으신다. 다만 하나님은 새 생명을 주심으로써 시작하시고, 새로운 피조물을 육체에 속한 것들과 분리시키신다. 성령님은 장차 오는 세상에 속한 것들을 미리 맛보게 하시는데, 성령님께서 사용하시는 도구는 말씀이다. 그래서 이 말씀에 대해 성경은 "오직 주의 말씀은 세세토록 있도다"라고 말한다. 이스라엘 민족에게 주신 약속의 말씀은 우리 영혼들에게 생명을 주는 도구가 되었다. 우리는 진리의 말씀에 의해서 거듭났으며, 이 말씀은 양날 검처럼 작용해서 새 생명에 속하지 않은 것을 잘라낸다. 이제 칭의와 성화 사이의 차이점을 살펴보자.

칭의는 우리 속에 있는 것이 아니라, 하나님께서 우리를 자기 앞에 두시는 위치에 관한 것이다. 하나님의 의(義)를 소유한 사람, 하나님이 자신의 의를 주신 사람, 둘째 아담에게 속한 사람은 하나님이 가진 모든 것과 하나님이 사랑하신 모든 것을 소유한다. 이러한 하나님의 의를 소유한 사람은 하나님에게서 난 사람이며, 자기 아버지에게 속한 모든 것을 소유하게 되며, 하나님은 하나님의 자녀들에게 만물의 후사이신 하나님의 아들께서 가지고 있는 권세를 주신다. 내가 마지막 아담의 자녀가 되자마자, 나는 그리스도께서 들어가신 신령한 복과 의로움 안에 있게 된다. 내가 첫째 아담에게서 그의 타락의 모든 결과를 유업으로 물려받은 것처럼, 이제는 마지막 아담에게서 난 자로서 나는 마지막 아담이신 그리스도께서 획득하신 모든 것들을 유업으로 물려받게 된다.

그렇다면, 나는 그리스도의 영광에 참여하고 있는 것이 분명하다. 만일 생명이 없다면, 아무 것도 없다. 하나님은 자기 사랑을 우리에게 계시하신다. 하나님은 그 사랑을 말씀을 통해서 계시하시며, 그 하나님의 말씀은 영원히 있다. 바로 이러한 것이 하나님이 영혼에게 일을 시작하시는 방식이다. 하나님은 이처럼 진리를 우리에게 제시하시며, 하나님 앞에서 영원히 새로움을 입고 설 수 있게 해주신다. 하지만 이 영원한 새로움은 하나님이 우리 속에서 일구어내신 것이 아니다. 그와는 반대로, 사람은 결코 이 하나님의 의

(義)의 일부가 될 수 없다. 왜냐하면 육체는 풀과 같기 때문이며, 육체는 하나님과 아무 관계가 없기 때문이다. 하나님은 자신이 이루신 의(義)를 우리에게 계시하시고, 이 의를 나눠주신다.

하나님은 칭의를 받지 못한 사람에게 성화의 법도를 주시지 않는다. 그리스도의 생명을 받았기 때문에, 그 결과로 죄에 대한 각성을 일으키고, 또한 열매를 맺을 필요성을 자극시킨다. 복음이 처음 전해지고 또 이방인들에게까지 전해졌을 때, 그때까지 이방인들은 하나님의 약속에 참여한 사람들이 아니었다. 그들에겐 성화를 언급할 필요조차 없었다. 세상 사람들이 그저 크리스천으로 부르는 사람들이 있다. 진짜 내가 그리스도인인지 아닌지 반드시 점검해보아야 한다. 그리스도인이 되기 전에 성화를 언급하는 것을 우리는 성경에서 볼 수 없다. 죄가 일으킨 영적 폐허 상태에 대해서 설명하고, 그 다음 복음이 전해진다. 그리고 나서 사람들은 "내가 정말 그리스도인이 된 것이 맞나?" 하고 묻는다. 이러한 상황은 초대 교회의 모습과는 너무나 거리가 멀다. 사람은 자신이 어디쯤에 있는지 알고자 자신의 실제 삶을 살핀다. 사실은 자신이 이제 막 칭의 상태에 들어섰음에도 마치 성화 상태가 어느 정도 진전되었는가를 살피고 있는 것이다. 성화의 문제는 신앙 초기엔 필요치 않다. 사람들은 이제 막 생명을 얻었건만, 무슨 열매를 보고자 하면서 성화를 추구함으로써 혼동에 빠진다. 믿음에 의해서 의롭게 되고 하나님과 화평을 누리는 문제가 확실히 정립되기 이전에 성화를 추구하게 되면, 다만 죄에 의한 정죄(conviction of sin)에 빠질 뿐이다. 우리 영혼이 진실로, "예수님은 모든 것이지만 나는 아무 것도 아닙니다"라는 고백을 할 수 있을 때까지, 바로 그 순간까지 그리스도인의 성화는 우리 영혼 속에서 시작되지 않는다. 우리 영혼이 평안을 가지기 전까지 이러한 부분들이 확고하게 정립될 필요가 있다. 베드로가 설교했을 때, 3천명의 사람들이 행복하게 되었다. 그들에겐 의심이 없었다. 그 순간부터 사람은 복음을 받아들였고, 그리스도인이 되었으며, 구원을 받았다.

202

실제적 성화의 과정과 칭의를 혼동해서는 안된다. 왜냐하면 실제적 성화는 영생을 가지고 있을 뿐만 아니라 구원받은 영혼 속에서 일어나는 것이기 때문이다. 이는 전적으로 새로운 것이기에, 내 속에 그리스도께서 사는 삶이 시작되기 전에는 우리 영혼 속에 조금도 성화의 흔적을 발견할 수 없다. 만일 우리가 "거룩함(성화)이 없이는 아무도 주를 보지 못하리라"(히 12:14)는 구절을 이해할진대, 진정 그리스도를 (생명으로) 소유하지 못했다면, 나는 주님을 볼 수 없다는 의미가 분명해질 것이다. 이 구절은 의미가 매우 단순하다. 만일 내 속에 둘째 아담의 생명이 없다면, 그래서 그저 첫째 아담의 생명만을 가지고 있다면, 나는 결코 그리스도의 얼굴을 보지 못할 것이란 뜻이다. 사람의 자연적인 취향은 본래 타고난 생명을 따라서 발전해가기 마련이다. 이 경우 우선적으로 물어야 할 질문은 이렇다. "당신은 진정 당신이 지은 모든 죄들을 사함 받았으며, 이제 하나님과 화평을 누리고 있는가?" 만일 대답이 그렇지 않다고 할 것 같으면, 당신이 해결해야 할 문제는 (성화가 아니라) 죄인을 의롭게 하는 칭의(justification)인 것이다. 우선적으로 성령의 역사를 통해서 "진리를 순종함으로 너희 영혼을 깨끗하게" 해야 한다(벧전 1:22). 이 일은 성령의 능력으로 되며, 절대적으로 칭의의 진리에 순종하는 일이 일어나야 한다. 사람들은 깨끗하기를 추구하며, 열매 맺기를 갈망하지만, 하나님은 이러한 것을 우선적으로 우리에게 요구하지 않으신다. 먼저 (칭의의) 진리에 순종하라. 그것이 하나님께서 우선적으로 요구하시는 것이다.

203

성령, 즉 진리의 영께서는 무엇을 말씀하시는가? 우리에게 하실 말씀이 많겠지만, 우선적으로 "모든 육체는 풀과 같다"고 말씀하신다. 성령님은 사람 속에 선한 것이 없다고 말씀하신다. 성령님은 죄에 대하여 세상을 책망하신다. 온 세상은 악한 자 안에 처했다. 세상은 그리스도에게 속한 것을 전혀 바라지 않는다. 따라서 성령님께서 "그대는 그리스도를 거절했다"는 말로 시작하지 않으신다면, 결코 그리스도를 제시하시는 법이 없으시다. 성령님은 세상의 교만과 세상의 반역을 책망하시고자 이 세상에 오셨다. 보라, 하나님의 아들께서 더 이상 세상에 계시지 않는다. 어째서 그런가? 세상이 그리스도를 거절했기 때문이다. 성령님은 "풀은 마르고 꽃은 떨어지되"라는 말씀을 하고자 오셨다. 이 사실을 분명히 인지했을 때, 성령님은 평안을 주신다. 성령님은 이렇게 말씀하신다. "그대는 죄인이다." 하지만 죄인에게 성화를 말씀하시진 않는다. 성령님은 진리를 말씀하심으로써 진리를 통해서 영혼 속에 성화를 창조하신다. 사람이 성화를 창조할 수 있는가? 그럴 수 없다. 길이요 진리요 생명이신 그리스도께서 하신다. 성령님은 죄인들에게 은혜와 하나님의 의(義)를 말씀하신다. 그 결과 하나님과의 화평이 이루어진다. 이 화평은 우리의 노력으로 되는 것이 아니라, 은혜와 의가 만들어 내는 것이다. 그것은 진리로 된다. 성령님은 무엇이 진리인지를 알게 하심으로써 세상을 책망하시며, 하나님의 뜻을 알게 하신다. *하나님의 뜻은 신자가 성화되는 것이다.* 이로써 우리는 진리에 순종하는 삶을 살기 시작할 것이며, 하나님의 사랑에 헌신하게 된다. 영혼이 진리에 순종하는 것은, 거기에 생명이 있기 때문이다.

하나님은 거듭남을 통해서 생명을 주신다. "너희가 거듭난 것이 썩어질 씨로 된 것이 아니요 썩지 아니할 씨로 된 것이니 하나님의 살아 있고 항상 있는 말씀으로 되었느니라."(벧전 1:23) 말씀은 영원히 거한다. 그 결과 하나님은 성화의 원리를 작동시키신다. 왜냐하면 우리 속에 그리스도의 생명이 있기 때문이다. 만일 실제적인 성화를 위한 수단이 필요하다고 할 것 같으면, 그것은 바로 진리의 말씀이다.

성령님이 과연 이교도들에게 성화의 역사를 점진적으로 이루어 나가시는가? 과연 성령님께서 회심하지 않은 사람들에게 성화에 대해 말씀하시는가? 그렇지 않다. 죄인이 진리를 온전히 이해하게 되었을 때, 성령님은 그에게 하나님을 아버지로 알게 하시고, 또 그리스도께서 그에게 필요한 모든 것을, 즉 그리스도께서 이루신 사역의 완전성을 보여주심으로써 기뻐하게 하신다. 그래서 성령으로 말미암아 "진리를 순종함으로 너희 영혼을 깨끗하게" 하시고, "썩어질 씨로 된 것이 아니요 썩지 아니할 씨로 된 것이니 하나님의 살아 있고 항상 있는 말씀으로" 거듭나게 하신다. 사랑하는 친구들이여, 이것을 알라. "주의 말씀은 세세토록 있다."

데살로니가후서 2장 10절을 보면, 그리스도인과는 대조적으로 불신자의 특징이 소개되어 있는데, 곧 "그들이가 진리의 사랑을 받지 아니하여 구원함을 얻지" 못한다는 것이다. "이러므로 하나님이 미혹의 역사를 그들에게 보내사 거짓 것을 믿게 하심은 진리를 믿지 않고 불의를 좋아하는 모든 자로 하여금 심판을 받게 하려 하심이라 주께서 사랑하시는 형제들아 우리가 항상 너희에 관하여 마땅히 하나님께 감사할 것은 하나님이 처음부터 너희를 택하사 성령의 거룩하게 하심과 진리를 믿음으로 구원을 받게 하심이니라."(11-13절)

204
성화는 진리를 믿음으로써 된다. 열매에 대한 믿음으로 되는 것이 아니다. 성령님은 성령님께서 내 속에서 일하신 결과들을 우리 믿음의 대상으로 제시하지 않으신다. 성령님은 나의 허물, 나의 결점을 말씀하시긴 해도 내 속에 있는 좋은 것들을 말씀하시지 않는다. 성령님은 내 속에서 좋은 열매를 맺으시긴 해도, 그러한 것들을 내게서 숨기신다. 왜냐하면 우리가 그러한 것들에 집착하게 되면, 반드시 더욱 교묘한 형태의 자기 의(self-righteousness)에 빠지게 될 것이기 때문이다. 따로 숨겨둔 만나처럼 벌레가 생기게 될 것이다. 모든 것이 망가진다. 그렇다면 더 이상 믿음이 필요치 않게 될 것이다. 성령님은 나에게 항상 그리스도를 보여주시며, 이로써 나는 평안을 얻는다.

동일한 원리가 요한복음 17장 16,17절에 있다. "내가 세상에 속하지 아니함같이 저희도 세상에 속하지 아니하였삽나이다 저희를 진리로 거룩하게 하옵소서 아버지의 말씀은 진리니이다." 세상은 그리스도의 목표가 아니었다. 공생애 기간 동안, 그리스도는 세상을 떠나 계시지 않았지만, 그렇다고 세상에 속하지도 않으셨다. 다만 늘 하늘에 있는 인자이셨다. 세상에 살지만 세상에 속하지 않고, 항상 하늘에 속한 자로 사는 것이 이해가 되지 않는다면, 그리스도의 말씀을 보라. 그리스도께서는 "내가 세상에 속하지 아니함같이 저희도 세상에 속하지 아니하였삽나이다 저희를 진리로 거룩하게 하옵소서"라고 말씀하셨다. 진리는 세상에 속해 있지 않다. 이 세상은 온갖 거짓말투성이이다. 우리는 성경의 역사를 통해서 얼마든지 확인해볼 수 있다. 우리는 자연인 속에 죄가 얼마나 자연스럽게 나타나는지를 볼 수 있을 뿐만 아니라, 새롭게 된 사람 속에 하나님의 생명이 말씀을 통해서 얼마나 자연스럽게 나타나는지를 볼 수 있다. "저희를 진리로 거룩하게 하옵소서." "또 저희를 위하여 내가 나를 거룩하게 하오니 이는 저희도 진리로 거룩함을 얻게 하려 함이니이다."(19절) 주 예수님은 여기 이 세상에 있는 우리를 위해 무슨 일을 하시는가? 자신을 따로 구별하신다. 즉 자신을 성화시키신다. 이 말은 주 예수님께서 더 거룩해지고자 애쓰신다는 말이 아니라, 자신을 본으로 제시하신다는 의미이다. 이것은 율법의 요구가 아니다. 다만 생명과 능력이신 그리스도께서 자신을 완전의 모본으로 제시하시는 것이다. 그리스도는 자신을 성취와 완성으로 제시하신다. 그리스도께서 모든 것의 근본적인 원천이시다. 이러한 것들을 묵상해볼 때, 이 모든 것들이 믿음에 의해서 내 영혼 속에 각인되며(reflection), 그 결과 속 사람과 생명을 통해서 재생산된다(reproduce).

우리는 요한복음 1장에서 이 주제와 연관된 흥미로운 사실을 볼 수 있다. "그 안에 생명이 있었으니 이 생명은 사람들의 빛이라."(4절) 율법은 생명이 아니다. 율법은 빛이 아닐뿐더러 다만 정죄할 뿐이다. 반면 생명이 이 빛이며, 우리는 은혜와 진리로 충만한 생명을 본다. 진리만 있는 것이 아니라 은혜도 있다. "우리가 다 그의 충만한 데서 받으니 은혜 위에 은혜러라."(16절) 우리가 그리스도를 영접했을 때, 나를 위하지 않는 은혜란 없다. 그리스도인 중에 예수 안에 있는 모든 은혜를 받지 않은 사람은 없다. 그렇다고 실패가 없다는 말이 아니다. 실패하는 일이 있을지라도 우리가 그리스도 안에 있는 모든 것을 소유하고 있다는 사실을 방해하지 못한다. 실패는 슬픈 일이긴 해도, 이러한 실패가 우리의 지위를 바꾸지 않는다. 이는 그리스도인은 그리스도의 일부만을 영접한 것이 아니라, 그리스도의 전부를 영접했기 때문이다.

205

한편으로 이 말은 상당한 격려가 된다. 나 자신에게 말할 때, 무엇보다 이러한 은혜를 구해야 한다고 말할 것이다. 그에 대한 대답은 이렇다. "그대는 이미 은혜를 가지고 있다." 다른 한편으로, 이 사실은 나를 겸손케 한다. 왜냐하면 만일 내가 은혜를 이미 가지고 있다면, 어째서 이 은혜가 나타나지 않는 것일까? 이 은혜가 나타나는 것은 항상 하나님이 이미 화평을 이루셨다는 진리를 우리가 이미 받아들였음을 전제로 하고 있기 때문이다. 그렇다면 우리는 항상 다음 구절로 돌아가야 한다. "저희를 진리로 거룩하게 하옵소서 아버지의 말씀은 진리니이다."(요 17:17) 이러한 진리로 거룩하게 되는 성화를 발견하려면 나 자신 속을 들여다보아야 하는가? 그렇지 않다. 오히려 예수님을 바라보아야 한다. 우리는 "하나님께로부터 나서 그리스도 예수 안에 있고 예수는 하나님께로서 나와서 우리에게 의로움과 거룩함과 구속함이 되셨기" 때문이다(고전 1:30). 나는 이러한 겸비를 그리스도 안에서 보며, 그 안에서 기쁨을 얻는다. 내가 믿음으로 그리스도를 바라볼 때, 나의 영혼은 평안을 누린다. 그리스도의 영은 항상 내 안에 계시며, 또한 나를 그리스도와 하나로 연합되게 해주신 은혜를 따라서 나는 그리스도 안에 있는 믿음에 의해서 성화된다. 그리스도는 나에게 모든 것을 주시며, 이 진리는 구속(救贖)의 역사가 일구어낸 것들을 나에게 계시해주며, 나는 이 진리에 순종함으로써 구속의 기쁨을 누린다.

누군가 자신의 칭의를 확신함이 없이 성화를 추구한다면, 자신이 진짜 그리스도인이 되었는지를 의심하면서 혼돈 가운데 빠져들 것이 분명하다. 그렇다면 나는 그러한 사람들에게 묻고 싶다. 당신은 어째서 성화를 추구하는 것인가? 당신은 현재 당신의 모습을 전혀 보지 못하고 있다. 무엇보다 먼저 당신이 구원받았는지를 확실히 하라. 이교도, 불신자는 자신을 거룩하게 할 수 없다. 만일 당신에게 칭의의 믿음이 있다면, 당신은 구원받았다. 그렇다면 평안 가운데 자신을 성화시키라. 유일한 문제는 당신의 죄악된 상태를 진지하게 고민하는 것이다. 먼저, 당신은 영혼 구속의 진리에 순종했는가? 당신은 그 진리에 굴복했는가? 하나님은 그에 대해 당신에게 무슨 말씀을 하시는가? 하나님은 화평이 이루어졌음을 말씀하신다. 하나님은 자기 아들을 주셨음을 당신에게 말씀하신다. 하나님은 "하나님이 세상을 이처럼 사랑하사 독생자를 주셨으니 이는 저를 믿는 자마다 멸망치 않고 영생을 얻게 하려 하심이니라"(요 3:16)고 당신에게 말씀하신다. 이것이야말로 당신이 순복해야 할 진리이며, 특별히 성화를 추구하기 이전에 무엇보다 우선적으로 받아들여야 할 절대 진리이다. 성화는, 당신에게 영생을 주신 하나님께 달린 일이다.

그렇다면 진리를 순종함으로 시작하라. 진리는 당신에게 하나님의 의에 대해 말해줄 것이다. 하나님의 의가 예수를 통해서 만족되었다. 이제 이 하나님의 의가 당신의 것이다. 게다가 당신은 그리스도 안에 있다. 이 부분이 명확하게 되었다면 당신은 평안을 누릴 것이다. 그렇다면 실제적으로 성화되는 것을 경험하게 될 것이다. 이러한 실제적인 성화는 예수를 묵상할 때 자연스럽게 흐르기 시작할 것이다. 이 주제에 대해서 사도 바울이 말하는 것을 보자. "우리가 다 수건을 벗은 얼굴로 거울을 보는 것같이 주의 영광을 보매 저와 같은 형상으로 화하여 영광으로 영광에 이르니 곧 주의 영으로 말미암음이니라."(고후 3:18)

206

성화는 예수님을 바라보는 것으로 된다. 그럴 때 우리는 영광에서 영광으로 변화되어 갈 것이다. 성화엔 분명 생명과 생명의 작용이 있기 마련이다. 당신의 걱정과 안달 속에 있지 않다. 이처럼 예수 생명의 발전은 그리스도를 바라봄으로써 점진적으로 실체화된다. 믿음으로 칭의가 이루어지듯이 성화도 믿음으로 된다. 성화는 예수를 바라봄으로써 된다.

모세가 하나님의 존전 앞에서 물러나 산에서 내려왔을 때, 그는 자신이 영광으로 빛나는 것을 알지 못했다. 하지만 모세의 얼굴을 본 사람들은 그 얼굴에서 광채가 나는 것을 보았다. 모세는 하나님을 바라보았고, 다른 사람들은 그 효과를 보았다. 하나님을 찬송할지라. 이러한 것이 실제적인 의미에서 성화인 것이다. 그리스도인의 성화에서 중요한 것은 실제적인 성화이다. 왜냐하면 그리스도인은 구원받았고, 하나님께로 성화되었기 때문이다. 이는 하나님 쪽에서 일으키는 역사가 아니라, 생명을 받음으로써 시작되는 역사이다. 이렇게 생명을 주는 일은, 생명의 원천이신 예수님이 친히 담당하신다. 예수 그리스도는 생명을 주시는데, 이로써 우리를 위치적으로 성화시킨다. 이것이 바로 거룩이다. 이제 하나님은 우리에게 항상 모든 육체는 풀과 같고 그 모든 영광이 풀의 꽃과 같음을 더욱 절실하게 깨닫게 하시며, 그에 따라 은혜를 보여주신다. 하지만 주의 말씀은 세세토록 있다! "너희에게 전한 복음이 곧 이 말씀이니라."(벧전 1:25) 우리가 거듭난 것은 이처럼 썩지 아니할 씨로 된 것이다. 우리의 확신은 이러한 말씀에서 나와야 하지 않겠는가!

Chapter 9
거룩하게 되고, 정결하게 되고, 지키심을 받다
Sanctified, Purged, and Kept

베드로전서 1:1-9을 읽으시오.

171

성령의 거룩하게 하심이 피 뿌림 보다 앞서 언급되고 있다. 이집트에 있던 이스라엘 백성들은 택함을 받았고 또 이집트에 있는 동안에도 하나님을 위하여 따로 구별되었다*. 이러한 위치적 성화는 유다서에 보면 아버지의 역사로 언급되고 있다. "예수 그리스도의 종이요 야고보의 형제인 유다는 부르심을 입은 자 곧 하나님 아버지에 의해서 성화되고** 예수 그리스도 안에서 지키심을 입은 자들

---

* 이처럼 성령의 거룩하게 하시는 역사로, 따로 구별시키는 것과 성화는 같은 의미이다. 이렇게 하나님을 위하여 거룩히 구별되는 것을 위치적 성화 또는 신분적 성화라고 부른다. 따라서 신자는 신분적으로는 이미 성화되었다.

** 유다서는 이 구절을 "하나님 아버지 안에서 사랑을 얻고"라고 번역했다.

에게 편지하노라."(유 1:1, KJV 참조) 히브리서에 보면 예수님은 "자기 피로써 백성을 거룩케 하시는(즉 성화시키시는)" 분이시다 (히 13:12). 여기 베드로전서는 이렇게 거룩하게 구별시키는 성화를 성령의 사역으로 언급하고 있다. 하나님에게로 따로 구별되는 것 (즉 성화)과 죄 사함을 받는 것은 다른 것이며, 성화는 하나님의 목적을 이루는 것과 연결되어 있다. 누가복음 15장에서 탕자의 이야기를 볼 때, 탕자는 먼 나라에 있을 때 회심했으며, 그곳에 있을 때 하나님을 위해 따로 구별되었다. 전체적이고 총체적인 변화가 일어나긴 했지만, 아직 그 효과는 나타나지 않았다. 그가 돌아오기 시작했을 때, 그의 얼굴은 자기 아버지를 향하고 있었다. 물론 그가 아버지를 떠났을 때, 그는 아버지에게서 등을 돌렸다. 이처럼 영혼이 하나님에 의해서 구별되는 것은 능력에 의해서 하나님을 향하여 살아나는 것이다. 그럴지라도 탕자처럼 아직은 누더기를 걸치고 궁핍을 느낄 수 있다. 하지만 분명 마음의 돌이킴이 있으며, 다메섹 도상에서 회심했던 바울처럼 회심 즉시 새로운 피조물이 되는 것도 사실이다. 그럼에도 의지가 깨어지는 일이 필요하다. 내적 갈등이 있을 것이지만, 이를 통해서 전인적인 변화가 일어난다. 더 이상 극복해야 하는 어려움이 없을 것이란 뜻이 아니라, 마음의 목표가 전환된다는 의미이다.

성경은 우리 영혼이 "순종의 삶에 이르게 하기 위하여" 성화되었다고 말한다. 성화는 우리가 더 좋은 존재가 되는 문제가 아니라, 하나님을 향해 돌아서는 것이다. 만일 성화가 순종의 삶에 이르게 해주는 것이라면, 또한 성화는 피 뿌림을 받을 준비를 하게 해주는 것이다. (즉 영혼이 죄 사함을 받을 준비를 시키는 것이다.) 이제 나는 피의 가치를 배워야만 한다. 하나님은, 이스라엘을 이집트에서 나오게 하신 것처럼, 나를 피 뿌림 아래 두셨다. 그렇다면 그 당시 피 뿌림은 무슨 의미였을까? 피 뿌림은, 그들이 순종해야만 했던 언약에 대해서 죽음을 선언하고 거기에 인을 치는 것이었다. 출애굽기 24장 6-8절을 보라. 만일 그들이 순종했다면 그들은 언약에 굳게 서있을 수 있었을 것이다. 하지만 순종하지 못했기에, 사망의 형벌이 그들의 몫이었다. 우리에게도 동일한가? 그렇지 않다. 우리는 불순종했지만 예수께서 우리를 대신해서 고난을 당하셨고, 우리는 불순종하는 자들을 위하여 예수께서 맺으신 언약 아래서 인침을 받았다. 우리는 그 피가 가진 모든 효력을 적용받으면서, 피 뿌림 아래 있다. 이 효력을 깨뜨릴 수 있는 권세는 세상에 아무 것도 없다. 나의 범죄가 문제가 되는가, 아니면 사탄이 나를 송사하려고 일어나는가? 모든 문제가 다 해결되었다. 왜냐하면 그리스도의 피의 가치 때문이다. 최우선적으로 나는 그리스도의 피를 통해서 이루어진 구속을 소유하고 있으며, 나를 정죄할 수 있는 모든 것에서 완전한 해방을 받았다. 죄인으로서 나의 총체적인 상태에서 나는 영원한 구속을 받았다. 우리가 아는 대로, 구약의 언약들은 피를 통해서 인침을 받았다. 아브라함과 예레미야는 송아지를 둘로 쪼개고 그 두 조각 사이로 지나는 방법으로 여호와와 언약을 맺었고, 그 피로 언약을 보증했다. 하지만 새 언약은 과거의 언약들과는 다르다. 우리가 혹 타락할지라도 더 이상 죄 문제로 심판을 받지 않는다. 오히려 그 모든 죄를 정결하게 해버린 피를 통해서 우리는 면책을 받는다.

정결케 하는 또 다른 방법은 더러움을 씻는 것이므로, 피로써 우리는 범법에서 무죄선고를 받을 뿐만 아니라 완전하게 정결해진다. "그 아들 예수의 피가 우리를 모든 죄에서 깨끗하게 하신다." 또 다른 효력은, 피가 우리를 하나님과의 경이로운 친밀함 속으로 이끌어준다는 것이다. 피는 이미 흘려졌다. 그리스도는 구속의 역사를 이루셨고, 그 십자가의 역사를 통해서 그리스도께서 내 영혼에 대해 관심을 가지신 것과 자신을 내어주신 일을 통해서, 나는 해방을 받을 수 있었다. 그리스도께서 홀로 감당하셨는가? 사람의 입장에서 보면, 그리스도께서 홀로 감당하셨다. 하지만 하나님의 입장에서 보면, 하나님 아버지께서 친히 그 일에 참여하셔야만 했다. 하나님은 자기 아들을 아끼지 아니하셨고, 그리스도의 죽으심 때문에 나는 하나님과 화목을 이루게 되었다.

이상의 내용은 단지 의지적으로 하나님께로 돌아서는 것 이상이다. 피의 효력에 대한 나의 확신은 어디에서 나오는가? 하나님이 그 일을 이루셨고, 하나님은 "우리를 거듭나게 하사 예수 그리스도의 죽은 자 가운데서 부활하심으로 말미암아 산 소망이 있게 하셨기"(벧전 1:3) 때문이다. 이제 우리는 죽으신 구주를 소유하고 있을 뿐만 아니라 산 소망을 가지고 있다. 우리는 그리스도 안에서 생명을 가지고 있고, 성령으로 말미암아 그리스도 안에서 능력을 가지고 있다. 둘째 아담, 죽은 영혼을 다시 살리는 자이신 그리스도는 우리가 지은 죄들을 위해 사망의 자리로 내려가셨고, 사망에서 다시 일어나셨으며, 영영한 생명의 능력으로 다시 살아나셨다. 이제 이 생명 때문에 우리는 이 세상에서 나그네와 순례자가 되었다. 그리스도인에겐 오직 하나님을 기쁘시게 해드리는 것 외엔 다른 목표가 없다. 예수님은 오로지 자기 아버지의 뜻을 행하는 것을 자신의 기쁨으로 삼으셨다. "나의 양식은 나를 보내신 이의 뜻을 행하며 그의 일을 온전히 이루는 이것이니라."(요 4:34) 이는 우리 마음을 시험대에 올려놓는다. 당신은 이것 저것을 행하는데 무슨 해(harm)가 있는가라고 말한다. 당신의 육체는 세상을 좇아 살고 있다. 바로 그것이 해가 되는 일이다. 만일 옛 사람이 당신 속에 살고 있다면, 그것이야말로 해가 된다. 우리는 "산 소망에 이르도록 거듭났을" 뿐만 아니라 "썩지 않고 더럽지 않고 쇠하지 아니하는 기업을" 상속받기 위해 거듭났다. 바로 이러한 것들이 이 세상에 속한 모든 것과 대조를 이루는 기독교의 특징이다. 만일 신의 성품이 우리 속에 있다면, 그 새로운 본성이 속한 곳에 적합한 거룩한 취향을 가지게 될 것이다. 내 마음의 정서는 하나님께서 그리스도 안에서 안식하고 계시는 하늘 본향을 사모하는 정서로 조성된다.

게다가 우리 기업은 하늘에 간직되어 있다. "거기는 좀이나 동록이 해하지 못하며 도적이 구멍을 뚫지도 못하고 도적질도 못하느니라."(마 6:20) 하나님이 지키신다. 그래서 사도 바울은 "나의 의뢰한 자를 내가 알고 또한 나의 의탁한 것을 그 날까지 저가 능히 지키실 줄을 확신함이라"(딤후 1:12)고 말했다. 기업은 안전하다. 또 다른 사안은, 우리가 기업을 얻으려면 기다려야만 한다는 것이다. 만일 하나님이 지키신다면, 안전하게 지켜질 것으로 알면 된다. "곧 너희를 위하여 하늘에 간직하신 것이라."(벧전 1:4) 기업은 당신을 위해 하늘에 간직되어 있으며, 기업을 기다리는 동안 지상에서 당신은 지키심을 받고 있다. 기업을 얻는 문제는 나의 인내의 문제가 아니라 하나님의 신실하심의 문제이다. 누군가, "아! 그럼 내가 끝까지 붙들고 있을 필요가 없는 건가요?"라고 말한다. 그렇다. 주님은 "(저희가) 영원히 멸망치 아니할 터이요"(요 10:28)라고 말씀하셨다. 누군가 "그렇지만 사탄도 능력으로 역사하고 있잖아요"라고 묻는다. 또 다시 주님은 "아무도 아버지 손에서 빼앗을 수 없느니라 나와 아버지는 하나이니라"(29절)고 대답하신다. 여기엔 공동 목표가 있다. 즉 "말세에 나타내기로 예비하신 구원을 얻기 위하여 믿음으로 말미암아 하나님의 능력으로 보호하심을"(벧전 1:5) 입고 있다는 것이다.

173

우리가 해야 할 일, 우리가 성취해야 할 일이란 없다! 모든 것이 완성되었지만, 그리스도께서 세상에 계시는 동안에는 그렇게 말할 수 없었다. 하지만 이제는 그리스도께서 사망을 통과하셨고, 부활하셨으며, 하나님의 우편 자리에까지 높이 되셨다. 그리스도는 바로 그 자리에서 자기 원수들로 발등상 삼기까지 기다리신다. 구원은 장차 나타나기를 기다리고 있으며, 마지막 한 영혼이 그리스도의 몸에 들어옴으로써 그리스도의 몸이 완성될 때까지만 지연되고 있을 뿐이다. 이것은 기다리는 동안 기뻐할 일이다. 어느 면에서, 그것은 이미 이루어진 것이지만, 우리는 영광이 나타나길 열망해야 한다. 구원이 이미 준비되었으며, 우리는 믿음으로 말미암아 지키심을 받고 있다는 사실을 인식할 때 우리 마음에 안식이 있다. 실제 믿음이 작용한다면, 거기엔 복이 있다. 육신은 결코 믿음을 따라 살고자 하지 않는다. 만일 세상적이고 또 부주의한 사상이 침입한다면, 믿음은 작용할 수 없고, 예수님의 형상은 우리 속에 선명히 나타나지 않을 것이다. 믿음이 작용하지 않는다면, 우리는 육신의 정욕이 이끄는 대로 살 수밖에 없다. 육신에 속한 모든 것은 소멸될 것이다. "나를 먹는 그 사람도 나를 인하여 살리라."(요 6:57) 우리를 위한 또 다른 복된 요소는, 모든 것이 믿음을 행사하는 문제라는 것이다. 믿음으로 화합할 수 없는 일은, 결코 행해서는 안된다.

이 때문에 우리는 "하늘에 속한 것들"을 바라볼 필요가 있다(골 3:1,2). 그리고 "하나님의 사랑 안에서 자기를 지켜야"(유 1:21) 한다. 그렇다면 "오히려 크게 기뻐하게" 될 것이다(벧전 1:6). 당신은 진정 구원을 크게 기뻐하고 있는가? 말씀에 따르면, 구원은 "그 속에서 영생하도록 솟아나는 샘물"이다. 그리스도인으로서 두 가지 견해 사이를 아무 생각 없이 그저 왔다 갔다 하는 사람은 없다. 세속성과 안락을 사랑하는 마음과 이런 저런 형태의 자아의 모습이 나타날 때, 누가 그처럼 약하고 비참한 상태에 떨어지는가? 우리는 이 세상에서는 행복을 발견할 수 없고 다만 하늘에 속한 것들을 즐거워할 뿐이다. 만일 영혼이 이처럼 큰 구원으로 행복해하고 있다면, 거기엔 기쁨이 넘칠 것이다. 각종 시험을 통과해야 하는 무거움도 있긴 하지만, 오히려 바카의 눈물 골짜기는 많은 샘의 우물이 되고, 내리는 비는 은총의 웅덩이를 가득 채우는 것을 우리는 보게 될 것이다(시 84:6).

우리는 기업에 대한 보증을 가지고 있다. 이는 하나님의 사랑에 대한 보증을 가리키지 않는다. 우리는 지금 하나님의 사랑을 우리의 분깃으로 충만하게 누리고 있기 때문에, 사랑에 대한 보증이 필요치 않다. "너희 믿음의 시련이 불로 연단하여도 없어질 금보다 더 귀하여 예수 그리스도의 나타나실 때에 칭찬과 영광과 존귀를 얻게 하려 함이라."(벧전 1:7) 그리스도는 이미 영광 속에 들어가셨으며, 면류관을 쓰고 계신다. 우리는 이 사실을 생각하면서, "말할 수 없는 영광스러운 즐거움으로 기뻐"할 수 있다(8절). 이 기쁨은 말로 표현할 수 없다. 왜냐하면 그리스도 자신이 영광 중에 계시며 또한 영광의 충만 자체이시기 때문이다. 혹 시련하는 불이 우리 소망과 기쁨을 일시적으로 가릴 순 있지만, 성경은 "믿음의 결국 곧 영혼의 구원"을 받았다고 말한다. 나는 내 영혼의 구원을 받았고, 비록 시련을 통과함으로써 찌끼를 제거하는 과정을 거칠 것이지만, 마침내 구원을 받는 것이 나의 믿음의 결국이다.

당신의 얼굴은 하나님을 향하고 있는가, 아니면 짐승처럼 땅을 향하고 있는가? 당신은 죄를 짓고 부끄러움을 느꼈던 아담처럼 하나님을 향해 등을 돌리고 있는가?

베드로서신에서 하나님의 영께서는 그리스도인을 하늘에 있는 그리스도와 연합을 이룬 존재로 소개하는 것이 아니라, 다만 하늘을 향해 가는 도상에서 이 세상의 시련을 통과해야 나그네와 순례자로 소개한다. 두 가지 모두 옳고, 우리에겐 두 가지 관점이 모두 필요하다. 우리는 광야 같은 세상을 통과해서 하늘을 향해 달려가고 있으며, 동시에 우리는 성령으로 말미암아 하늘에 계신 그리스도와 하나가 되었다고 말할 수 있다. 이처럼 두 가지 방식으로 세상에 있는 그리스도인을 설명할 수 있다. 기업은 우리를 위해 하늘에 보관되어 있으며, 우리가 들어간 상태에 하나님의 진리와 은혜가 적용된다. 이 사실을 아는 것은 극히 귀한 일이며, 우리가 겪게 될 시련이나 어려움이 무엇이든지, 우리는 이 세상에 사는 동안 장차 그렇게 될 것을 기대할 수 있다. 단순히 시련과 어려움을 통과하는 것이 아니라, 이 순례의 길 끝에서 우리를 위해 하늘에서 안전하게 간직되어 있는 "썩지 않고 더럽지 않고 쇠하지 아니하는 기업을" 상속받는 것이다. 그리고 나서 베드로는 우리가 "말세에 나타내기로 예비하신 구원을 얻기 위하여 믿음으로 말미암아 하나님의 능력으로 보호하심을 입었다"는 말을 덧붙이고 있다. 바로 이것이 베드로가 생각하는 그리스도인의 지위(position)이다. 우리는 "예수 그리스도의 죽은 자 가운데서 부활하심으로 말미암아 산 소망에 이르도록" 거듭난 사람들이다. 이 말은 정확하게 말하자면, 우리가 그리스도와 함께 다시 살리심을 받았다는 말이 아니다. 베드로는 그리스도를 부활하심으로써 영광에 들어가신 분으로 보고 있다. 그래서 하나님은 우리를 거듭나게 하사 산 소망에 이르게 하셨는데, 그 산 소망이란 "썩지 않고 더럽지 않고 쇠하지 아니하는 기업을" 받는 것이다. 기업이 있다. 우리를 위해 하늘에서 안전하게 간직되어 있다. 사도 바울도 이 사실을 이렇게 표현했다. "나의 의뢰한 자를 내가 알고 또한 나의 의탁한 것을 그 날까지 저가 능히 지키실 줄을 확신함이라."(딤후 1:12) 그의 모든 행복은 하늘에 안전하게 보관되어 있으며, 주님은 그를 위해 그것을 안전하게 지키고 계신다. 이제 우리는 "구원을 얻기 위하여 믿음으로 말미암아 하나님의 능력으로 보호하심을 받았다"는 복된 진리를 가지게 되었다.

175

우리는 그리스도인의 특징과 그리스도인의 길, 이 두 가지를 모두 알게 되었다. 주님의 신실하심이 이 길에서 우리를 지키시며, 동시에 하늘을 향해 가는 그리스도인을 보존하실 뿐만 아니라 이 길을 가는 중 겪게 될 모든 시련에서 지키신다. 우리는 우선적으로 그것을 여기서 본다. 당신은 이러한 특징이 율법과 율법 아래 있었던 이스라엘의 지위와는 너무도 대조적이란 사실을 볼 필요가 있다. 사실 이러한 특징은 신약성경 전체를 관통하고 있다. 베드로는 그리스도인을 "하나님 아버지의 미리 아심을 따라 … 택하심을 받은 자들"이라고 말했다. 그는 그리스도인을 이처럼 복된 진리, 즉 하나님 아버지의 미리 아심을 따라 선택받은 사람들이란 진리 위에 세우고 있다. 단순히 하나의 민족으로 선택받은 백성이 된 것이 아니라, 그들이 이처럼 복된 자리에 들어온 것은 하나님 아버지의 미리 아심을 따라서 된 것이다. 이제 하나님의 영께서 오셔서 그들을 따로 구별하시고 또한 성화시키신다. 우리는 실제적으로 무엇을 위해 따로 구별되었는지 알고 있다. 그것은 예수 그리스도의 순종에 이르는 것이며, 예수 그리스도의 피 뿌림의 효력 아래 들어가는 것이다. 이 두 가지는 우리가 예수의 삶을 살고 또 예수의 길을 걷는데 필수적인 요소이다. 이 경우, 만일 이렇게 말할 수 있다면, 하나가 다른 하나를 완결시켜준다. 우리에게 참으로 위대한 생각은, 예수 그리스도의 순종과 예수 그리스도의 피 뿌림에 있다. 예수 그리스도는 순종과 피 뿌림 모두에 관여되어 있다. 두 가지 모두 율법과 대조를 이룬다. 율법의 요구에 순종하는 것과 율법에 의해 드리는 제사, 이 두 가지는 예수 그리스도의 순종과 희생과 대조를 이루고 있다.

우리의 순종을 생각해보면, 순종은 주 예수 그리스도의 순종을 본받아야 하는 그리스도인으로서 우리의 길에 진정성을 부여하는 근본적인 요소이다. 율법적 순종은 이와는 전혀 다른 이야기이다. 우리는 우리 자신의 의지를 가지고 있다. 그리스도의 경우는 달랐다. 그리스도께서는 사람으로서 의지를 가지고 계셨음에도, "내 원대로 마시옵고 아버지의 원대로 되기를 원하나이다" 라고 말씀하셨다. 하지만 우리는 우리 자신의 의지를 가지고 있으며, 그것을 실현시키기도 하고, 또 실현시키는 일에서 좌절하기도 한다. 만일 율법을 우리에게 적용시킨다면 이 의지를 막고 또 우리 속에 자기 의가 있음을 폭로하는 것으로 작용하면서, 우리가 순종해야 하는 이유가 율법을 순종하는데 있음을 지속적으로 강요하는 것으로 작용할 것이다. 한 아이를 예로 들어보자. 아이에겐 자기 의지가 있다. 하지만 부모의 의지가 개입하게 되면, 아이는 부모와의 싸움을 피하고자 계속해서 자기 의지를 포기하거나, 아니면 금지 사항을 어기고자 하는 의지는 끓어오르지만 그것을 도전하는 일을 그만 둘 것이다. 당신은 이 아이를 순종적인 아이라고 말할 것이며, 그렇게 순종하는 모습을 보면서 기뻐할 것이다. 하지만 그리스도는 이런 식으로 순종하신 것이 아니었다. 그리스도는, 하나님께서 금지하신 일을 자기 의지로 행하고자 하는 뜻을 품으신 적이 없었다. 그러한 것은 그리스도의 순종의 모습이 아니었다. 이런 것이 우리에게도 필요하다. 우리가 진정 우리 자신을 잘 안다면, 이 모든 것을 인정할 것이다. 그리스도의 순종은 이런 식이 아니었다. 그리스도는 죄를 심판하시는 하나님의 진노를 바라지 않으셨기에, 다만 그 진노의 잔이 지나가길 바라는 기도를 하셨지만 하나님의 뜻에 순종했다. 이러한 그리스도의 순종은 율법적인 순종과는 전혀 성격이 달랐다. 그리스도에겐 하나님 아버지의 뜻이 자신이 행하는 모든 일의 모티브(motive, 동기)였다. "하나님이여 보시옵소서 내가 하나님의 뜻을 행하러 왔나이다." (히 10:7)

176

그러한 것이 예수 그리스도의 순종의 참 특징일 뿐만 아니라, 그리스도인으로서 우리 순종의 특징인 것이다. 그 밖의 것이 우리에게 필요한데, 우리 자신의 의지와 뜻대로 행하고 싶어 하는 우리를 막는 일이다. 하지만 우리 순종의 참 특징과 그리스도인의 전체 삶의 특징을 이루는 것은, 하나님의 뜻을 이루는 것이어야 한다. 우리도 그리스도처럼, 하나님 아버지의 뜻을 이루는 것을 우리 마음의 동기와 우리 행실의 근거로 삼아야 한다. 사탄이 그리스도에게 다가와 이렇게 말했다. "명하여 이 돌들로 떡덩이가 되게 하라." (마 4:3) 그러자 그리스도는 이렇게 대답했다. "사람이 떡으로만 살 것이 아니요 하나님의 입으로부터 나오는 모든 말씀으로 살 것이라." (4절) 그리스도의 실제 삶은 하나님의 말씀이 명하는 것을 수행하는 것이었고, 하나님의 말씀이 모든 행실의 동기였다. 만일 말씀이 없었다면, 그리스도에겐 아무 동기도 없었다. 당신은 말씀이 사람 삶의 전체 기조와 정신을 변경시키는 것을 알고 있을 것이다. 우리에겐 우리 자신의 의지의 발흥을 막을 필요가 있다. 왜냐하면 우리 속에 옛 본성이 있기 때문이다. 옛 본성은 사람 삶의 전체 정신과 기조를 변경시킨다. 만일 나에게 아버지의 뜻 외엔 아무 동기가 없다면, 얼마나 놀랍게 모든 것을 단순화시킬 것인가! 만일 당신이 하나님의 뜻만을 행하고자 하는 삶의 목적을 가지게 된다면, 당신의 삶의 3/4은 즉시 불필요한 것으로 판명나게 될 것이다. 이것은 우리 자신을 매우 실제적인 사람이 되게 해주는 진리이다. 그러한 것이 그리스도의 순종의 핵심이란 사실을 분명하게 볼 필요가 있다.

이것은 실제적인 경건의 삶을 살 수 있게 해주는 원리이다. 왜냐하면 이것은 우리로 하여금 끊임없이 하나님을 의지하게 해주며, 지속적으로 하나님과의 관계를 유지하게 해주기 때문이다. 나의 영혼에 참으로 놀라운 위안이 되는 것은, 나의 전체 삶을 돌아볼 때 하나님께서 아버지로서 나를 직접적으로 다루셔야만 했던 일이 한 가지도 없다는 사실이다. 나는 내가 거듭난 순간부터 하나님의 뜻에서 한 발자국도 벗어난 적이 없으며, 나를 직접적으로 다루셔야만 했던 일도 없다. 나는 하나님의 뜻을 잊을 수 있고 또 그 뜻을 행하는데 실패할 수도 있지만, 우리는 말씀 안에서 우리 영혼을 지키시는 하나님의 뜻을 발견한다. 하나님의 호의가 모든 것을 예비했다는 사실을 고요히 인식하면서, 무슨 행동을 취하고자 하는 것이 아니라 다만 하나님의 호의가 예비한 것을 바라본다. 하나님의 호의를 누리며, 전적으로 하나님을 의지하는 가운데 우리 영혼은 안식을 맛본다. 마치 다윗처럼 우리는 "주의 오른손이 나를 붙드시나이다"(시 63:8)라고 고백할 수 있다. 모세는 광야를 통과할 수 있는 길을 보여 달라고 기도한 것이 아니라, 다만 "주의 길을 내게 보이사"(출 33:13)라고 기도했다. 사람의 길은 그 사람이 누구냐에 달려 있다. 따라서 하나님의 길은 하나님이 누구신가를 보여준다.

177

우리 마음이 사람의 길에서 벗어나 더욱 총명하게 하나님께 나아갈 때, 하나님이 누구신가를 더욱 분명하게 이해하고 알게 된다. 만일 하나님을 나의 인생 길에서 이렇게 저렇게 알고 있다면, 그것은 내가 하나님을 있는 그대로 알고 있기 때문이다. 게다가 옳은 길을 걷고 있다면, 우리는 삶의 지성적인 거룩 가운데 성장하고 있을 뿐만 아니라 거기엔 경건한 삶이 있기 마련이다. 하나님께 애정을 다해 지속적으로 의지하는 마음이야말로 실제적인 경건으로 나아가는 관문이며, 우리는 실제적인 경건의 삶을 추구해야 한다. 우리는 우리 주님에게서 이에 대한 완벽한 본을 볼 수 있다. 주님은 "항상 내 말을 들으시는 줄을 내가 알았나이다"(요 11:42)라고 말씀하셨다. 여기엔 하나님을 향한 확신과 완전한 신뢰를 바탕으로 한 지속적인 의뢰가 있다. 만일 이것이 주님이 걸으셨던 선을 이루는 길인 것을 알고 있다면, 하나님의 뜻은 나에게 모든 것이 될 것이며, 하나님을 삶의 중심에 초대함으로써 경건의 삶을 날로 승화시킬 것이며, 하나님과는 친밀한 사귐이 끊어지지 않을 것이다. 왜냐하면 이 길에는 성령님이 결코 근심하는 일이 없기 때문이다. 이러한 것이 예수 그리스도의 순종이며, 여기에 이르도록 우리는 따로 구별(성화)된 것이다.

또 다른 복된 진리가 있다. 우리는 성령으로 말미암아 따로 구별되었으며, 예수 그리스도의 피가 가진 가치와 피 뿌림의 효력 아래 들어가도록 성화되었다. 우리는 제사장들이 위임을 받을 때, 피를 그 오른 쪽 귀와 손과 발에, 마음과 일과 행실이 이 피의 가치에 합당하게 행해져야 한다는 의미로 발랐던 것을 알고 있다. 이제 하나님이 우리를 보실 때 우리에게서 아무 흠도 볼 수 없으시다. 왜냐하면 피가 발라졌기 때문이다. 이제 우리는 하나님 앞에서 그 피의 가치를 따라서 행해야 한다. 문둥병자의 경우를 보면, 피는 그에게 일곱 번 뿌려졌다. 그는 (모형상) 예수의 사역과 피가 가진 그 총체적이고 완전한 효력을 따라서 하나님께로 구별되었던 것이다.

그러한 것이 예수님의 전체 삶과 죽음을 통해서 나타난 이중적인 특징이다. 심지어 죽음을 통해서도 그리스도는 순종의 삶을 사셨다. 이것이 그리스도인의 삶의 특징이 되어야 한다. 이러한 순종의 삶은 우리를 썩지 않고 더럽지 않고 쇠하지 아니하는 유업 곧 우리를 위하여 하늘에 간직하신 기업에 대한 명료한 이해를 가지게 해준다. 하나님은 우리를 거듭나게 하셨고 예수 그리스도의 죽은 자 가운데서 부활하심을 통해서 산 소망에 이르게 해주셨다. 나는 여기서 그리스도께서 걸어가신 길, 그리고 마침내 하늘에 들어가신 길을 본다. 이제 그리스도로 말미암아 우리에게 주어지기로 약속된 썩지 않는 기업과 나 사이에 아무 것도 방해하고 있는 것이 없다. 죽음은 전적으로 극복되었다. 만일 주 예수님께서 조만간 오신다면, 우리는 죽음을 겪지 않을 것이다. 어쨌든, 우리는 변화될 것이고 영화롭게 될 것이다. 하지만 지금 나는 사망의 권세가 폐해졌기에, 우리가 사망에 종속되어 있는 것이 아니라 사망이 우리에게 종속되어 있다는 정도 밖에 말할 수 없다. 사도 바울은 "모든 것이 다 너희의 것"이라고 말했다. "생명이나 사망이나 지금 것이나 장래 것이나 다 너희의 것이요."(고전 3:22) 그리스도께서 오셨고 또 우리를 위해서 모든 것을 감당하고자 사망의 자리까지 내려가심으로써, 이제 사망의 권세를 이기고 승리하셨으며, 사망의 흔적조차 남지 않을 정도로 부활로 승리하셨다. 이것은 단지 피를 흘린 정도가 아니라, 아무 흔적도 남기지 않을 정도로 온전하게 만드신 것이다. 그러므로 어차피 우리는 한번은 죽을 것이지만, "죽는 것도 유익"할 뿐이다(빌 1:21). 죽는 것은 썩지 아니할 기업을 얻는 길이기 때문이다.

178

이제 우리는 베드로전서 1장의 세 번째 요소, 즉 우리가 걷는 길에서 지키심을 받게 될 것이란 진실에 이르렀다. 어려움, 시련, 그리고 시험이 있다. 이러한 것들을 회피하기 보다는 대면하는 것이 필요하다. 모든 사람이 인생 길을 평탄하게 지나갈 수만은 없다. 어떤 사람은 다른 사람 보다 험난한 길을 간다. 정말 많고도 다양한 어려움과 시련이 있다. 우리는 이 난관을 뚫고 가야 한다. 어쨌든 우리는 하나님의 능력으로 보호를 받을 것이지만, 이 사실을 잊지 말라. 이것도 "믿음으로 말미암아" 되는 일이란 사실을. 우리가 기억해야만 하는 것은, 이것이 시련이 임하는 이유라는 점이다. 우리는 하나님의 능력을 전적으로 의지할 수 있지만, 이것도 하나님 안에서 우리의 믿음을 행사해야만 하는 일이다. 주님은 베드로에게 "내가 너를 위하여 네 믿음이 떨어지지 않기를 기도하였노니"(눅 22:32)라고 말씀하셨다. 주님은 우리를 시련에서 건져주지 않으신다. 반대로 성경은 이렇게 말하고 있다. "너희가 이제 여러 가지 시험으로 말미암아 잠깐 근심하게 되지 않을 수 없으나."(벧전 1:7) 시련 때문에 근심하는 일이 있을 수밖에 없다. 시련 속에서 하나님의 선하심을 의심하는 일은 없을지라도, 극도의 슬픔 또는 우리 발이 미끄러질 뻔한 여러 가지 일들 때문에, 심한 압박과 괴로움은 얼마든지 겪을 수 있다. 하지만 결국 이러한 근심도 "잠깐" 겪는 일이며, 이것도 "필요한 일"이다. 염려하지 말라. 모든 주도권을 가지신 분은 하나님이시다. 하나님은 고통을 즐기시는 분이 아니시다. 그럴 필요가 있기 때문에, 시련이 허락된 것이다. 그렇지만 그것도 잠깐이다. 이 모든 것은 반드시 거쳐야 하는 과정이다. 원치 않는다고 해서 피할 수 있는 일이 아니다.

이 모든 것을 넉넉히 감당할 수 있는 큰 비밀은 하나님의 사랑을 전적으로 신뢰하는데 있으며, 하나님이 모든 것을 조율하심을 확신하는데 있다. 상황이나 환경을 바라보지 말고, 모든 일을 행하시는 주의 손을 보라. 이 자체가 우리 믿음을 연단하고자 임하는 시련의 목적이다. 우리는 오직 믿음으로만 이 길을 갈 수 있다. 마침내 그 날이 오고 또 하나님께서 행하신 일들이 드러나게 될 때, (하나님은 지금 자신의 역사를 행하고 계신다. 하지만 장차 자신이 행하신 일들을 드러내실 때가 있을 것이다) 이 모든 시련들은 예수 그리스도의 나타나실 때 칭찬과 영광과 존귀로 화하게 될 것이다. 하나님께서 행하시는 일은 우리에겐 통과해야 하는 하나의 과정이다. 이 일은 믿음의 보배로움을 드러내기 위해 우리를 풀무 불에 집어넣는 것도 포함한다. 이렇게 우리를 풀무 불에 집어넣으시는 것은 우리를 정결케 하기 위한 것이라기 보다는, 훈련이 필요하다고 보시는 부분을 연단하기 위한 것이다. 하나님은 이를 위해서 세상에 있는 것들을 사용하신다. 악, 죄, 다른 사람의 불순한 생각과 의도 등등. 세상에 있는 모든 것들을 사용하신다. 하나님은 우리 마음을 깨뜨리고 또 연단시키기 위한 도구로 이 모든 것을 사용하심으로써, 우리의 순종이 단순하게 되고 또 우리의 믿음이 장차 예수 그리스도의 나타나실 때 칭찬과 존귀와 영광으로 나타나게 하신다.

179

우리가 강조해야 할 것은 그리스도를 기다리는 믿음이다. 이 주제는 여기서 최상급으로 다루고 있지 않고, 다만 일반적인 원리로 다루고 있다. 나는 기다린다. 그저 2-3일 거리만 더 가면 여행을 마칠 것처럼 여기며 잠시 불편한 여인숙을 참으면 될 것 같이 생각하지는 않는다. 환경이 더 좋길 바라지만, 환경 때문에 고통을 느끼지 않는다. 왜냐하면 내가 사는 세상은 이 땅이 아니라 저 하늘이기 때문이다. 나는 이 세상에 살기 보다는, 오히려 이 세상을 향해 죽은 사람이다. 만일 조금이라도 옛 생명에 속한 것이 있다면, 그 마저도 죽음에 넘겨야 한다. 나의 생명은 그리스도와 함께 하나님 안에 감추어 있다. 나는 주 예수 그리스도의 나타나심을 기다린다. 하늘로서 오시는 분, 나를 하늘 본향으로 데리고 가셔서 썩지 않고 더럽지 않고 쇠하지 않는 기업을 얻게 해주실 하나님의 아들을 기다린다. 우리가 여기서 겪어야만 했던 모든 일은 그저 마음을 연단하기 위한 것일 뿐이다. 하나님은 우리가 장차 하나님과 영원히 함께 하는데 필요한 것을 미리 내다보시기 때문에 이 모든 일을 허락하신 것이다. 우리가 하늘로서 오시는 하나님의 아들을 기다리는 일보다 매일의 삶과 봉사에서 더 실제적으로 중요한 것은 없다. 만일 당신이 세상이 무엇인지 알고 싶다면, 만일 당신이 영혼의 위로를 얻고 싶다면, 당신은 하늘로서 오시는 하나님의 아들을 기다릴 필요가 있다. 하지만 만일 내가 세상에 속해 있다면, 나는 결코 위로를 얻지 못할 것이다. 사도 바울은 "만일 그리스도 안에서 우리의 바라는 것이 다만 이 세상의 삶뿐이면 모든 사람 가운데 우리가 더욱 불쌍한 자이리라"(고전 15:19)고 말했다. 만일 세상에서 안락한 삶을 바란다면, 우리는 주님의 징계하시는 손을 경험하게 될 것이다. 하지만 하늘로서 오시는 하나님의 아들을 기다리는 순간, 나의 삶은 하나님의 섭리를 따라 운행될 것이며, 그 최종적인 결말은 예수 그리스도의 나타나실 때 칭찬과 존귀와 영광을 얻는 것으로 나타나게 될 것이다.

180

이제 이 모든 내용을 살펴본 그대에게 질문을 하고자 한다. 과연 그리스도의 재림이 당신 영혼에 무슨 영향을 주고 있는가? 여기서 나는 각종 시련 때문에 어려움을 겪고 있지만, 곧 그리스도께서 오실 것이고, 나를 그리스도께서 계신 곳으로 데리고 가실 것으로 믿고 있는가? 아니면 그 사실 자체가 당신을 무척 놀라게 하는가? 당신은 과연 세상에 두고 갈 것들이 많아 고민하고 있는가? 당신의 마음 속을 들여다보라. 과연 주 예수 그리스도의 오심에 대한 당신의 진심은 무엇인가? 당신이 젊은 사람이든 아니면 나이 많은 사람이든, 주 예수님의 오심이 버려야 할 것들을 많이 생각나게 해주는가? 이러한 것들 때문에 마음의 번뇌가 일어난다면, 마음의 번뇌를 끝낼 방법은 있는가? 내가 기다리고 있는 그리스도는 나를 자신이 계신 곳으로 데리고 가실 분이시다. 그리스도인들 사이에 차이점은 있다. 만일 나의 전체 생애가 이 사실에 기초하고 있다면, 하나님의 뜻이 내 삶의 중심이며 원천이라면, 시련과 어려움이 필요하다는 것을 인정하게 될 것이다. 그럼에도 주의 오심은 나의 영혼에 단순하게 이 사실만을 부각시킨다. 즉 주님은 나를 자신에게로 이끄실 것이란 점이다.

주께서 우리에게 진실한 마음을 일으켜주시고, 우리가 진실한 그리스도인일진대, 그리스도께서 우리의 생명이신 것과 그리스도는 이 세상에서 그 무엇도 자신의 소유로 삼으신 일이 없다는 사실을 기억나게 해주시길 바란다. 기쁨과 평안과 고요의 영이 함께 할 때, 우리는 참 행복을 누리게 될 것이다. 우리는 모든 일을 믿음으로 행해야 한다. 아브라함은 산자락에서 하나님과 교제할 수 있는 장소를 발견했지만, 롯은 "내가 도망하여 산에까지 갈 수 없나이다 두렵건대 재앙을 만나 죽을까 하나이다"(창 19:19)고 말했다. 불신앙은 항상 믿음의 장소를 두려운 재앙을 만나는 장소로 생각하는 경향이 있다. 불신앙은 어둠 속을 더듬는다. 주께서 우리에게 "하나님의 아들의 믿음으로 사는 것(by the faith of the Son of God)"(갈 2:20)

이 무엇인지 알게 해주시길 빈다.

Chapter 10
씻었고, 거룩하게 되다
Washed, Sanctified

213

"너희 중에 이와 같은 자들이 있더니 주 예수 그리스도의 이름과 우리 하나님의 성령 안에서 씻음과 거룩함(성화)과 의롭다 하심을 받았느니라."(고전 6:11)

씻는 일은 자연스럽게 사람과 (깨끗하게 할 필요가 있는) 물건에 적용된다. 우리 상태는 죄에 대하여 죽은 것 외엔 달리 방법이 없음을 보여주며, 죄에 대하여 죽는 길이 죄로부터 우리 자신을 씻을 수 있는 방법이다. 하지만 여기서 씻는 기능을 하는 것은 물이다. 요한복음 15장은 "너희는 내가 일러 준 말로 이미 깨끗하여졌으니"(3절)라고 말한다.

"중생"이란 말은 하나의 상태에서 다른 상태로 전환되는 것을 의미한다. 즉 폐허 상태에서 전혀 새로운 상태로 들어가는 것이다. 이 중생이란 단어는 마태복음 19장 28절과 디도서 3장 5절에서 딱 두 번 사용되었다. "거듭나는 것"과 "물과 성령으로 나는 것"은 하나님의 생명을 받는 것을 가리킨다. 거듭난 사람은 또한 하나님에게서 난 사람이다. 이로써 생명을 가진 사람이 되는 것이다. 반면 중생은 죽음을 전제로 한다. 중생은 그리스도 안에 있는 생명에 의해서 이루어지는 일이긴 해도, 중생했다는 그 사실성(*de facto*)을 강조한다. 하지만 좀 더 자세히 살피면, 중생은 새로운 상태로 입장(入場)하는 것을 의미한다. 그래서 중생은 부활의 결과이다. 사망에서 나와서 생명으로 들어가는 것이며, 죄와 악한 본성을 떠나는 것이다. 그렇다면 침례는 중생한 사람이라는 표지다. 그래서 우리는 그리스도의 죽음 속으로 침례를 받으며, 이로써 우리는 생명의 새로움 속에서 행하게 된다. 우리는 그리스도에게서 또는 그리스도로 말미암아 그저 생명을 받은 것이 아니라, 그리스도와 함께 다시 살리심을 받았다. 이것은 당연히 죽음을 전제로 하고 있으며, 죽음을 통해서 옛 사람이 심판을 받았고 또 제거되었음을 의미한다.

"거룩하게 되었다 또는 성화되었다"는 말은 이상의 내용을 포함하고 있지만, 그 이상의 의미도 담고 있다. 우리는 그저 어느 상태로부터 깨끗하게 되었다기 보다는 어느 상태 속으로 거룩하게 성화된 것이다. 어느 상태에서 깨끗하게 되었다는 말은 우리가 씻음을 받았다는 의미이다. 우리가 씻음 받은 데에는 목적이 있다. 우리는 은혜에 의해서 접붙임을 받았고, 그렇게 성화된 것이다. 피조물은 실제적으로 그리고 도덕적으로 그 지향하는 목표가 있다. "물로 씻어 말씀으로 깨끗하게 하사 거룩하게"(엡 5:26) 하신다는 것은 정확하지 않은 표현이다. 정확히 말하자면, 그리스도께서 정결하게 하고 또 깨끗하게 하신 교회를 성화시키신다. 깨끗하게 하는 것과 거룩하게 하는 것 또는 성화시키는 것, 이 둘은 함께 간다. 깨끗하게 하는 것은 악에서 정결하게 하는 것으로써, 하나님께로 성화시키는 것 또는 봉헌하는 것과 연결되어 있다. 성화를 통해서 거룩한 정서가 형성된다. 이렇게 우리 영혼 속에 형성된 거룩한 정서가 악한 것들을 버리게 하고, 그러한 것들에서 떠나게 하는 성화의 능력으로 작용한다. 이처럼 깨끗하게 되고 또 성화되는, 이 두 가지는 분리될 순 없지만, 별개의 사안이다.

말씀이 이 두 가지를 이루는 도구이다. 중생의 씻음은, 베드로가 보여준 대로, 노아의 홍수를 통해서 예표되었다. 옛 세상은 씻음을 받았고, 새로운 세상이 시작되었다. 이 일은 세례(침례)를 받는 사람에게 그대로 이루어진다.

Chapter 11
생명과 성령에 대한 그리스도인의 지위
The Christian Position as to Life and the Spirit

갈라디아서 2:19-3:14을 읽으시오.

227

그리스도인이 되게 해주는 요소에는 두 가지가 있다. 그 첫 번째 요소는 (나는 죽고 주 예수께서 내 안에 사시는) 그리스도의 임재를 통해서 이루어진 *전적으로 새로운 생명의* 소유다(갈 2:20). 두 번째 요소는 율법과는 대조를 이루고 있는, 약속의 성취로서 *성령의 소유*이다. 약속이 이루어지길 소망하는 것과 이미 약속이 성취되었다고 믿는 것은 전혀 다른 것이다. 그 차이는 실로 엄청나다. 약속의 성취를 누리고자 한다면, 먼저는 의(義)가 성취되었다는 믿음이 와야 한다. 지금 하나님의 임재 속에 들어가신 그리스도의 완전한 의(義)를 덧입는 것이 필요하다. 그리스도 안에(in Christ) 있는 사람이 아니면, 약속의 성취를 누릴 수 없다.

어찌 보면, 갈라디아 사람들은 구원을 위하여 어느 정도는 율법 행위를 도입하는데 성공했다. 그리스도의 이름을 저버린 것은 아니었지만, 그리스도의 사역은 무시되었다. 지금 은혜 가운데 계신 하나님은 우리를 하나님 앞에 아무 문제없이 세우셨다. 모든 문제는 하나님께서 그리스도 안에서 모두 해결하셨다. 하지만 그리스도께서 이루신 모든 일의 효력을 깨닫고 또 우리 자신이 그 은혜 아래 있음을 확신하기 전까지, 우리는 우리 자신의 구원여부에 대하여 분명하지 않을 수도 있고 또 무언가 속 시원하게 해결되지 않은 문제들이 남아있는 것 같이 느끼면서 구원의 풍성함과 자유를 누리지 못할 수도 있다.

그리스도의 사역이 가진 효력을 우리 자신에게 적용시키는 것이 모든 일의 기초다. 그렇게 함으로써 우리는 하나님의 충만한 계시를 깨닫고 기쁨 속으로 들어가게 된다. 아브라함은 보배로운 약속을 가지고 있었다(창 15, 17장). 아브라함처럼 약속을 의지하는 것은, 물론 이렇게 하는 것도 분명 가치 있는 일이긴 하지만, 이는 서신서에서 볼 수 있듯이 우리에게 주어진 하나님의 총체적인 계시를 우리 자신이 직접 소유하는 일과는 거리가 멀다. 서신서에서 밝히고 있는 하나님의 계시를 통해서 온전하고도 선명하게 드러난 그리스도의 사역을 알고 믿을 때, 이 일은 나를 예수님이 하나님의 임재 속에 계신 그 자리에 넣어준다. 이 자리는 하나님과 함께 하는 행복한 자리이며, 하나님과 나 사이에 한 점 구름이 없는 자리이다. 이처럼 그리스도께서 하신 일은 율법이 할 수 없었던 일이었고, 또 율법을 통해서 이룰 수 있는 일도 아니었다. 왜냐하면 율법은 장차 오는 일의 그림자에 불과했기 때문이다. 하나님은 율법을 통해서 자신을 나타내실 수 없으셨다. 어째서 그런가? 그 이유는 율법을 통해서 의(義)가 이루어지지 않았기 때문이다. 율법은 심판을 불러 올 뿐이다. 왜냐하면 율법이 심판을 요구하기 때문이다. 성령님은 우리에게 "지성소에 들어가는 길이 아직 나타나지 아니했다"고 말씀하신다. 하나님은 깊은 어둠 속에 자신을 숨기고 계셨다.

신자가 하나님의 임재 속으로 들어가는데 아무 문제가 없게 되자, 사람들은 구원받기 위하여 다른 것들을 추가시키고자 했다. 그래서 사도 바울은 "만일 내가 헐었던 것을 다시 세우면 내가 나를 범법한 자로 만드는 것이며, 그리스도를 죄의 일꾼으로 만드는 것이라"(갈 2:18)고 말했다. 그리고 나서 바울은 "내가 율법으로 말미암아 율법에 대하여 죽었나니 이는 하나님에 대하여 살려 함이라 내가 그리스도와 함께 십자가에 못 박혔나니 그런즉 이제는 내가 사는 것이 아니요 오직 내 안에 그리스도께서 사시는 것이라 이제 내가 육체 가운데 사는 것은 나를 사랑하사 나를 위하여 자기 자신을 버리신 하나님의 아들을 믿는 믿음 안에서 사는 것이라"는 말을 덧붙였다(갈 2:18-20).

228

그렇다면 율법의 효력은 무엇이며, 율법이 하는 일은 무엇인가? 율법은 범법 때문에 더해진 것이다. "그런즉 율법은 무엇이냐 범법함으로 더하여진 것이라."(갈 3:19) 율법은 내가 지킬 수 있는 것이 아니다. 사도 바울은 그런 생각을 한 적이 없었다. 왜냐하면 율법은 자신이 죄인이라는 것을 깨달아 알도록 주어진 것이기 때문이다. 믿음으로 얻는 의는 율법을 지켜 행함으로써 얻는 것이 아니다. 믿음에서 나는 의와 율법을 지켜 행함으로써 얻는 의는 전혀 다른 것이다. 나는 율법이 가진 힘을 알고 있다. 율법은 나를 정죄만 할 뿐이다. 하지만 나는 율법에 대하여 죽었다. 은혜를 통해서 그 사실을 알게 된 것은 얼마나 행복한 일인가! 만일 내가 율법 아래 살고 있다면 은혜는 나에게 아무 효력도 미치지 못한다! 은혜를 아는 지식은 나를 새로운 차원의 신앙으로 승격시켜준다. 즉 내가 하나님께 범죄한 죄인임을 더욱 느낄수록, 하나님은 나에게 더욱 좋으신 분으로 다가온다. 이러한 것은 하나님의 은혜에 대한 계시를 통해서 된다. 하지만 만일 율법이 개입하게 되면, 나는 책임의 자리에 설 수밖에 없으며, 모든 면에서 비난을 면치 못하게 된다. 모세가 산에서 내려왔을 때, 그는 정죄와 사망의 사역을 가져왔다. (출애굽기 34장과 고린도후서 3장을 비교해보라.) 하나님은 자신을 "주 하나님 곧 자비롭고 은혜롭고 노하기를 더디하고 인자와 진실이 많은 하나님이라 인자를 천대까지 베풀며 악과 과실과 죄를 용서하리라 그러나 벌을 면제하지는 아니하고 아버지의 악행을 자손 삼사 대까지 보응하리라"(출 34:6,7)고 선언하셨다. 이것은 어떤 사람이 말하는 것처럼, 결코 순전한 은혜에 속한 직분이 아니었다. 왜냐하면 하나님은 "누구든지 내게 범죄하면 내가 내 책에서 그를 지워 버리리라"(출 32:33)고 말씀하셨기 때문이다. 따라서 은혜 아래서 그러한 하나님께 범죄한 사람은 정죄와 사망의 사역 아래서 범죄한 죄인보다 더 큰 죄가 있다. 이는 그저 이성에 의한 결론이 아니다. 성경은 모세가 이스라엘 자손들에게 장차 없어질 것의 결국을 보지 못하게 하려고 수건으로 자기 얼굴을 가렸다고 말한다. 만일 하나님께서 나에게 죄에 대한 책임을 물으신다면, 이 선한 일이 다 나의 상황을 악화시키는 것으로 작용할 뿐이다.

내가 진짜 원하는 것은 무엇일까? 의(義)의 나타남이다. 하나님의 선하심이 나타날 때마다, 사람은 더욱 책망을 받을 뿐이었고, 하나님의 약속이 사람의 이러한 성향을 없이하지 못했다. 사람들은 유죄상태에 있었고, 모세가 가지고 온 사역은 정죄와 사망의 직분에 속한 것이었다. 하지만 예수 그리스도를 믿는 자에게 주시는 하나님의 의가 모든 사람에게 나타났고, 이 하나님의 의는 믿는 모든 사람에게 주어진다. 왜냐하면 차별이 없기 때문이다. 모든 사람이 죄를 범하였고 하나님의 영광에 이르지 못했다(롬 3:22,23). 그리스도의 구속(救贖) 사역을 미리 내다보셨던 하나님은 구약성도들의 모든 죄를 간과하셨다. 이제 십자가는 이 시대에 하나님의 공의가 이루어졌음을 선포하는 하나님의 도구이다. 우리는 그리스도 예수 안에 있는 대속(代贖)으로 말미암아 하나님의 은혜로 값없이 의롭다 하심을 얻은 자 되었다. 하나님은 이 예수님을 그의 피로써 믿음으로 말미암는 화목제물로 세우셨고, 이로써 하나님의 의를 선언하셨다(롬 3:24,25).

229
우리 영혼에 중요한 것은 하나님의 의(義)가 온전히 나타났다는 것이다. 믿음은 율법의 권위를 부인하거나 허물지 않는다. "그런즉 우리가 믿음으로 말미암아 율법을 파기하느냐 그럴 수 없느니라 도리어 율법을 굳게 세우느니라."(롬 3:31) 믿음은 율법이 완전한 의(공의)를 요구하고 있음을 인정한다. 만일 율법의 행위로 나의 구원을 이루고자 한다면, 나는 정죄 받고 잃어버린 자가 될 것이다. 이제 믿음은 "나는 율법으로 말미암아, 율법에 대하여 죽었다"고 말한다. 이것은 그리스도께서 개별적으로 우리를 위하여 이루신 일이다. 그리스도는 십자가의 심판을 받으셨고, 그리스도의 죽음과 합하여 죽은 나는 그리스도와 함께 십자가에 못 박혔다. 율법의 책임을 져야만 했고 또 범죄했던 나의 생명은 더 이상 존재하지 않게 되었다. 우리가 개인적으로 여기에 이를 때, 전적으로 다른 결과를 만들어낸다. 하나님이 나를 죄인으로 보셨을 때의 생명, 죄가 나를 사로잡고 결과적으로 정죄와 사망에 빠지게 했던 생명은 죽고 없어졌다. "내가 그리스도와 함께 십자가에 못 박혔나니 그럼에도 내가 사는 것은 내가 아니요 오직 내 안에 그리스도께서 사시는 것이라 이제 내가 육체 가운데 사는 생명은 나를 사랑하사 나를 위하여 자기 자신을 버리신 하나님의 아들을 믿는 믿음 안에서 사는 생명이라."(갈 2:20, KJV 참조) 이것이 전부가 아니다. 만일 내가 율법을 지킴으로써 하나님의 호의를 얻을 수 있다 해도, 율법은 이제 더 이상 나에게 문제가 되지 않는다. 왜냐하면 나는 더 이상 과거의 자아 생명으로 살지 않고, 다만 나를 사랑하신 그리스도의 생명으로 살기 때문이다. 자아 생명에 대한 나의 책임은 사라졌다. 그리스도께서 나를 사랑하셨고, 있는 모습 그대로 나를 사랑하셨다. 이러한 것이 내가 아는 유일한 관계이다. 나는 그리스도의 사랑을 확신한다. 나를 자유롭게 해준 것은 나를 위한 그리스도의 행위이지, 그리스도를 위한 나의 행위가 아니다.

내가 율법을 지키는데 실패했다는 것은 사실이다. 하지만 나는 죽었다. 구원받은 사람으로서 새로운 나의 책임은, 그리스도께서 나를 사랑하셨고 나를 구원하셨다는 사실과 그리스도와 나 사이에 매인 사랑의 관계로부터 흘러나온다. 만일 나의 영혼이 구원받은 자로서 하나님 앞에 있는 나의 책임을 이해하고 있지 않다면, 나는 복음을 제대로 이해하고 있지 않은 것이다. 그럼에도 나는 복음을 부정할 순 없다. 하나님은 이미 나에게 복음을 계시해주셨기 때문이다. 이제 더 이상 내가 무엇을 해야 하는가의 문제가 아니라, 그리스도께서 무슨 일을 하셨으며, 그것도 나를 위해서 무슨 일을 해주셨는가의 문제이다. 내가 발견한 것은, 그리스도께서 나를 있는 모습 그대로 사랑하셨다는 것이다. 나는 예수님 안에서 나를 사랑하신 하나님을 발견한다. 하나님 앞에서 완전한 확신을 가지는 것은, 나는 첫 번째 생명, 즉 첫째 아담과의 생명과는 더 이상 관계할 것이 아무 것도 없고, 이제는 또 다른 생명, 즉 둘째 아담이신 그리스도와 나를 향한 그리스도의 사랑을 확신하면서 살 수 있게 되었다는 것이다.

230

고아를 양자로 삼을 때, 그 아이가 느끼는 기쁨과 양자를 삼은 아버지가 느끼는 기쁨 사이엔 엄청난 차이가 있다. 그 아이는 새로운 아버지가 자기를 잘 대해주는 것을 느낄 순 있지만, 자신을 여전히 고아라고 생각하는 한, 그는 아직 자녀의 마음을 가진 것도, 자녀의 신분을 누리고 있는 것도 아니다. 하지만 입양을 통해서 자기 아버지가 가족의 머리로서 자신을 돌보실 것을 이해하고, 자신의 신분과 지위가 변한 것을 깨닫게 되면, 그는 비로소 부모와 자녀 사이에 흐르는 친밀한 관계를 누릴 수 있다.

모든 것이 실재하는 관계에 달려 있다. 자신이 하나님의 자녀가 되었다는 의식이 없다면, 하나님의 사랑을 누릴 수 없다. 모든 것이 이러한 관계를 알고 누리는데 달려 있다. 이 관계를 알고 누릴 때 우리 마음은 행복감에 빠져들게 될 것이다. 이렇게 관계를 알고 누릴 수 있는 것이 바로 그리스도인의 자리(the place of the Christian)이다. 그리스도의 사역이 가진 효력은 예수님께서 누리고 있는 아버지와의 관계 속으로 우리도 넣어주셨다는데 있다.

사도 바울은 갈라디아서 3장 2절에서 지위(position)를 소개한다. "너희가 성령을 받은 것이 율법의 행위로냐 혹은 믿음의 들음에 의해서냐?" 이 질문에 대해서 바울은 "무릇 율법 행위에 속한 자들은 저주 아래에 있나니 기록된 바 누구든지 율법 책에 기록된 대로 모든 일을 항상 행하지 아니하는 자는 저주 아래에 있는 자라 하였음이라"(10절), "그리스도께서 우리를 위하여 저주를 받은 바 되사 율법의 저주에서 우리를 속량하셨으니 … 이는 그리스도 예수 안에서 아브라함의 복이 이방인에게 미치게 하고 또 우리로 하여금 믿음으로 말미암아 성령을 약속으로 받게 하려 함이라"(13-14절, KJV 참조)고 답변한다.

이제 우리는 율법과 약속의 차이점을 볼 수 있다. 그리스도를 약속을 이루신 분으로서 보게 되면, 그리스도는 약속 보다 높으신 분이시다. 반면 율법 행위에 속한 사람들은 저주 아래 있다. 믿음에 속한 사람들은 믿음이 있는 아브라함과 함께 복을 받는다(갈 3:9). 죄 문제가 해결된 것을 보지 못한 사람은 하나님의 임재를 기뻐하는 일이 불가능하다. 그러한 믿음도 없이 과연 우리가 하나님 앞에 설 수 있는가? 그럴 수 없다. 하나님 앞에 설 수 있으려면, 반드시 의(義)를 가지고 있어야 한다. 만일 내게 일말의 양심이 있다면, 어떻게 빛 가운데서 행복할 수 있을까? 빛 가운데 들어가려면, 아무 흠도 점도 없어야 한다. 하지만 그리스도께서 내게 필요한 의를 이루셨다. 여기서 우리는 그리스도 안에서 영광이 나타난 것을 볼 수 있다. 왜냐하면 그리스도께서 사람에게 요구되는 모든 것을 온전히 이루셨고, 그 결과 그리스도께서 지금 영광을 받으셨기 때문이다. 우리는 우리에게 요구되었던 의가 이루어진 것으로 기뻐하고 마는 것이 아니라, 하나님이 영광을 받으셨다는 사실에 더 기뻐한다. 이 사실이 더 중요하다. 하나님께서 자신을 공의로운 하나님으로만 나타내셨다면, 모든 사람은 그저 죄인으로써 정죄 받고 심판받았을 것이다. 그리스도의 사역이 없었다면, 하나님의 엄위하심만이 광채를 발했을 것이다. 하지만 그리스도께서 자신을 희생하심으로써 하나님이 우리를 위하신다는 사실을 십자가에서 나타내셨다. 하나님은 그렇게 영광을 받으셨고, 그리스도는 "이로 말미암아 아버지께서 나를 사랑하시느니라"(요 10:17)고 말씀할 수 있으셨다. 하나님이자 사람이신 그리스도는 하나님의 의를 충족시키셨을 뿐만 아니라, 그 외에도, 자신의 완전한 사역의 결과 덕분에 우리로 하여금 양심의 아무 문제나 송사가 없는 상태에서 하나님의 임재 속으로 들어가 기뻐하며 즐거워할 수 있게 해주었다. 우리는 생명 뿐만 아니라 우리가 의롭게 되었다는 보증으로서(as the seal of our justification) 성령을 받았다. 이로써 우리는 이렇게 의롭게 된 모든 효력을 이해하고, 그 효력을 아버지의 임재 속에서 구름 한 점도 없는 상태에서 누릴 수 있게 되었다.

231

또 다른 것이 이 사실로부터 나온다. 즉 교회가 설립되는 근거에 대한 것이다. 교회는 사람이 그리스도 안에 있는 존재가 될 때 시작된다. 이렇게 교회의 나타남을 통해서 그리스도께서는 하나님 안에서 우리를 위한 모든 것을 다 드러내신다. 살아 계신 하나님의 교회는 진리의 기둥과 터다(딤전 3:15). 여기에 진리가 있다. 왜냐하면 하나님께서 육체로 나타나셨고, 성령으로 의롭다 하심을 입으셨고, 천사들에게 보이셨고, 이방인들에게 전파되셨고, 세상에서 믿은 바 되셨고, 영광 가운데서 승천하셨기 때문이다. 이러한 것이 약속된 전부는 아니다. 교회가 존재하려면, 하나님께서 육체로 나타나실 필요가 있었다. 그리스도께서 구속의 역사를 이루셨기에, 하나님은 사람을 자신의 임재 속으로 들어오게 하셨고, 영광의 자리에 세우셨다. 사람이 죄인인 것을 시험하셨기에, 하나님은 죄를 없이 하는 것으로 만족하지 않으셨고, 사람으로 자신의 아들을 보게 하시고 또 자신의 의가 그리스도 안에서 이루어진 것을 이해하게 해주심으로써, 이제 완전한 평안 가운데 하나님의 은혜에 속한 모든 것을 누릴 수 있게 하셨다. 그러한 복을 받은 것이 교회다. 죄에 대한 각성이 일어난 영혼은 하나님의 주권적인 은혜의 모든 충만을 누릴 수 있다. 왜냐하면 더 이상 자신이 지은 죄들이 문제가 되지 않기 때문이다. 성령을 선물로 받음으로써, 다음과 같은 효과를 누릴 수 있다. 즉 죄들이 더 이상 양심에 송사를 일으키지 않고, 오로지 하나님의 온전한 의(義)만을 의식하게 된다. 당신은 더 이상 죄들이 문제가 되지 않는다고 말할 수 있는가? 하나님과의 관계에 기초해서, 당신은 진정 이 질문에 전적인 평안함과 영혼의 쉼을 느끼는가? 당신은 과연 당신의 책임과 하나님과의 관계가 그리스도 안에서 완성된 의(義)에 기초하고 있음을 생각해본 일이 있는가? 만일 그렇다면, 당신은 진정 복 받은 사람이다. 전에 당신은 죄인에 불과했지만, 이제 당신은 "하나님이 나를 사랑하십니다"라고 말할 수 있다. 나는 당신의 생각에는 관심이 없다. 중요한 것은 이제 당신이 그리스도 예수 안에 있는 믿음을 통해서 하나님의 자녀가 되었으며, 죄인으로서 당신의 책임이 끝났음을 발견한 사람인가라는 점이다. 당신의 마음은 진정 하나님 앞에서 당신이 그리스도와 함께 십자가에 못 박혔으며, 죄(sin)에서 해방되었음을 받아들였는가? 만일 그리스도를 나의 심판장으로 생각하고 두려움에 떨고 있다면, 결코 그리스도를 향해 신부의 감정을 가질 수 없을 것이다. 생명 보다 나은 인자함으로 나를 대하시는 나의 신랑 되신 그리스도의 임재 가운데 서있는 사람이라는 의식이 필요하다.

232

당신이 삶에서 죄를 짓는 일을 할 때, 과연 하나님이 당신의 허물과 죄의 원인이 되실 수 있는가? 하나님의 사랑이 그런 일을 하게 내버려둘 수 있다고 믿는가? 사도가 생각하는 그리스도인의 신분이 있다. 그리스도인이 자신의 신분에서 벗어날 때, 유대인의 자리로 떨어지게 된다. 만일 하나님 안에서 완전한 확신을 가지고 있지 않다면, 나의 영혼을 회복시키고 나의 영혼에 힘을 주실 수 있는 하나님을 떠나, 하나님 밖에서 그것을 구하게 될 것이다. 만일 하나님이 당신의 영적 자원이라면, 당신은 율법에 매달리지 않을 것이다. 하나님의 자녀인지 아닌지를 시험하는 시금석은 자신의 자원을 하나님 안에 두고 있는가 아니면 자신에게 두고 있는가에 달려있다. 어쩌면 유대인처럼 그는 제사를 드리고자 애쓸지 모른다. 만일 그리스도인이라면, 우리는 은혜 아래 있다. 그렇다면 이제 우리는 그리스도께서 우리를 넣어준 지위(위치)를 분명히 해야 한다. 그 지위 안에서만 우리는 하나님의 임재 안으로 들어가는 복을 받는다. 게다가 그 지위 속에서만 우리에게 약속된 보배로운 것들을 소유할 수 있다. 다시 말하지만, 우리의 기쁨은 약속을 붙드는데 있지 않고, 그리스도를 붙드는데 있다. 완성된 그리스도의 사역의 공로 덕분에, 우리는 그리스도 안에서 모든 약속을 예와 아멘으로 소유하게 된다. 그럴 때 우리는 세상에서 순례자와 나그네의 삶을 넉넉히 살 수 있다.

하나님께서 우리에게 하나님 사랑을 더욱 깊이 체험할 수 있도록 도우시길 바란다. 하나님의 사랑이 우리를 구원했을 뿐만 아니라 하나님이 우리를 위하시는 모든 것을 누릴 수 있도록 우리를 하나님의 임재 속으로 이끌어 주기 때문이다. 그럴 때 그리스도께서 우리의 모든 생각과 묵상의 대상이 될 것이다. 이 일을 단순한 믿음으로 행할 때, 우리는 더 이상 우리 자신으로 사는 것이 아니라, 그리스도께서 우리 안에 사시는 삶을 살게 될 것이며, 그때 하나님의 요구를 이루는 일에 아무 부족함이 없을 것이다. 왜냐하면 우리의 지위는 하나님의 사랑에 터 잡고 있기 때문이다.

Chapter 12
하늘에 있는 그리스도와 땅에 있는 성도와의 연합
Christ's Association of Himself with His people on Earth

시편 16편을 읽으시오.

60

이제 살펴보고자 하는 우리 주 예수 그리스도의 성품에는 다양한 측면이 있다. 왜냐하면 그리스도 속에는 온갖 아름다움과 완전함이 완전체를 이루고 있기 때문이다. 그럼에도 그리스도는 이보다 더 탁월하시다. 그리스도는 이외에도 우리가 생각해볼 수 있는 모든 것들의 기준이자 척도이시다. 만일 내가 하나님을 알고 싶다면, 그리스도 안에서 하나님을 배울 필요가 있다. 만일 내가 사람의 완전함이 무엇인지 알고 싶다면, 그리스도를 통해서 그것을 배울 필요가 있다. 다시 말해서, 모든 참 진리는 그리스도 안에서 또는 그리스도를 통해서 배울 수 있다는 것이다. 사람이건 죄이건 죽음이건 생명이건 사랑이건 미움이건 모든 것들이 그리스도 안에서 또는 그리스도를 통해서 그 실체를 드러내었다. 따라서 우리 영혼이 그리스도로 점유되는 것이 무엇보다 중요하다. 그리스도를 묵상함으로써 우리 영혼이 그리스도 속으로 침잠하게 될 때, 그리스도는 우리를 변화시키는 유일한 능력으로 역사하실 것이다. 그리스도는 영적 탁월성의 기준이시며, 모든 것의 실체를 밝히 볼 수 있게 해주는 빛이시다.

이제 시편 16편을 묵상해보자. 시편 16편은 해방의 기쁨이나 해방의 성취를 노래하고 있지는 않다. 그보다는 그리스도를 겸비하신 해방자요, 또한 지상에서 해방의 역사를 이루시는, 그래서 우리 영혼을 매료시키는 대상으로서 묘사되고 있다. 왜냐하면 그리스도께서 이중적인 방식으로 묘사되고 있기 때문이다. 골로새서 3장 1절이 "위의 것을 찾으라 거기는 그리스도께서 하나님 우편에 앉아 계시느니라"(골 3:1)고 말하는 대로, 그리스도는 우리 영혼이 땅에서 머리를 들고 위를 올려다보아야 하는 영광 중에 계신 분이시며 또한 우리 영혼이 사모할 대상이시다. 그뿐만 아니라 그리스도는 하나님 앞에서 모든 도덕적 탁월성으로 성육신(embodiment)하신, 겸비의 화신이실 뿐만 아니라, 우리가 이 세상을 살아가는 동안 본받아야 하는 대상이시다.

만일 우리가 영광 중에 계신 그리스도를 묵상한다면, 장차 우리가 들어가기로 예정된 우리의 소망이 무엇인지를 알게 될 것이다. 왜냐하면 우리 또한 하나님 아들의 형상을 본받기로 예정되었기 때문이다. "우리가 그와 같을 줄을 아는 것은 그의 참 모습 그대로 볼 것이기 때문이니."(요일 3:2) 이 사실을 깊이 생각해보면, 우리 속에서 점차 소망과 기쁨과 즐거움의 에너지가 솟아 오르는 것을 느낄 수 있다. 만일 우리가 그리스도의 피를 통해서 죄 사함을 받고, 사망 상태에서 해방이 된다면, 우리는 하나님 기쁨의 대상이신 그리스도 안으로 심겨지게 된다. 그렇다면 아버지 앞에서 그리스도의 위치(position)와 하나님과 그리스도의 관계가, 무한한 은혜로 말미암아 우리의 위치와 우리의 관계가 된다. 왜냐하면 그리스도는 "내가 내 아버지 곧 너희 아버지, 내 하나님 곧 너희 하나님께로 올라간다"(요 20:17)고 말씀하셨기 때문이다. 우리는 그리스도의 아버지의 눈앞에서 그리스도와 같으며, 우리의 찬송과 그리스도의 찬송은 다르지 않다.

"우리는 믿음을 따라 의의 소망을 기다리고 있다."(갈 5:5) 믿음을 따라 의(義)을 기다리는 것이 아니다. 왜냐하면 우리는 이미 그리스도 안에서 의(義)를 소유하고 있기 때문이다. 다만 우리는 그 의에 속한 소망을 기다리고 있다. 우리는 그 소망이 무엇인지 알고 있다. 그 소망은 지금 영광 가운데 감추어 있다. 우리는 "그리스도와 동일한 형상으로 변화하여 영광에서 영광에 이르게" 될 것이다 (고후 3:18). 그리스도께서 우리의 의(義)이며, 우리는 그것을 이미 소유하고 있다. 오히려 우리 자신이 의(義)다. "우리로 하여금 그리스도 안에서 하나님의 의(義)가 되게 하려 하심이라."(고후 5:21) 그럼에도 우리는 성령으로 말미암아, 의의 소망을 기다린다. 성령님은 그리스도께서 영화롭게 되신 사실을 증거하도록 보내심을 받으셨다. 이제 그리스도는 장래 우리가 들어가게 될 영광의 기준이시다.

61

영광에 들어가는 일에 그리스도를 그저 중보자로만 생각하는 것은 좋지 않다. 각자 합당한 자기 자리가 있는 법이다. 만일 내가 내 영혼이 사모하는 대상으로서 그리스도를 묵상하고, 찬미와 기쁨과 즐거움으로 그리스도를 흠모한다면, 의심의 여지없이, 자신의 죽음을 통하여 구속(救贖)의 역사를 이루시고, 우리를 위하여 하늘 높은 곳에 자리를 잡으시고, 또한 하나님 앞에서 우리의 위치와 하나님과 우리의 사귐을 성실히 보존하는 일을 하시는 중보자이신, 그리스도에 대한 지식을 갖추게 될 것이다. 게다가 만일 그리스도의 대제사장직을 바라본다면, 그래서 그것이 얼마나 보배롭고 필요한 일인지를 생각한다면, 그리스도께서 나의 영혼이 사모하는 대상이실 뿐만 아니라 중보자이신 사실 때문에, 나의 마음은 든든해질 것이다. 대제사장으로서 그리스도는 은혜로 섬기는 종이시다. 게다가 섬기시고자 겉옷을 벗고 수건을 가져다가 허리에 두르신 그리스도를 보는 것은 우리 마음에 잔잔한 감동의 파문을 일으킬 뿐만 아니라, 우리 마음에 힘과 에너지와 밝은 빛을 비추어준다. 그리고 마음의 모든 작용이 여기에 집중된다. 왜냐하면 그리스도께서는 우리가 실제적으로 어떤 사람인가에 따라서 우리를 다루시기 때문이다. 그리스도의 대제사장직은 우리 영혼의 다양한 작용에 따라 생겨나는 연약함과 약점과 관계가 있다. 따라서 성경은 "아버지 앞에서 우리에게 대언자가 있으니 곧 의로우신 예수 그리스도시라"(요일 2:1)고 말한다. 의(義)가 하나님의 존전에 항상 있기에, 혹 잃어버린 사권을 회복시키는 근거도 거기에 있다. 만일 누가 죄를 범하여도 우리는 하나님의 존전에서 쫓겨나지 않고 오히려 영혼이 회복된다. 왜냐하면 그리스도께서 우리를 위하여 기도하시기 때문이다. 이는 우리를 중보해주시도록 또는 우리를 위하여 그리스도의 대제사장직을 행사해주시도록 그리스도께 꼭 요청할 필요가 있다는 말이 아니다. 왜냐하면 우리가 기도하지 않아도, 그리스도는 그렇게 우리를 위해 중보하시기 때문이다. 은혜의 작용이 항상 그리스도의 마음에 흐르기 때문이다. 그리스도의 대제사장직은 의롭게 된 사람들을 위한 것이다. 그들은 이 세상이라는 광야를 통과하도록 속량을 받은 사람들이다. 그리스도는 그들의 대언자이시며, 지속적으로 그들의 필요를 돌보는 일을 하신다. 그리고 성령께서 그 동일한 일을 하고자 또 다른 보혜사*란 이름으로 오셨다.

따라서 그리스도는 신성한 지혜로서 우리 마음에 역사하시며, 우리는 그리스도의 중보라는 은혜를 통해서 모든 것을 소유하게 된다. 그리스도는 우리 속에 있는 모든 것을 온전히 알고 계시며, 그것을 어떻게 충족시킬지를 아신다. 이 말은 내가 그저 영광으로 나아가게 될 것이란 말이 아니라, 하나님은 나를 완전한 의(義) 속에 두시고 다만 나에게 그리스도의 대제사장직을 가르치심으로써 하나님의 빛을 통해서 또는 하나님의 본성을 통해서 선과 악을 분별하게 하신다는 뜻이다. 나는 전적으로 나의 상태에 의존적인 상태

---

* 보혜사(the Comforter, 요 14:26)와 대언자(the Advocate, 요일 2:1)는 파라클레토스(Parakletos)라는 원어상 같은 말이다.

로 (즉 영적인 상태에 있는가 아니면 육신적인 상태에 있는가에 따라서 모든 것이 좌우되는 상태로) 있게 되며, 하나님은 날마다 내가 필요로 하는 만나로써 나를 먹이신다. 이는 하나님께서 이스라엘에게 하신 말씀과 같다.

"네 하나님 여호와께서 이 사십 년 동안에 네게 광야 길을 걷게 하신 것을 기억하라 이는 너를 낮추시며 너를 시험하사 네 마음이 어떠한지 그 명령을 지키는지 지키지 않는지 알려 하심이라 너를 낮추시며 너를 주리게 하시며 또 너도 알지 못하며 네 열조도 알지 못하던 만나를 네게 먹이신 것은 사람이 떡으로만 사는 것이 아니요 여호와의 입에서 나오는 모든 말씀으로 사는 줄을 네가 알게 하려 하심이니라 이 사십 년 동안에 네 의복이 헤어지지 아니하였고 네 발이 부르트지 아니하였느니라." (신 8:2-4)

62

하나님은 이스라엘을 하루도 잊지 않으셨다. 왜냐하면 광야에서 그들이 필요로 하는 모든 것은 하나님의 기억하심과 신실한 돌보심에 의존되어 있었기 때문이다. 우리의 대제사장이시며 대언자이신 그리스도의 돌보심도 동일하다. 이 모든 일에 그리스도는 우리의 중보자이시다. 하지만 시편 16편에서 그리스도는 우리 영혼이 바라볼 대상이시다. 겸비하신 그리스도는 우리 영혼이 사모할 대상이시며, 더욱 적절히 표현하자면, 우리 영혼의 음식이시다. 여기서 우리가 음식으로 삼을 그리스도는 영광 가운데 계신 분이 아니라, 겸비 가운데 계신 그리스도이시다. 우리는 여기 이 땅에서 사시고 죽으신 그리스도를 먹는다. 그리스도께서는 요한복음 6장에서 "하나님의 떡은" 하늘로 올라가신 이가 아니라 "하늘에서 내려오신 이로서 세상에 생명을 주는 것이니라"(33절, KJV 참조)고 말씀하셨다.

특별히 우리의 마음을 집중해야 하는 것은 이 세상을 걸어가신 그리스도의 노정을 따르는데 있다. 그리스도께서 우리를 다루실 때에는, 이 세상에서 일어나는 모든 것을 친히 경험하신 것을 토대로 하신다. 그리스도께서 이 세상에 계실 때, 아버지께서는 그리스도 속에 내재한 탁월성 때문에 공생애 시작부터 그리스도를 기뻐하실 수 있으셨다. 그리고 공생애 마지막에는 그리스도 속에서 더욱 성숙된 완전성 때문에 기뻐하셨다. 하나님은 "이는 내 사랑하는 아들이요 내 기뻐하는 자라"(마 3:17)고 말씀하실 수 있으셨다. 또 하나님은 우리에게 자신이 기뻐하시는 분을 우리 기쁨의 대상으로 주셨다. 그렇다면 우리는 무슨 말을 해야 하는가? 우리는 분명 약하고 가난하지만, 그럼에도 주저함 없는 확신을 가지고 우리도 동일한 기쁨을 가지고 있다고 말할 뿐이다. 우리 생각으로는 그리스도의 완전하심을 다 헤아릴 수 없다. 게다가 우리는 우리의 이해력이 얼마나 부족하고 연약하기 그지없는지도 모른다. 오로지 아버지만이 우리에게 그리스도의 완전성을 보여주실 수 있다.

자신의 기쁨을 알리신 아버지께서는 "이는 내 사랑하는 아들이니, 너희도 기뻐해야 하리라"고 말씀하지 않으셨고, 다만 "내 기뻐하는 자라"고 말씀하셨다. 아버지께서 아들에 대한 자신의 생각과 그 아들을 기뻐하시는 자신의 기쁨을 우리에게 말씀하셨다는 것은 얼마나 놀라운 일인가! 시몬의 집에서 한 가련한 여자를 매료시켰던 것은 그리스도에 대한 그 무엇이 아니라, 오히려 그녀의 마음을 빼앗아버린 것은 그리스도 자신 속에 내재되어 있는 아름다움과 매력이었다(눅 7:37-50). 그녀는 그리스도께서 자신을 위해서 무언가를 해주기도 전에, 그리스도의 진면목을 보고서 그리스도를 사랑했고 또 흠모했다. 그녀가 그리스도의 실상을 보았을 때 그녀는 이를 깊이 생각해보았고, 그리고 이것을 그녀의 항구적인 애정(정서)와 기쁨의 토대로 삼았다. 예수님은 그녀가 행한 모든 것, 즉 그녀의 눈물, 그녀의 감성, 그녀의 침묵까지 칭찬하셨다. 왜냐하면 이 모든 것이 그리스도 자신에 대한 그녀의 묵상을 통해서 흘러나왔기 때문이다.

63

그리스도를 우리의 양식으로 삼기 전에, 그리스도를 우리의 의(義)로 알 필요가 있다. 어떤 사람들은 잠시 동안 그리스도에게 매료되며, 그리스도를 통해서 기쁨을 맛보지만, 의(義)에 대한 지식의 부족 때문에 기쁨을 상실할 뿐만 아니라 어떻게 다시 기쁨을 회복할 수 있는지도 모른다. 의(義)는 우리를 하나님 앞에서 화평 가운데 서게 해주며, 그 때문에 우리는 하나님과의 사귐을 가질 수 있다. 사도가 말한 대로, "우리의 사귐은 아버지와 그의 아들 예수 그리스도와 더불어 누리는 삶이다."(요일 1:3) 동일한 근거에서 우리는 다른 신자들과 사귐을 누린다. 이러한 사귐을 유지하려면 다음 세 가지 조건이 충족되어야 한다. 첫 번째, 하나님이 빛 가운데 계신 것처럼 빛 가운데 행해야 한다. 두 번째, 서로 교제와 사귐을 나누어야 한다. 세 번째, 피로써 완전히 정결케 되어야 한다. 영혼이 그리스도의 피로써 완전하게 정결케 되었다는 의식을 가지고, 그리스도 죽으심의 의미가 영혼 속에 새겨질 때, 우리 영혼 속엔 그리스도를 우리의 양심으로 삼을 수 있는 토대가 마련되고, 그리스도는 우리 영혼이 사모할 대상으로서 자리매김하게 된다. 이러한 것이 주의 사랑을 깨달은 사람에게서 나타나는 결과다. 주님은 제자들에게 "나를 사랑하였더라면 내가 아버지께로 감을 기뻐하였으리라"(요 14:28)고 말씀하셨다. 주님은 그들도 주님 마음 속에 넘쳤던 기쁨으로 함께 기뻐하기를 기대하셨던 것이다. 자신의 기쁨에 대해서만 언급하신 주님은 이제 자신과 관련해서 제자들의 어려운 형편을 어떻게 돌아보실 것인지를 나타내셨다. 어쨌든 이런 일은 영혼이 구원을 체험하기 전까지는 결코 알 수 없다. 그럼에도 그리스도는 우리 영혼이 사모하는 대상이 되어야 한다. 그리스도의 진면목을 묵상할 때, 그리스도는 우리 영혼의 양식이 된다.

두 가지 요소가 어울려서 하나님 앞에 있는 피조물 속에 완전을 이룬다. 곧 의존과 순종이다. 하나님에게서 독립하는 것은 죄다. 이러한 본성이 자유의지와 결합하게 되면, 피조물의 자리, 즉 하나님을 의존하는 상태에서 벗어나려는 시도 밖에 남지 않게 된다. 이러한 우리 자아 의지의 활동이 곧 죄다.

그리스도께서 사람이 되셨을 때, 그리스도는 의존과 순종의 모습을 취하셨다. 하나님 아버지의 뜻이 그리스도께서 행하신 모든 일의 지침이었을 뿐만 아니라, 그것을 행하는 것이 그리스도의 마음

속 동기였다. 이러한 것이 곧 그리스도의 완전(完全)이었다. 시편 16편 1절에 나타난, 그리스도께서 취하신 순종의 자리를 보라. "하나님이여 나를 지켜 주소서 내가 주께 피하나이다." 그리스도의 순종을 보는 일은 참으로 아름답다. 뿐만 아니라 그리스도의 의존을 보는 일은 더욱 아름답다.

64

아버지께서 우리 마음 속에 자신의 합당한 자리를 요구하실 때마다, 하나님은 모든 일에서 그 자리를 소유하신다. "무엇을 하든지 다 하나님의 영광을 위하여 하라."(고전 10:31) 아버지를 기쁘시게 하고 싶어 하는 한 아이를 예로 들어보자. 사랑은, 의무에 속한 일조차도 아이의 마음 속에서 무거운 짐으로 느끼지 않게 해준다. 그 일을 이루는 것이 자신의 아버지를 기쁘게 해드리는 일이기 때문이다. 이러한 것이 무슨 일이든 해내게 만드는 마음 속의 동기인 것이다. 우리 마음이 이 세상을 걸어가신 그리스도의 발자취를 더듬어 보고, 그리스도의 모든 행실을 돌아보고 또 추적해 볼 때 그리스도 안에서 이러한 것을 발견하는 것은 얼마나 기쁜 일인지 모른다! 그리스도는 모든 능력을 가지고 계셨지만, 자신을 위해서는 결코 그 능력을 사용하신 일이 없으셨다. 마구간에서 십자가에 이르기까지, 그리스도는 "보시옵소서 내가 하나님의 뜻을 행하러 왔나이다"(히 10:9)라는 말씀의 화신이셨다. 왜냐하면 그리스도는 모든 악 위에 계셨고, 모든 악을 통과하셨으며, 그 악에 정복되지 않으셨기 때문이다. 동시에 그리스도는 그러한 악에 빠져 있는 자들을 동정하셨을 뿐만 아니라 돕는 일을 하셨다.

그리스도는 "내가 여호와께 아뢰되 주는 나의 주님이시오니"라고 말씀하시면서, 하나님을 향해서 종의 자리를 취하셨다. 생명의 길을 걷는 것이 무엇인지 제시하진 않고 있지만, 그리스도는 생명의 길이 있음을 우리에게 보여주시고자 그 길을 걸으셨다. 분명 이 일은 인자로서 이 세상을 걸어가면서, 모든 일을 아버지의 기쁨을 위해서 행하시며 또한 모든 일을 아버지의 뜻에 순종하시는 아들을 바라보는 아버지의 기쁨을 끌어내기에 충분했다. 우리는 그리스도께서 세례 요한에게 침례를 받으실 때 하늘이 열리고 또 하늘의 영광 가운데서 "이는 내 사랑하는 아들이요"라는 음성이 나온 것을 통해서 이것을 확인할 수 있다. 모든 일을 통해서 그리스도는 참으로 복되고도 완전한 의존을 나타내셨다. 그리스도는 아버지에게서 오셨고, 세상이 창조되기 이전에 아버지와 함께 했던 그 복된 완전함이라는 인장(the stamp)을 가진 인자(a man)로서 하나님 아버지의 임재 속으로 다시 들어가셨다.

그리스도는 "주께서 생명의 길을 내게 보이시리니"(11절)라고 말씀하셨다. 그리스도는 아버지를 의지하는 가운데 사망을 통과하셨다. 아담은 자신의 어리석음 때문에 사망의 길로 접어들었으며, 다시는 생명의 길로 돌아갈 수 없었다. 오늘날까지 선악을 아는 지식나무와 생명나무는 사람들의 마음을 당혹스럽게 하고 있다. 사람의 이성으로도 또한 철학으로도 생명이라는 선물과 책임의 문제를 해결할 수가 없다. 사람은 그 문제를 풀어낼 능력이 없다. 태초부터 인간은, 이성적으로 하나님의 책임추궁을 느낄 때마다 책임문제를 해결해보고자 애를 써왔다. 하지만 모든 일에 실패했다. 이로써 인간이 얻게 된 것은 죽음이었다. 그리스도께서 황폐화된 사망의 자리에 오셨고, 사망을 극복하심으로써 우리에게 생명의 길을 보여주셨다. 그 길은 "매의 눈도 보지 못하는"(욥 28:7) 길이었다. 그리스도께서 생명이셨다. 그리고 그리스도는 광야상태에 있는 우리를 위해 한 길을 남겨두셨다. 성경은 이 세상이라는 광야를 "길 없는 황야"(시 107:4)라고 부른다. 그리스도는 거기서 길을 내셨고, 그 길을 우리에게 보여주셨다. 이로써 우리 또한 의존과 순종의 삶으로 그 길을 걷는 법을 배워야만 한다. 그리스도에게 그 길은 사망을 통과해야만 하는 길이었다. 그러므로 그리스도는 "누구든지 나를 따라오려거든…자기 십자가를 지고 나를 따를 것이니라"(마 16:24)고 말씀하셨다. 그리스도는 불순종하기보다는 차라리 죽음을 선택하시는 분이셨다. 거기에 그리스도의 완전성이 있다. 우리 또한 동일한 발자취를 따라가야 한다. 그럼에도 우리 앞서 가신 그리스도께서 이처럼 죄와 사망으로 가득한 황야 길에서 우리가 바라보고, 묵상하고, 양식으로 취해야 하는 분이시다. 우리의 영성을 형성하는 것은 우리가 행하는 선행의 양이 아니라, 우리를 통해서 나타나는 그리스도의 모습의 정도 또는 완전성이다.

65

"주의 앞에는 충만한 기쁨이 있고."(시 16:11) 복에는 두 부분이 있다. 그리스도와 함께 하는 것, 그리고 그리스도를 닮는 것이다. 만일 우리가 그리스도를 닮지 않은 모습을 가진 채 지속적으로 하나님 앞에 나아간다면, 그것은 엄청난 괴로움을 안겨줄 것이다. 하지만 우리는 그리스도와 함께 동행하는 삶을 살며, 점차 그리스도를 닮아간다. 이러한 의식을 가지는 것, 자체가 복이다. 장차 우리는 그리스도와 함께 아버지의 얼굴을 바라보며 기뻐하게 될 것이다. 면류관을 쓰고 각자 자신의 보좌(thrones)에 앉게 될 것이다. 게다가 우리의 면류관을 벗어 하나님께 드리며, "우리 주 하나님이여 영광과 존귀와 권능을 받으시는 것이 합당하옵나이다"(계 4:10,11)라고 고백하게 될 것이다. 우리 영혼은 그야말로 천상세계에서 그리스도의 탁월하심으로 충만하게 될 것이다.

바로 지금 지상에서 하늘에 계신 그리스도와 연합을 이루고 있는 존귀한 성도들은 그리스도의 기쁨의 대상이다. 그들이 얼마나 연약하며, 얼마나 실패 가운데 있는지는 문제가 되지 않는다. 그리스도께서는 그들은 "존귀한 자들이니 나의 모든 즐거움이 그들에게 있도다"(3절)라고 말씀하신다. 그리스도의 즐거움은 그들의 상태에 있지 않고, 다만 그들 자체에 있다. 그래서 그리스도께서는 장차 그들을 자신이 있는 곳에 반드시 함께 있게 하실 것이다. 그리스도는 "아버지여 내게 주신 자도 나 있는 곳에 나와 함께 있어 아버지께서 창세 전부터 나를 사랑하시므로 내게 주신 나의 영광을 그들로 보게 하시기를 원하옵나이다"(요 17:24)라고 기도하셨다. 그리스도는 그들을 자신과 함께 있게 하실 것이다! 그리고 아버지의 임재 가운데서 그들도 영광에 동참하게 하실 것이다. 그때 충만한 기쁨이 넘칠 것이다. 아! 지금 이 땅에서 그리스도와 연합을 이룬 존귀한 성도가 되는 것이 얼마나 중요한 일인지, 우리 마음에 깊이 새기길 바란다. 그리고 그리스도를 기뻐하시는 하나님의 기쁨과 이 세상에서 행하셨던 그리스도의 완전함이 우리 영혼 속에 깊이 각인되길 바라며, 이로써 기쁨으로 그리스도의 발자취를 기꺼이 따를 뿐만 아니라 그리스도의 말씀을 우리 심령에 풍성히 거하게 하고, 나는 죽고 그리스도께서 사시는 삶을 살게 해주시길 바란다.

Chapter 13
그리스도께서 마음에 거하시게 하라
Christ Dwelling in the Heart

에베소서 3:14-21을 읽으시오.

191

에베소서 3장의 초반부를 보면, 우리는 이전에 계시된 것들과는 대조를 이루고 있는, 측량할 수 없는 그리스도의 부요함을 볼 수 있다. 구약성경을 아무리 살펴보아도, 우리가 여기서 볼 수 있는 것과 같은 비밀을 전혀 발견할 수 없다. 여기저기서 어렴풋한 암시는 볼 수 있을지언정 그 이상은 없다. 사도 바울의 마음에 충격을 준 것은, 자신이 이방인들에게 측량할 수 없는 그리스도의 부요함을 전하도록 부르심을 받았다는 점이었다. 그것은 이스라엘 민족에게 주신 약속 밖에 있는 것이었다. 사실, 성경은 "열방들아 주의 백성과 함께 즐거워하라"(롬 15:10)고 기록하고 있다. 하지만 여기 에베소서에서 말하는 것은 이전에 약속된 것들과는 별개로 주어지는 주권적인 은혜에 관한 것이다.

    복음은 먼저 유대인들에게 주어졌다. 왜냐하면 하나님께서 그것을 약속하셨기 때문이다. 하지만 그들은 복음을 거절했다. 어찌 보면, 바울은 유대인들이 그리스도를 영접하지 않을 것에 대한 강력한 증거였다. 우리는 바울이 교회를 박해하고 또 스데반의 죽음을 족하게 여겼던 것을 볼 수 있다. 바울은 스데반이 자신의 증거의 말을 마치고 우러러 보았던, 바로 그 하늘로서 내려오는 은혜를 만끽했고, 자신이 간증한 대로, "후에 주를 믿어 영생 얻는 자들에게 본이" 되었다(딤전 1:16). 사람의 적대감이 최고조에 이르렀을 때, 하나님은 자신의 주권적인 뜻 가운데 오셨고, 사람이 하나님을 대적하고자 행했던 모든 악한 행실을 초월하는 주권적인 은혜를 나타내셨다. 바울은 자신을 죄인들의 수장(the chief of sinners)으로 불렀고, 그것은 매우 적절한 표현이었다. 하지만 우리는 하나님께서 그를 택하셨고, 그는 자신과 같이 아무 자격 없는 사람들에게 그 은혜를 가지고 간 것을 볼 수 있다. 베드로와 바울, 이 두 명의 사도들이 자신들의 부르심을 받은 소명에 얼마나 적합했는지를 볼 때, 참으로 놀랍기만 하다. 베드로는 자신이 돌이킨 후에 형제들을 굳건하게 하는 일을 하기 전에 (주님을 모른 척 부인하면서) 저주하고 맹세하기까지 했고(눅 22:32), 바울은 "주의 제자들에 대해서 위협과 살기가 등등" 했었다(행 9:1). 우리가 아는 대로, 육신은 제거될 필요가 있다. 주님이 사용하실 수 있는 사람은 오직 자신을 비운 사람뿐이다. 그럴 때, 아무 육체라도 하나님 앞에서 자랑하지 않게 된다. 우리에게 필요한 것은 겸손하게 되는 것이다. 우리는 정말 겸손이 필요하다. 겸손은 바울을 아무 약속도 받지 못했던 이방인들에게 복음을 전하는 일에 적합하게 해주었다. 이제 우리는 하나님께서 자신을 향해 아무 자랑거리가 없는 사람들을 사랑하시고 또 그들에게 복주시는 방식으로 자신을 계시하시는 하나님을 볼 수 있다. 육신은 그리스도의 십자가에서 심판을 받았다. 그렇다면 이제 우리가 복을 받는 것은 약속을 받았느냐 아니냐에 달린 것이 아니라, 그리스도를 얻는 일에 달려 있다. 그 결과 내가 우선적으로 발견한 것은 아들을 통해서 자신을 계시하시는 하나님은 과연 어떤 분이신가에 대한 것이었다. 이제 나는 모든 것이 그리스도를 중심으로 삼고 있는 하나님의 마음을 알게 되었다. "아버지께서 아들을 사랑하신다."(요 3:35) 그래서 "측량할 수 없는 부요함"과 모든 것이 "만유의 후사" 이신 그리스도의 손에 맡겨졌고, 우리는 사람으로서 만물의 후사가 되는 것을 시편 8편에서 볼 수 있다. 잠언 8장 31절에서 나는 주님께서 인자들, 즉 사람의 아들들을 기뻐하시는 것을 본다. 주님은 분명 천사들을 그들 본래 자리에서 복을 주셨다. 하지만 주님은 천사들이 아니라 사람의 인성을 취하셨다. 사람들은 크리스마스를 지키지만, 사실 그리스도에 대한 세상의 평가는 그리스도께서 오셨을 때 마구간을 내어드린 것이 전부라는 사실에 잘 나타나 있다. 그리스도께서 오셨을 때 천사들은 하나님이 사람들을 기뻐하신 일에 대해서 찬양을 했다. 그럼에도 사람은 그리스도를 자신의 생명으로 받아들이지 않았고, 그래서 그리스도는 죽으셔야만 했다. 왜냐하면 한 알의 밀알이 죽지 않으면, 한 알 그대로 있을 것이기 때문이다. 하지만 그리스도의 바램은 모든 사람의 거절에도 불구하고, 사람을 얻으시는 것이었다. 만일 사람이 그리스도를 생명으로 영접하지 않는다면 영원한 멸망을 당할 것이다. 왜냐하면 사람은 죽어있는 상태에 있기 때문에 그리스도는 죽으셔야만 했고, 사망의 자리에 대신 들어가셨다. 그 결과 사람으로 하여금 새로운 생명, 즉 부활 생명에 참여하게 하신 것이다. 이것은 단순한 친절이 아니라 완전하고, 무한한 사랑이다. 이로써 우리는 날마다 하나님의 선하심을 누린다. 하나님의 사랑이 죄인의 자리를 대신하는 것으로 나타난 것이다! 하나님의 진리가 이렇게 나타난바 되었다. 하나님은 사람을 본래 있던 지위(position)에서 이끌어내셨고, 그 결과 나는 이제 사람이 새로운 지위(position), 둘째 사람 안에 있는 자리에 들어가는 것을 보고 있다. 그 둘째 사람은 죄와 사망으로 들어가셨고, 그 자리에서 심판을 담당하셨으며, 이제는 사람으로서 하나님의 영광 안에 들어가셨다. 나는 그처럼 영광을 받으신 그분과 함께 있다. 이것이야말로 약속 보다 더 큰, 측량할 수 없는 부요함이다. 사도 바울의 마음은 이러한 부요함을 향해 활짝 열려 있었다.

193

에베소서 1장에서 우리는 바울의 기도가 우리 주 예수 그리스도의 하나님께 드려지고 있는 것을 볼 수 있다. 뿐만 아니라 사람으로서 그리스도와 기업을 알게 해주시는 능력으로 역사하시는 하나님을 볼 수 있다. 하지만 에베소서 3장에서 바울은 우리 주 예수 그리스도의 아버지께 무릎을 꿇고 기도하고 있다. 다만 주님이 아니라 우리 주님이신 점에 주목하라. 그렇다면 성도는 다른 어떤 존재 보다 친밀한 관계 속으로 들어온 것이다. 천사들은 시기 또는 질투보다는 이 사실을 기뻐한다. 가장 연약한 성도도 자신이 그리스도와 연합된 사실을 알고 있으며, 성령을 통해서 알고 있다. 우리는 그리스도를 주님으로 모시고 있으며, 주님은 우리를 형제라 부르기를 부끄러워하지 않으신다. 나는 그리스도의 자리에 들어왔고, 바울이 말한 대로 그것은 모두 은혜로 된 일이며, 모든 것이 하나님으로부터 나왔다.

그리스도는 교회를 자신과 동일시하신다. 그래서 "네가 어찌하여 나를 박해하느냐?"(행 9:4)고 말씀하셨다. 교회는 그리스도와 연합을 이루고 있다. 사도 바울은 여기 에베소서에서 성도들로 하여금 하나님과의 교통의 풍성함 속으로 들어가도록 요청하고 있다. 에베소서 1장에서 성도들은 하나님과의 교통을 외적으로만 인식할 가능성이 있지만, 에베소서 3장에서는 성령을 통해서 속 사람이 능력으로 강건하게 되고, 그리스도께서 우리 영혼 속에 계신다는 믿음을 통해서 그리스도께서 그 마음에 거하게 되고, 또 그리스도께서 성령을 통해서 우리 마음의 중심에 계시게 된다. 그로 인해서, 단순한 지식이 아니라, 실제로 사랑 가운데서 뿌리가 박히고 터가 굳어진 결과로 그리스도께서 우리를 충만하게 하시는 것을 자각하게 된다. 하나님의 사랑이 성령을 통해서 우리 마음에 부은바 된다. 그때 우리는 모든 시련과 환난을 극복할 수 있는 힘을 얻게 되는데, 이 모든 일의 결과는 사랑 때문이다. 이러한 역사는 사람의 생각이 아니라 성령의 생각이다. 하나님의 사랑은 하나님에게서 가장 멀리 떨어진 자들을 하나님께 가장 가까운 자리로 이끌어준다. 솔로몬은 넓은 마음을 가졌다. 만일 내가 그처럼 넓은 마음을 가질 수 있다면, 하나님께서 그 중심을 차지하셔야만 한다. 그렇지 않으면, 솔로

몬처럼 나의 마음은 슬픔과 공허감만으로 가득해질 것이다.

194

"능히 모든 성도와 함께 지식에 넘치는 그리스도의 사랑을 알고."(엡 3:18) 만일 내가 자아로 가득한 상태에서 행한다면, 이 세상의 하찮은 것들에 막혀 그 너머에 있는 것들을 볼 수 없을 것이다. 하지만 나 자신을 벗어나 볼 수 있게 되면, 나는 죄에 대해서, 죄인들에 대해서 제대로 판단하게 되며, 모든 것을 합당하게 분별할 수 있는 능력을 가지게 된다. 그렇다면 나는 그리스도 사랑의 너비와 길이와 높이와 깊이가 어떠함을 깨달아 알게 된다. 사도 바울은 그리스도의 사랑에 대해서 언급하지 않았다. 하지만 우리는 그 사랑을 알고, 그 사랑이 우리 마음을 가득 채우고 있어야 한다. 이 모든 것이 실제적인 것이 되려면, 나는 "그리스도의 사랑을 알아야 한다." 만일 내가 여왕을 알현하고자 하는데, 누군가 무엇을 준비해야 하는지 알려준다면 얼마나 기쁜 일이 되겠는가! 이렇게 그리스도의 사랑을 아는 것은 장차 나를 통해서 나타날 영광의 무게를 생각해 볼 때, 나의 마음을 차분하게 해주는 핵심 요소이다. 그리스도께서 내 옆에 계신다. 지금 여기서 그리스도를 친밀하게 아는 것이 장차 부활 가운데서도 친밀하게 아는 비결이다. 이는 "얘들아 너희에게 고기가 있느냐?"(요 21:5)고 말씀하셨던 주님은 지금도 동일한 분이시기 때문이다. 하나님의 영광이 도성을 비출 것이란 구절을 읽었을 때, 그것은 너무도 눈이 부실 거라는 생각을 했다. 그 다음 구절은 "어린 양이 그 등불이 되심이라"(계 21:23)는 것이었다. 그렇다면, 우리 마음은 마치 우리 자신의 집에 온 것 같은 안락함을 느끼게 될 것이다. 그러므로 가장 연약한 성도, 가장 순진한 성도도 이 모든 영광 속에서 편안함을 누릴 것이다. 왜냐하면 그리스도께서 그 영광 가운데 계시고, 그리스도께서 성도 속에 계시기 때문이다. 나는 연약한 질그릇 같은 존재이지만, 내 속에는 보화를 담고 있다. 믿음을 통해서 내 마음 속에 거하시는 그리스도께서 나에게 말씀하신다. 그리스도는 자신을 세상에 나타내는 것과는 다른 방식으로 자신을 나에게 나타내신다. 그것은 참으로 놀라운 방식이다. 나는 그리스도의 사랑을 안다고 말할 뿐만 아니라 동시에 그 사랑은 지식을 초월하는 사랑이라고 말할 수 있다. 성도들이 그처럼 높은 지위에 들어가게 된 것을 충분히 보여준 사도 바울은 이제 너희가 "하나님의 모든 충만하신 것으로 충만하게"(엡 3:19) 되어야 한다고 말한다. 이 얼마나 놀라운 자리인가! 이처럼 경이로운 사랑은 나로 하여금 이토록 놀라운 자리에 들어오게 해주려는 목적을 가지고 있었던 것이다! 이제 나는 환난을 어떻게 보는가? 아, 나는 이제 환난 중에도 즐거워할 수 있다! 나는 하나님을 즐거워하며, 환경이 주는 기쁨이 아니라, 하나님 자신 안에 있는 기쁨을 누린다.

195

"우리 속에서 역사하시는 능력대로 우리가 구하거나 생각하는 모든 것에 더 넘치도록 능히 하실 이에게."(엡 3:20) 이 구절을 읽을 때, "우리를 위해 능히 하실 이"라고만 이해한다면, 그것은 이 구절이 말하는 바를 정확하게 이해한 것은 아니다. (물론 그렇게 이해하는 것이 틀렸다는 의미는 아니다. 왜냐하면 주님은 우리를 위해서 모든 일을 하실 수 있을 뿐만 아니라 또 그렇게 하시기 때문이다.)

그 보다는 "우리 속에서 능히 하실 이"라는 의미가 더 중요하다. 왜냐하면 사도 바울은 "우리 속에서 역사하시는 능력대로"를 강조하고 있기 때문이다(20절, KJV 참조). 그리스도께서 우리를 통해서 영광을 받으시도록 우리가 지금까지 말해온 모든 것들은 교회를 염두에 둔 것이었다. "그 날에 그가 강림하사 그의 성도들에게서 영광을 받으시고 모든 믿는 자들에게서 놀랍게 여김을 얻으실 것"(살후 1:10)을, 사도 바울은 다만 장래에 일어날 일로만 바라보도록 한 것이 아니라, 지금 믿음으로 바라보도록 한 것이다. 모세가 산에서 내려올 때, 그의 얼굴에는 하나님의 영광이 나타났다. 오늘날 교회도 마찬가지이다. 천사들이 보고 있다. 교회는 비록 연약하지만, 그럼에도 지혜를 가지고 있다. 천사들은 성도들 속에서 하나님의 영광을 보게 될 것이다. 하지만 사랑하는 친구들이여, 지금 우리에겐 그러한 모습을 보는 것이 얼마나 적은지, 얼마나 부족한지 모른다! 사람의 손에 들어간 모든 것이 실패하고, 사람이 관여한 모든 것이 황폐화되고 있지 않은가! 율법, 다윗의 아들, 느부갓네살, 교회를 보라! 사람은 자신이 권세를 가지고 행세한 모든 것을 망쳐놓았다.

사랑하는 친구들이여, 당신 자신의 연약함을 알고, 모든 영광을 하나님께만 돌리길 바란다. 사도 바울이 "내가 너희 가운데 거할 때에 약하고 두려워하고 심히 떨었노라"(고전 2:3)고 말했을 때, 하나님은 "내가 너와 함께 있으매 어떤 사람도 너를 대적하여 해롭게 할 자가 없을 것이니 이는 이 성중에 내 백성이 많음이라"(행 18:10)고 말씀하신 사실을 배우게 된다. 질그릇은 약할 수밖에 없다. 우리가 알아야 할 것은 그리스도이시며, 그리스도께서 우리 마음에 거하시도록 자리를 내어드리는 것이다. 하나님은 우리가 알아야 할 대상으로 그리스도를 알게 하신다. 하나님은 우리 안에 거하시는 그리스도를 통해서 영광을 받으신다. 이것은 그리스도께서 성령으로 말미암아 단순히 우리 안에 계시는 것을 의미하는 것이 아니라, 우리 마음에 거하시는 것을 가리킨다. 그리스도께서 나의 마음에 거하신다는 것은 나의 마음, 나의 생각, 나의 감정, 이 모든 것이 그리스도에게 복종하고 사로잡히는 것을 의미한다. 그 결과 그리스도의 마음, 그리스도의 생각, 그리스도의 감정이 나를 지배하게 된다. 주께서 우리 마음을 다루어주시고, 우리 마음이 율법적인 복종이 아니라 사랑에 의해서 복종하는 것이 무엇인지를 알게 해주시길 빈다.

Chapter 14
내게 사는 것이 그리스도라
To Live - Christ

197

"이는 내게 사는 것이 그리스도니."(빌 1:21)

빌립보서는 그리스도인의 길에 대한 매우 독특한 이해로 우리를 안내한다. 빌립보서의 목적은 교리가 아니라 그리스도인의 경험에 있다. 우리 영혼이 경험의 문제를 대면하고 또 매일 매일의 삶 가운데서 우리 영혼과 생각과 마음이 그에 대해서 얼마나 생각하지 않고 지내고 있는지를 돌아보는 것은 잘하는 일이다.

빌립보서에서 말하는 구원은 그리스도인이 걷는 길의 끝에서 마침내 도달하는 것으로 설명되고 있다. 그래서 사도 바울은 그것을 "그리스도를 얻고"(빌 3:8)라고 표현했다. 이것은 우리 영혼에게 중요한 원리이다. "두렵고 떨림으로 너희 구원을 이루라"(빌 2:12)는 구절은 항상 그 끝을 바라보게 해준다. 우리가 우선적으로 보아야 하는 것은 우리는 이미 구속의 자리에 들어왔지만, 그럼에도 우리는 여정의 끝을 향해 달려야 한다는 것이다.

동시에 우리는 이 신앙의 경주를 하는 가운데서, 우리로 하여금 항상 그리스도를 영화롭게 하도록, 모든 환경을 초월하는 능력이 주어진 것을 볼 수 있다.

여기서 내가 말하고 싶은 것은, 구속을 알도록 우리를 이끌어 가는 영혼의 작용이 항상 있으며, 또한 그리스도인으로서 우리가 마땅히 져야 하는 분명한 책임이 있다는 것이다. 물론 이 책임은 첫 사람에게 속한 책임이 아니다. 첫 사람에게 속한 책임은 어쩔 수 없이 심판으로 종착되기 때문이다. 죄인으로서 우리의 책임이 있긴 하지만, 그것은 이미 해결되었다. 우리는 사랑하는 자 안에서 열납되었다. 그렇다면 이제 말하고자 하는 책임은 그리스도인으로서의 책임을 가리키며, 우리가 이미 들어간 자리에서 나오는 의무인 것이다.

사람의 상태와 연결된 진리가 있다. 즉 모든 사람이 잃어버린바 된 존재이며, 우리 영혼이 이 사실을 인정하기까지 개인적으로 짧든 길든 과정을 거치게 될 것이며, 마침내 하나님의 의(義) 앞에 자신을 굴복할 때까지 계속된다는 것이다. 이 사실을 갑작스럽게 배울 수도 있고, 아니면 상당한 시간이 걸릴 수도 있다. 어쨌든 영혼은, 육신이 전적으로 부패되었다는 사실을 반드시 배워야만 한다.

"내 속 곧 내 육신에 선한 것이 거하지 아니하는 줄을 아노니 원함은 내게 있으나 선을 행하는 것은 없노라…곧 선을 행하기 원하는 나에게 악이 함께 있는 것이로다." (롬 7:18-21)

198

죄인으로서 아담 안에 있는 우리의 신분(our standing in Adam)을 생각해보자. 우리는 거기서 나와 그리스도 안으로 들어가도록 구속함을 받았고, 그 사랑하는 자 안에서 열납되었다. 신자는 이제 자신을 위해서 그리스도 안에 예비된 전혀 새로운 신분과 상태에 들어왔다. 주님은 말씀하셨다. "그 날에는 내가 아버지 안에, 너희가 내 안에, 내가 너희 안에 있는 것을 너희가 알리라." (요 14:20) 이제 이 사실이 그리스도인의 참된 평안의 근거이다. 천사들은 우리가 하늘에서 그리스도 안에 있는 것을 보고 있다. 그리스도는 땅에서 우리 안에 계신다. 우리 주변에 있는 사람들이 과연 그것을 보고 있는가. 세상이 그것을 보고 있는가?

이 지점까지 이르게 해주는 영혼의 작용들은 상당히 가치가 있을 뿐만 아니라, 우리의 신분이 더 이상 육신에 있지 않다는 것을 우리에게 가르치는데에도 매우 유용하다. 우리는 이 사실을 앎으로써 확고한 평안을 얻을 수 있다. 우리는 하나님이 우리에게, 즉 육신에게 심판을 내리셨다는 하나님의 진리에 인을 치게 되고, 우리 영혼은 이제 거룩한 빛을 통해서 "내 속 곧 내 육신에 선한 것이 거하지 아니하는 줄을 아노니" (롬 7:18)라고 말할 수 있게 된다. 성경의 교리로서 인정할 뿐만 아니라, 실제적인 하나님의 임재 속에서 우리는 한순간도 하나님 앞에 설 수 없는 자임을 인정할 필요가 있다. 그렇다면 여기서 우리는 전혀 다른 사실을 보게 되는데, 곧 육신의 죄들이 그리스도의 십자가를 통해서 제거되었을 뿐만 아니라, 육신 자체가 영원히 제거된 것을 보게 된다.

다시 말하지만, 그리스도는 하나님을 영광스럽게 했으며, 그리스도는 사람으로서 하나님 보좌 우편에까지 오르신 결과, 보혜사를 보내심으로 우리 속에 내주하도록 하셨다. 그러므로 나는 당당히 나의 신분은 더 이상 육신에 있지 않고, 또한 첫째 아담 안에 있지 않고, 둘째 아담이신 그리스도 안에 있다고 말할 수 있다.

그렇다면 이 상태와 연결되어 있는 책임이 있다. 빌립보서를 보면, 우리는 그리스도인이 그리스도 안(in Christ)이라고 하는 자리에 들어감으로써 하나님의 영에 의해서 새롭게 생성된 효과가 있음을 보게 되는데, 곧 죽은 자 가운데서 일으킴을 받고 하나님을 향하여 살게 된 사람으로서 영적 자유에 들어가게 되는 것을 보게 된다. 따라서 우리는 이 자유를 어떻게 사용할 것인가를 생각해야 한다.

199
죄는 빌립보서에서 언급되고 있지 않다. 바울의 말에 따르면, 육신은 변하거나 혹은 더 좋아지지 않는다. 결코 그럴 수 없다. 바울 속에 있는 육신도 마찬가지였다. 이렇게 말하면, 많은 사람들이 어리둥절해 한다. 사실 바울의 육체에는 가시 곧 사탄의 사자가 있었다. 이는 바울을 쳐서 육신으로 하여금 힘을 쓰지 못하도록 하려는 것이었다. 그럼에도 빌립보서는 우리에게 능력이 주어졌고, 그 능력이 우리 속에 거하고 있음을 보여주고 있다. 따라서 이 사실은 혹 우리 속에 하나님의 영을 대적하는 생각이 있을지라도, 그 생각을 따라가는 것을 결코 핑계할 수 없게 만든다.

우리 속에 육신을 대적할 수 있는 능력이 있건만, 항상 성공하는 것은 아니다. 어째서 그런가? 왜냐하면 전신갑주를 입고 있지 않기 때문이다. 그렇다면 누구의 잘못인가?

하나님과 함께 하는 마음의 자유가 있고, 그리스도 예수로 말미암아 나는 하나님의 자녀라고 말할 수 있는 확신도 있다. 하나님의 긍휼로 풍성한 자리, 즉 그리스도 안이라고 하는 나의 자리도 있지만, 과연 영적 성장을 경험하고 있는가? "범사에 그에게까지 자랄지라 그는 머리니 곧 그리스도라."(엡 4:15) 하나님은 나에게 그 아들과 함께 하는 자리를 주셨다. 하나님은 나에게 그 아들 안에 있을 수 있는 자리를 주셨다. 이로써 하나님은 자신의 영광을 세세무궁토록 빛나게 하시길 바라신다. 지금은 성령을 통해서, 이후에는 영광 안에서 하나님의 영광은 빛을 발하게 될 것이다. 우리는 그리스도 안에서 이 사실을 즐거워해야 마땅하다. 우리가 들어온 자리는 마지막 아담 안에 있으며, 하나님의 의(義) 안에 있다. 그리스도는 구속의 역사를 통해서 전에 우리가 있던 상태에서 우리를 꺼내오셨다. 이제 나는 그리스도 안에 있으며, 그리스도는 하나님의 임재 속에 계셔서 나를 위하고 계신다. 그리고 나는 이 세상에서 그리스도를 위하고 있다. 이것이 바로 하나님이 나에게 주신 자리이다. 옛 사람을 죽은 것으로 여길 수 있게 되었다. "너희는 옛사람과 그 행위를 벗어 버렸고 새 사람을 입었으니, 곧 자기를 창조하신 자의 형상을 좇아 지식에까지 새롭게 하심을 받은 자니라." (골 3:9,10)

분명한 사실이지만, 우리 속에는 여전히 싸움의 대상인 육신이 있을 뿐만 아니라, 육신이 주는 시험을 감당해야만 한다. 결과적으로 우리는 악의 한 가운데서 하나님의 임재를 체험하고 누림으로써 승리의 삶을 살 수 있다. 악에 대해서 한결같고, 지속적이고, 불변하는 승리의 삶이야말로 사도 바울의 삶에 나타난 놀라운 특징이었다.

200

이제 당신의 마음을 들여다보고, 매일의 삶 속에서 과연 그리스도의 생명이 나타나고 있는지, 그렇지 않은지를 살펴보라. 만일 그리스도의 생명이 나타나고 있지 않다면, "내게 사는 것이 그리스도니"(빌 1:21)라고 말할 수 없을 것이다. 어쩌면 그것은 그렇게 살고 싶은 당신 마음의 소원이나 바램에 불과하다. 하루 동안 매시간 마다 당신의 영혼에 오고간 수많은 생각들이 있었지만, 한번도 그리스도께서 당신의 영혼을 사로잡도록 허락한 적이 없었다면, 하나님의 영께서는 당신의 소원을 진정성이 있는 것으로 인정하실 수 없을 것이다.

구약성경 민수기 14장에 보면, 우리는 문둥병자는 먼저 물로 깨끗이 씻고, 그 다음에 제사장은 피를 취하여 우편 귓부리와 우편 손

엄지가락과 우편 발 엄지가락에 바르고, 기름을 피를 바른 자리에 바르는 것을 볼 수 있다. 이것은 성령님의 돌보심 아래 있는 영혼들이 영적으로 회복되는 방식을 보여주는 매우 아름다운 그림이다. 어쨌든 우리 자신을 들여다볼 때, 피를 바른 흔적을 볼 수 있어야 한다. 그리고 "우리가 항상 예수 죽인 것을 몸에 짊어져야 한다"(고후 4:10)는 것을 잊어서는 안된다.

분명 그리스도로 마음이 점령되고, 하나님을 경외하며, 성령의 실제적인 돌보심 아래서 사는 삶이 있다. 그러한 삶을 사는 사람은 사도 바울처럼, "내게 사는 것이 그리스도니"라고 말할 수 있다. 그리스도인으로 하여금 자기 앞에 당한 경주를 힘써 달리도록 힘주시는 하나님의 영의 능력이 있으며, 그 사람은 "오직 그리스도 예수께 잡힌 바 된 그것을 잡으려고 좇아가는" 사람이다(빌 3:12). 이제 모든 면에서 당신은 "그리스도 예수 안에 있는 마음"을 품고, 항상 기꺼이 낮은 자리로, 겸손의 자리로 내려가도록 부르심을 받았다(빌 2:5-8). 왜냐하면 우리는 그곳에서만 은혜로움, 즉 그리스도의 은혜를 얻을 수 있기 때문이다.

201
빌립보서 1장을 보면, 바울은 자기 몸에서 그리스도가 존귀하게 되는 것을 목표로 삼았다. 그래서 빌립보서 2장에서는 겸손이, 빌립보서 3장에서는 열정이, 빌립보서 4장에서는 모든 환경을 초월하는 영적 탁월성이 소개되어 있다.

사도 바울은 죄에 대해서 전혀 언급하지 않았다. 그리스도는 자신의 경주를 달리셨고, 영광의 보좌에 앉으심으로써 그 경주의 끝이 무엇인지를 우리에게 보여주신다. 이로써 우리의 마음과 눈은 최종목표로서 주님이 들어가신 그 자리를 바라본다. 그 자리가 바로 우리가 부르심을 받은 자리다. "그들을 위하여 내가 나를 거룩하게 하오니 이는 그들도 진리로 거룩함을 얻게 하려 함이니이다." (요 17:19) 그리스도는 영광 안에서 자신의 자리를 잡으셨고, 하나님의 영은 우리에게 그러한 그리스도를 밝히 보게 해주시며, 우리가 장차 그리스도와 같이 될 것을 알게 해주심으로써, 전에 그리스도 속에 있었던 동일한 마음을 품게 하신다.

그리스도 안에서 자라가는 영적 성장이 있긴 하지만, 하늘에 들어갈 수 있는 자격을 갖추기 위해서 자라가는 것은 없다. 영적 성장이 우리에게 필요한 것이긴 해도, 하늘에 들어갈 수 있는 자격을 갖추는 것과 영적 성장을 혼합하는 것은 전혀 성경의 가르침이 아니다. 십자가에 달렸던 강도나 바울이나 동일하게 하늘에 들어갈 수 있는 자격을 가지고 있다. 이 말은 결코 하나님께서 바울의 수고를 무시하실 것이란 뜻이 아니다. 결코 그렇지 않다! 그럼에도 우리가 하나님의 영광에 항상 합당한 사람인 것은 그리스도 안에 있기 때문이다.

우리는 전에 있었던 자리에서 벗어났다는 영적인 지각을 가져야 한다. 그리스도는 우리의 생명이시며, 그리스도는 우리의 의로움(righteousness)이시다. 우리는 그리스도와 함께 행하고, 모든 모순

되는 것을 경계하도록 부르심을 받았다. "너희 안에서 착한 일을 시작하신 이가 그리스도 예수의 날까지 이루실 줄을 우리는 확신하노라."(빌 1:6) 이 구절은 우리가 그리스도 안에서 안전하다는데 초점이 있는 것이 아니라 그리스도께서 착한 일을 시작하셨다는데 초점이 있다. 우리가 영광에 이르는 길을 생각하는 순간, 우리 앞에는 광야가 펼쳐질 것이다. 우리가 통과해야 하는 광야 길에는 다양한 종류의 "만약 ~한다면(ifs)"들이 펼쳐져 있다. 어쩌면 방황과 실패와 불평이 있을 지도 모른다. 그럼에도 이 길에는 하나님의 신실하심이 있기 마련이다.

202

우리를 위해서 전신갑주가 준비되어 있다. 이 길을 끝까지 갈 수 있는 힘이 거기에 있다. 우리에겐 전신갑주가 필요하고, 힘이 필요하다. 위험이 있지만, 나는 그리스도 안에 있으며, 그리스도는 내 안에 있다는 의식이 있다. 이것은 내가 경주해야 하는 길의 문제가 아니라, 내가 만나게 될 위험의 문제이다. 하나님은 이렇게 말씀하신다. "너는 나를 의지해야만 한다. 너는 보호받을 필요가 있지만 가나안과 애굽을 혼동해서는 안된다. 가나안에 있기 때문에 너에게 싸움이 있는 것이다. 그렇지만 너는 애굽에 있다고 말하고 있다. 생각해보라. 애굽에서는 싸움이 없었다." 하나님은 이처럼 자기 백성들에게 복스러운 방식으로 자신을 낮추신다. 애굽에 있었을 때, 종 노릇하고 있었을 때, 하나님은 해방자로 임하셨다. 광야에 있었을 때 하나님은 자기 백성들과 함께 하시면서 낮에는 구름기둥 밤에는 불기둥으로 그들을 보호하셨고, 그들이 애굽 땅에서 고기 가마 곁에 앉아서 떡을 배불리 먹었던 때를 추억했을 때 하나님은 그들을 만나로 먹이셨다. 그들이 약속의 땅 접경에 이르렀지만, 들어갈 믿음이 부족하여 돌아가고자 했을 때, 하나님은 그들에게 오셔서 장막 가운데 거하셨다. 40년이 지난 후, 그들이 가나안 땅에 들어갔을 때 전쟁을 해야 했고, 그래서 검을 빼든 천사가 있었다. 그들이 그 땅에 정착했을 때 하나님은 지상에 있는 여러 성전과 같은 집을 건축하셨다.

구속을 생각해보았을 때, 이것은 전쟁의 문제도 아니고, 단순히 해방자 하나님께서 우리가 전에 있던 자리에서 우리를 전적으로 이끌어내시는 문제만도 아닌 것을 볼 수 있었다. 그렇다면 구속은 하나님께서 우리와 함께 광야를 통과하시면서, 하나님께서 우리를 겸손하게 만드시고, 하나님께서 자신이 누구이신지를 입증하는 문제인 것이다. 그렇다면 당신은 당신 자신이 누구인지 배우게 될 것이며, 하나님이 누구신지도 분명히 보게 될 것이다. 이러한 것은 기존 구속의 개념과는 사뭇 달라 보인다. 만일 우리가 홍해를 건넜다면 우리는 애굽과는 관계가 끝난 사람들이다. 만일 내가 이 사실을 보지 못하고 있다면, 나는 "애굽에 매장지가 없어서 당신이 우리를 이끌어 내어 이 광야에서 죽게 하느냐"(출 14:11)고 말했던 이스라엘 사람과 같이 될 것이다. 하지만 하나님은 "내가 어떻게 독수리 날개로 너희를 업어 내게로 인도하였음을 너희가 보았느니라"(출 19:4)고 말씀하셨다. 당신은 은혜의 필요성을 느낀 적이 없는가? 하나님은 만나로 먹이셨다. 하나님은 의복을 풍성히 공급해주셨고, 필요를 충족시켜주셨으며, 이스라엘 자녀들로 하여금 광야를 통과하게 하심으로써 두 가지 교훈을 배우도록 하셨다. 즉 자신들이 어떠한 존재인지, 그리고 하나님은 어떠한 존재인지를 깨달아 알게 하셨다. 하나님은 항상 신실하셨다. 우리가 어떤 존재인지를 발견하는 것과 하나님이 어떤 존재인지를 발견하는 것은 항상 복을 가져다준다. 광야를 통과해 약속의 땅에 들어왔다면, 이제 나는 전쟁을 보게 될 것이다. 그렇다면 나는 길갈로 다시 돌아갈 필요가 있다. 길갈은 애굽의 수치가 제거된 곳이다. 그렇게 되는 것이 육신에게 이루어진 참된 할례이다. 따라서 광야에 있건 아니면 약속의 땅에서 싸움 중에 있건, 우리가 배워야 하는 교훈은 우리는 누구이며 또한 하나님은 누구신지를 아는 것이다.

203

우리가 이 믿음의 길을 걷는 동안, 우리는 육신의 연약함과 위험과 시험 등을 만날 터이지만, 우리 속에 하나님의 능력이 있음을 잊지 말아야 한다. 우리가 과연 이 길을 끝까지 갈 수 있을까에 대해서 말할 때에는 허다한 경고들과 "만약 ~한다면"이란 말들이 필요하지만, 하나님의 신실하심을 말할 때에는 "만약"이란 말은 있을 수 없다. 우리는 "(우리) 안에서 착한 일을 시작하신 이가 그리스도 예수의 날까지 이루실 줄을" 확신하기 때문이다(빌 1:6). 이 모든 과정에서 우리는 우리 자신을 하나님의 절대적인 신실하심에 절대적으로 의존할 필요가 있다. 그럴 때 성장이 있다.

바울은 완전하지 않았다. 완전한 사람은 아무도 없다. 바울은 4년 동안 감옥에 있었고, 쇠사슬에 묶여 있었지만, 바울은 빌립보 사람들에게 그들이 자신을 그 마음에 품고 있음을 확신하면서 항상 기뻐하라고 권면하고 있다. 그리고 수천 킬로미터나 떨어져 있는 자신에게 도움의 손길을 뻗치게 한 사랑을 생각하면서, 하나님께서 그들 속에 하나님의 역사를 완성해주시기를 간구하고 있다.

204
이 모든 일은 우리를 겸손하게 하며, 세상이 무엇인지를 알게 해준다. 우리는 조만간 알게 될 것이며, 만일 더디게 알게 된다면 우리는 좀 더 자세히 자아의 실상에 대해서 배우게 될 것이다. 하지만 만일 하나님과 동행한다면, 우리는 하나님을 신뢰하는 법을 배우게 될 것이다. 만일 자아로 가득하다면, 우리는 우리 자신에 대해서 보다 많은 것을 배우게 되고, 하나님이 필요하다는 것을 더욱 배우게 될 것이다. 그럼에도 하나님을 신뢰하는 법을 배우지는 못할 수도 있다. 조심성 없는 아이처럼 자신이 아버지를 필요로 하는 것은 절실하게 느끼지만, 정작 아버지를 신뢰하는 법을 배우지는 못할 수 있기 때문이다. 친구와 함께 살아보면 친구로서 그의 진면목을 알게 되는 법이다.

우리가 걸어야 하는 길을 생각해볼 때, 우리 쪽에는 다양한 경고와 "만약에"가 있을 수 있지만, 하나님 쪽에는 "만약에"가 전혀 없다. 왜냐하면 하나님께서 그리스도 예수의 날까지 이루실 것이기 때문이다. 우리가 빛 가운데서 행한다는 것은 얼마나 복된 일인지 모른다. 왜냐하면 그리스도께서 휘장을 찢으셨기에, 이스라엘 백성들보다는 더 높은 수준으로 빛의 자녀로서 행할 수 있게 되었고, 우리가 어디로 가든지 하나님께서 우리가 거할 성소가 되어주실 것이기 때문이다. 과연 하나님은 당신이 거할 성소이신가? 세상을 보자. 세상은 과연 무엇인가? 세상은 하나님과 나 사이에 놓여 있지 않다. 오히려 나에겐 세상과 나 사이에 하나님이 있다. 우리는 주님의 오묘하심(secret)을 가지고 있으며, 주님이 주시는 빛을 가지고 세상을 통과하고 있다. 우리가 하나님과 동행하고 있다면, 나를 결코 떠나시는 일이 없으신 분에게 의지하고 있다면, 그것은 참으로 안심이 된다. 주님은 실패 가운데 있는 나의 영혼을 회복시키시고, 의의 길로 인도하신다. 만일 주님과 동행하는 것을 멈춤으로써 마음이 냉담해진다해도, 우리가 기억해야 할 것은 여전히 우리 앞에 하나님의 은혜와 능력이 있다는 것이다. 주님이 "내 영혼을 소생"시키신다는 사실을 기억하라. 주님은 다시금 나를 자신에게로 이끄시고 그분의 임재의 빛과 기쁨 속으로 들어가게 하실 것이다.

우리는 빌립보서를 통해서 성도 안에 있는 모든 선한 것들의 살아있는 모음집을 볼 수 있다. 바울은 그 모든 상세한 것들을 소개하고 있다. 은혜를 개인의 것으로 끌어오고 적용시키는 능력이 있다. 이제 영혼이 하나님과 함께 하는 곳에는 이러한 것들이 계속해서 새롭게 작용하게 된다. 그렇다면 성도 속에는 은혜가 작용한 효력의 모음들로 가득해진다. 사도 바울은 "내가 너희 무리를 위하여 이와 같이 생각하는 것이 마땅하니 이는 너희가 내 마음에 있음이며 나의 매임과 복음을 변명함과 확정함에 너희가 다 나와 함께 은혜에 참여한 자가 됨이라"(빌 1:7)고 말했다. 이러한 것은 교회를 서로 연결시키기 위해서 하나님의 영께서 사용하시는 외적인 수단이다. 곤고한 영혼의 상태에서 서로 물고 다투는 대신에, 이러한 수단을 통해서 마음을 서로 묶어 주고, 성도 속에 있는 선한 것을 독려해서 서로 힘을 북돋우어주는 것이 있다. 이것은 단순히 친절함만이 아니라 친절함을 산출하는 은혜를 일깨워주는 일이다. 우리가 보아야 할 또 다른 교훈이 있는데, 바울은 그들을 칭찬하는 것을 두려워하지 않았으며, 그들을 향해서 자신의 마음이 느끼는 감정을 표현하는 것을 꺼리지 않았다는 점이다. 그럼에도 나 자신은 이런 일을 하는데 참으로 어려움을 느낀다. 바울은 영으로 주님과 함께 있는 자로서, 하나님 앞에서 단순한 자가 되어, 그렇게 말할 수 있는 참 자유를 가지고 있었다. "내가 예수 그리스도의 심장으로 너희 무리를 얼마나 사모하는지 하나님이 내 증인이시니라."(빌 1:8) 등등.

205

빌립보서 1장에서 나의 마음을 완전히 사로잡은 구절은 다음과 같다. "너희 사랑을 지식과 모든 총명으로 점점 더 풍성하게 하사"(빌 1:9)다. 우리도 과연 이것을 우리 앞에 목표로 삼고 있는가? 바울은 빌립보 성도들에게서 사랑과 열망을 기대했을 뿐만 아니라, 거기에 더하여 영적인 지식이 풍성하기를 기대했다. 만일 나 자신이 영적으로 완전하다면, 모든 일 가운데서 무엇을 해야 할지 알 것이다. 이것이 우리 앞에 놓인 과제다. 우리는 그리스도의 증인이 되도록 구별되었다. 그래서 우리는 그리스도의 편지가 되어야 하는 것이 아니라, 이미 그리스도의 편지가 된 사람들이다. 사람들이 이스라엘 자손들을 통해서 율법과 십계명을 읽을 수 있었던 것처럼, 사람들은 우리를 통해서 그리스도를 읽을 수 있게 되었다. 그리스도께서 이미 당신 속에 새겨져 있다. 이것은 당신으로 하여금 이 땅에 사셨던 그리스도와 같이 되라는 것이 아니라, 그리스도께서 행하셨던 것처럼 행하라는 것이다. 만일 내가 그리스도와 동행하고 있고, 그리스도를 경험하고 있다면, 모든 일에 하나님의 마음을 모르는 일은 불가능한 일이 된다! 그리스도는 하나님과 구름 한 점 없는 상태에서 동행하지 않으셨던가? 그렇다면 우리도 우리 몸을 하나님이 기뻐하시는 거룩한 산 제물로 드려야 한다.

206

이것은 내가 잘못된 일을 하지 않는 문제가 아니라, 하나님의 온전하신 뜻을 아는 문제이다. 그리스도를 아는 지식과 하나님의 마음을 아는 지식을 통해서 하나님의 선하시고 기뻐하시고 온전하신 뜻이 무엇인지를 분별하게 된다. 만일 바울이 우리에게서 이것을 기대하지 않았다면, 어째서 바울은 이 구절을 쓴 것일까? 바울은 분명 우리가 그리스도를 아는 지식을 갖고, 그리스도께서 이 땅에서 행하신 것처럼 행할 것을 기대했던 것이다(빌 1:9,10). 이것은 '이건 옳고, 저건 옳지 않아.' 또는 '그 일을 한다고 해서 무슨 해로운 게 있겠어.'가 아니라, 오로지 하나님의 온전하신 뜻을 알고 순종하는 문제인 것이다.

"거룩하고 진실한" 것은 그리스도께서 빌라델비아 교회에서 자신을 소개하실 때 나타낸 특징이다. 이 마지막 시대에는, 만일 당신이 체질을 당했을 때 충분히 견딜 수 있으려면, 그리스도를 거룩하고 진실하신 분으로 보는 것만큼 중요한 것은 없다. 그리스도께서는 "나는 거룩하다. 나는 진실하다. 그대는 거룩하고 진실한 특징을 가지고 있는 나와 동행해야만 한다"라고 말씀하신다. 그러한 사람에게 그리스도는 전부가 되시며, 그는 이렇게 말할 것이다.

'그렇습니다. 저는 그리스도의 이름을 사람들 앞에서 부인하지 않거니와, 그럴 마음도 없습니다. 저는 그리스도와 하나됨을 이루고 있습니다. 그리스도와 연합된 자로서 걷는 이 길은 많은 인내와 상한 심령을 요구하고, 또 나 자신이 아무것도 아니라는 인식을 요구하지요. 게다가 복을 얻는 것과 그리스도께 가까이 하는 것이 꼭 일치하지도 않는 길입니다. 다만 주님의 재림을 소망하는 것이 전부인 삶이라고 할 수 있습니다. 주님은 내가 걷는 길에서 나를 인도하시고, 내가 걸어야 할 길을 선명하게 보지 못하게 하는 것이나 또는 주님을 뚜렷하게 보지 못하게 하는 것은 무엇이든지 제거하는 일을 해주십니다.'

당신이 세상 혹은 교회에 대한 책임을 가지고 있다면, 장차 올 그리스도의 날을 진지하게 생각하기 바란다. 그럼에도 그리스도인의 특권을 얻게 될 때, 당신은 교회가 휴거되는 특권을 얻게 될 것이다. 즉 교회의 휴거야말로 완성된 구속의 절정이기 때문이다. 우리는 그리스도와 같이 될 것이며, 바울도 그 이상의 복을 가지고 있지 않다. 하지만 책임의 문제를 생각하면, 우리는 수고한 것에 대한 보상을 받게 될 것이다. 바울이 기대하는 것은 "우리가 진실하여 허물없이 그리스도의 날까지"(빌 1:10) 이르는 것이다. 과연 이번 한 주를 지나면서 "아무런 허물이 없었다"고 말할 수 있는가? 당신은 여러 가지 열망을 절로 발산하는 하나의 본성을 가지고 있다. 당신은 그리스도의 생명을 가지고 있으며, 당신을 지켜줄 하나님의 신실함도 가지고 있다. 그 모든 것을 가진 당신은 과연 어느 정도까지 나는 진실하며 허물없이 행하고 있다고 말할 수 있는가? 바울도 육신 혹은 본성에 대해선 다른 사람과 다를 바 없었다. 나무는 여전히 나쁘다. 하지만 그의 양심을 더럽히는 것은 아무것도 없었다. 바울은 이미 도달한 것도 아니고 온전해진 것도 아니었고, 다만 좇아갈 뿐이었다. 내 속에 있는 육신의 존재 자체가 나쁜 양심을 갖게 하는 것이 아니다. 다만 육신으로 하여금 활동하도록 허락하기 때문인 것이다. 그렇다면 무슨 해악을 끼칠지 모르는 미친 사람이 집안에 있는 것과 같다. 나는 그를 단단히 묶어 두어야 하며, 그렇지 않으면 해악을 끼칠 것이다.

207

우리는 "나의 간절한 기대와 소망을 따라 아무 일에든지 부끄러워하지 아니하고 지금도 전과 같이 온전히 담대하여 살든지 죽든지 내 몸에서 그리스도가 존귀하게 되게 하려"(빌 1:20)는 바울의 기도에 부응해서 진실하고 아무 흠이 없어야 한다. 이것은 항상 바울의 소원이었고, 또한 항상 우리의 소원이 되어야 한다. 오, 우리도 그리스도가 존귀하게 되는 것을 소원으로 삼을 수만 있다면 얼마나 좋을까! 우리가 사모하는 마음으로 주님을 바라볼 때, 지극히 탁월한 것들을 분별하게 되고, 이로써 우리 몸에서 주님이 영광을 받으시도록 행할 수 있게 될 것이다. '이제는 항상 내 몸에서 그리스도가 존귀하게 되실 것이다'고 말할 수 있다면 당신의 마음은 얼마나 행복할 것인가? 그렇다면 이제 당신은 영적으로 충분히 각성되었는가? 당신은 이제 당신 앞에 있는 복된 대상과 함께 동행하도록 부르심을 받았다. 과연 그 복되신 분에게서 동행하는 삶을 살 수 있게 해주는 능력을 얻지 못하는 일이 가능하겠는가? 당신은 그렇다고 말할 수 없을 것이다.

208

이상의 내용은 하늘에 가게 되면, 다시는 경험할 수 있는 기회가 없을 것이다. 주님은 지금 여기서 자기 백성들이 과연 주님이 자신들에게 어떠한 분이신지를 세상 앞에서 당당히 증거하는 생생한 증인이 되길 바라신다. 과연 우리는 그 증인의 삶을 사는데 필요한 능력이 주님 안에 예비되어 있다는 것을 믿고 있는가? 주님은 "내 은혜가 네게 족하도다 이는 내 능력이 약한 데서 온전하여짐이라"(고후 12:9)라고 말씀하신다. 그럼에도 우리가 기억해야 할 것은, 그 능력은 그리스도 안에 있지 우리 속에 있지 않다는 것이다. 그리스도께서 우리 속에 사실 때 그 능력은 자연스럽게 흘러나오게 된다. 이제 우리 마음의 간절한 기대와 소망이 그리스도를 영화롭게 하는 것이 되길 바란다. 그리고 매순간마다 그리스도께서 우리 마음에 사심으로써 그리스도에 대한, 그리고 그리스도를 위한 우리의 거룩한 의무를 능력으로 감당하게 해주시고, 그리스도의 생명이 우리 죽을 몸에 나타나게 해주시길 빈다.

Chapter 15
그리스도인이 걸어야 하는 바른 길
The True Path of a Christian

99
에베소서 4장과 5장에서 가르치고 있는 그리스도인이 걸어야 하는 바른 길에 대한 원리와 방식을 묵상하면서 나는 다소 충격을 받았다. 이에 대한 원대한 원리들을 보게 되었는데, 이를 소개하고자 한다.

우리는 에베소서를 통해서 그리스도인의 길에 대한 원리와 척도를 볼 수 있다. 에베소서 4장에는 이중적인 원리가 소개되어 있다. 만일 우리가 "예수 안에 있는 진리"(21절)를 제대로 배웠다면, 우리는 이미 "유혹의 욕심을 따라 썩어져 가는 구습을 좇는 옛 사람을 벗어 버렸고, 오직 심령이 새롭게 되어 하나님을 따라 의와 진리의 거룩함으로 지으심을 받은 새 사람을 입게"(22-24절) 되었을 것이다. (이 구절은 옛 사람을 벗어 버리라는 것이 아니라 이미 옛 사람을 벗어버렸다는 의미이다.) 여기서 우리는 즉시 이 새 사람의 참 특징을 보게 된다. 새 사람은 "하나님을 따라 의와 진리의 거룩함으로 지으심을 받은"(24절) 사람이다. 아직 사랑에 대해선 언급하고 있지 않다. 비록 사랑이 의와 거룩과 분리될 수는 없지만, 사랑은 보다 더 선과 악에 대해서 내적이면서도 도덕적인 본질에 속한다.

하나님은 그리스도의 십자가 사역을 통해서 온전히 계시되셨고, 악과 죄에 대한 측면을 통해서 계시되셨다. 하나님은 다른 것들을 다루셨던 섭리를 통해서 계시되셨을 뿐만 아니라 악과 선이 충돌하는 자리였던 십자가에서, 그리고 그 자리에서 하나님을 영화롭게 해드린 그리스도를 통해서도 계시되셨다. 이제 하나님은 의로우시다. 하나님은 선과 악에 대해서 자신의 본성을 통해서도 계시되셨는데, 즉 악을 미워하시고, 순전하고 선한 것을 기뻐하시는 본성을 가지고 계신, 거룩하신 하나님으로 계시되셨다. 아담은 무죄했다. 아담은 금지된 열매를 먹기 전까진 선과 악을 몰랐다. 이제 우리는 선과 악을 알고 있으며, 만일 우리가 하나님을 따라 지으심을 받은 새 사람이 되었다면, 아담의 상태 보다는 본성에 있어서 더욱 탁월해야만 한다. 바로 의와 진리의 거룩함이란 특징을 입고 있기 때문이다. 하늘에서 지극히 높은 위엄의 보좌 우편에 앉아 계신 그리스도께서 하나님을 빛 가운데 드러내듯이, 하나님을 계시해주고 또 우리 영혼을 다시 살리는 작용을 하는 거룩한 말씀의 능력은 하나님을 따라 우리를 의와 진리의 거룩함으로 새로 지으신, 그 거룩한 성품을 우리에게 준다. (요한복음 17장 17,19절과 비교해보라.) 하나님은 이제 자신의 손으로 창조하신 모든 것을 보시고 좋으셨던 창조주로서만이 아니라, 자신의 본성을 자신의 모든 섭리를 통해서 나타내셨을 뿐만 아니라 악과 선이 온전히 드러났고 또 악이 온 세상을 장악했던 세상에서 구속의 역사를 이루신 구주 하나님으로서도 알려지셨다. 죄 가운데 죽어 있던 상태에서 우리를 다시 살리시고 또 그리스도를 무덤에서 일으킨 구속의 역사, 즉 새로운 창조의 역사는 우리를 이전 상태에서 완전히 벗어나게 해주었을 뿐만 아니라, 우리 영혼을 다시 살리신 그 역사는 우리를 신의 성품을 온전히 드러내는 도구가 되게 해주었다. 우리는 하나님을 따라, 의와 참 성결의 특징을 입은 존재로 다시 창조함을 받았다. (골로새서 3장 9-11절과 비교해보라.) 선과 악의 측면에서 하나님의 어떠하심과 같이, 우리는 그리스도 예수 안에서 다시 창조된 새 사람을 입었고, 하나님과 동일한 본성을 입고 있다. 골로새서에서 보는 것처럼, 이것은 계시된 하나님을 바르고 온전히 아는 것과 연결되어 있다. 우리는 새로운 피조물로서 그리스도 안에서 계시된 신의 성품에 참여한 자이다.

100

이러한 것이 바로 그리스도인으로서, 우리가 걸어야 하는 길의 첫 번째 위대한 원리다. 새로운 피조물로서 신의 성품을 따라서 사는 것, 이것이 그리스도인으로서 우리의 정체성에 따른 바른 삶이다.

두 번째 위대한 원리는 우리 속에 내주하시는 성령의 임재다. 하나님 자신이 성령으로 우리 속에 거하시며, 또한 성령으로 말미암아 하나님의 사랑을 우리 마음에 부어주신다. 우리는 최종적인 구속의 날까지 인치심을 받았다. 우리는 거룩하시고 복되신 손님을 근심시켜 드려선 안된다. 성령의 임재에 일치하지 않는 것을 없게 하고, 모든 것이 평안하고 거룩한 사랑으로 점유되는 일이 우리 마음 속에서 이루어져야 한다. 이 일은 단순히 거룩하고 의로운 특징을 가진 새로운 성품만으로 가능하지 않고, 게다가 그리스도 안에서 계시된 하나님을 기뻐하는 것만으로 되지 않고, 오로지 우리 마음에 자신의 사랑을 부어주시고 또 우리가 장차 하나님을 뵙고 기뻐할 그 날까지 우리를 인치신 하나님께서 친히 우리 속에 거하심으로써 된다. 하나님은 인도하시고, 지도하시며, 우리 마음에 그리스도께서 획득하신 것들을 계시해주시고, 우리에게 복된 것들을 공급하시며, 신성한 것으로 우리를 충만하게 하신다. 하지만 특별히 여기서 우리 속에 임하심으로써, 사랑 안에서 하나님 자신의 임재에 불일치하는 것이 없도록 역사하신다. 게다가 우리로 하여금 신의 성품인 사랑을 따라서 행하도록 하신다.

이상의 것들이 그리스도인의 행실에 대한 두 가지 위대한 원리이다. 그리스도인은 첫 번째 아담, 옛 사람을 그 정욕과 의지와 함께 벗어버렸고, 의와 성결에 대한 하나님의 기준을 아는 지식과 더불어 새 사람을 입었다. 이 새 사람은 하나님을 따라 의와 성결로 새롭게 지으심을 받은 존재이다. 이제 성령님이 그리스도인과 함께, 그리고 그리스도인 속에 거하신다. 따라서 그리스도인은 성령님을 근심케 해서는 안된다. 하나님의 사랑을 우리 마음에 부어주셨을 뿐만 아니라, 모든 것이 거룩하고 복을 받는 그 날까지 우리를 인치신 거룩한 손님에게 어울리지 않는 말을 하거나, 성질을 부려서는 안되고, 오히려 성령님께서 우리 입술과 마음에 자리를 잡도록 해 드려야 한다. 달리 표현하자면, 도덕적 영향력을 겸한 신의 성품, 사랑 가운데 하나님의 임재, 그리고 거룩한 소망의 능력이 그리스도인을 형성하는 요소들이다. 우리는 이제 이러한 기준을 가지게 되었다. 그리고 여기에 사랑으로 행하는 것을 더할 수 있다. 에베소서 5장은, 우리가 그렇게 부를 수 있다면, 그리스도인의 장성한 분량(the measure, 또는 척도)이 무엇인지를 교훈하고 있다.

하나님은 두 가지 근본적인 이름을 가지고 계신다. 사랑과 빛이란 이름이다. 이 두 가지는 그리스도인의 행실을 이루는 두 가지 특징이기도 하다. 바로 그리스도께서 그 척도(the measure)이시며, 실제적인 모델이시다. 우리는 그리스도를 통해서 하나님의 생명을 보며, 사람 속에 계신 하나님을 본다. 이것은 그리스도인에게서 기대해볼 수 있는 특징이기도 하다. 우리는 이미 우리가 신의 성품에 참여하였고, 하나님을 따라서 새로이 창조되었으며, 성령님이 우리 속에 거하시는 것과 성령으로 인침을 받은 것에 대해서 살펴보았다. 그리스도인의 척도는 사람이 무엇을 해야 하는가에 달린 것이 아니라, 하나님이 어떠한 분이시며, 사람에게 무슨 일을 하셨는가에 달려있다. 그렇다고 이것이 하나님의 전지전능성이나 그와 같은 특성에 대한 것은 아니고, 다만 도덕적인 문제, 즉 성결과 사랑에 대한 것이다. 따라서 그리스도인은 하나님처럼 전지전능한 존재가 아니라, 성결과 사랑을 자신의 성품으로 삼은 사람인 것이다. 성경은 결코 우리가 하나님처럼 전지전능한 존재가 된 것으로 말한 적이 없다. 전지전능성은 하나님에게만 속한 고유한 특성이며, 사랑도 마찬가지이다. 하나님의 사랑은 사랑할 무슨 동기를 필요로 하지 않으며, 그 자체로 사랑이신 분이시다. 반면 피조물로서 우리는, 사랑하는 목적과 동기에 있어서 불순할 수도 있으며, 두 가지 모두에서 거룩할 필요가 있다. 우리는 하나님처럼 사랑할 수 없으며, 주권적으로 남을 사랑하는 일도 불가능하다. 왜냐하면 우리는 주권적인 존재가 아닐뿐더러, 오히려 종속적인 존재이기 때문이다. 그럼에도 우리 속에 사랑의 신적인 속성이 내재하고 있다는 것은 얼마나 복된 일인가! 물론 하나님이 그 사랑의 최종적인 대상이 되어야만 하는 것은 당연한 일이다. 흔히 말하는 빛은, 우리가 새로운 사람이 되었기에, 우리 속에 본성의 순수한 형태로 남아 있다.

101

우리는 이제 "사랑을 입은 자녀같이 하나님을 본받는 자"(엡 5:1)가 되도록 부르심을 받았다. 하나님에게서 난 자로서, 신의 성품에 참여한 자로서, 그리고 하나님과의 관계에서 자녀로서, 우리는 우리의 행실과 정신에 있어서 하나님을 본받고 따르도록 부르심을 받았다. 따라서 우리는 하나님을 본받고, 사랑 안에서 행해야 한다. 우리는 이에 대한 이중적인 특징을 볼 수 있으며, 이 두 가지 특징을 통해서 하나님의 완전성이 유지된다. 우리는 온유한 마음과 용서하는 마음을 가져야 하고, 우리를 용서하시고 또 은혜를 나타내신 하나님처럼 서로에 대해서 은혜를 베풀어야 한다. 마태복음 5장 48절과 비교해보고, 또 그 앞에 있는 구절들과도 비교해보라. 골로새서

3장 13절도 보라.

　사람 속에 있는 신적인 사랑에는 또 다른 요소가 있는데, 곧 그 위에 완전함이라고 하는 인장이 매우 또렷하게 찍혀 있다는 점이다. 나는 이미 그리스도께서 사람 속에 있는 하나님의 성품을 나타내는 일의 모델로 제시되었다고 말했다. 어쨌든 자연스럽게 신의 성품은 나타나게 되어있다. 에베소서 5장 2절은 "그리스도께서 너희를 사랑하신 것같이 너희도 사랑 가운데서 행하라 그는 우리를 위하여 자신을 버리사 향기로운 제물과 생축으로 하나님께 드리셨느니라"고 말한다. 완전한 사랑은 자신을 희생하는 것으로 나타났다. 따라서 우리는 우리 몸을 거룩하고 하나님이 받으실 만한 산 제사로 드리도록 부르심을 받았다. 이 같은 제사는 우리의 지각을 사용함으로 드리는 예배를 가리킨다. 두 가지 원리가 이러한 완전함을 이루는 요소이다. 완전함을 이루는 첫 번째 요소는, 자신을 산 제물로 드리는 것이다. 이렇게 자신을 제사로 드리는 것은 내 이웃을 내 몸처럼 사랑하는 것과는 차원이 다르다. 내 이웃을 내 몸처럼 사랑하는 것은 악이 없는 곳에서 일어날 수 있는 참되고 온전한 원리이긴 해도, 율법이 효과적으로 작용하는 상태에서도 일어날 수 있는 일이기 때문이다. 하지만 도덕적으로 혹은 외적으로 악이 있고 또 슬픔이 있는 곳에서, 전적으로 자신을 드리는 것은 곧 자기 전부를 드리는 일이다. 이것이 바로 그리스도께서 행하신 일이었다. 그리스도는 사랑 안에서, 온전히 자신을 제사로 드리셨다. 우리의 길은 이 길에서 그리스도를 따르는 것이다. 그래서 요한일서 3장 16절은 "그가 우리를 위하여 목숨을 버리셨으니 우리가 이로써 사랑을 알고 우리도 형제들을 위하여 목숨을 버리는 것이 마땅하니라"고 말하고 있다. 완전함을 이루는 두 번째 요소는, 자기 몸을 하나님께 드리는 것이다. 이러한 제사의 목적과 동기는 온전하다. 만일 그리스도께서 오로지 우리를 위해서 자신을 바치신 것이라면, 거기엔 감동어린 너그러움과 고상한 특징만이 있을 뿐이다. 사람을 선하거나 아니면 단지 악하다는 이유로, 사랑할 대상으로 선택하는 것은 그 사랑의 행위에 온전함을 부여할 수 없다. 그러한 사랑이 어느 정도는 거룩한 사랑이긴 해도, 여전히 인간적인 사랑이며, 인간적인 동기에 의한 사랑인 것이다. 사랑의 삶에서 그리스도께서 우리의 모델이시다. 그리스도는, 비록 우리를 위한 일이긴 했지만, 자신을 하나님께 제사로 드리셨다. 여기서 우리의 무가치함은 다만 그 사랑의 완전함의 증거를 더해주는 요소에 불과했다. 자신을 하나님께 제사로 드리고자 하는 동기야말로 합당한 것이며, 그러한 사랑의 행동이야말로 완전한 것이다. 따라서 우리는 형제우애에 사랑을 더하도록 부르심을 받았다. 형제우애는 서로를 온전하게 매어주는 끈이다. 절대적이고, 주권적인 사랑은 그 사랑의 대상을 향해서 무슨 동기를 가지고 있지 않다. 우리는 이것을 에베소서 4장과 골로새서를 통해서 볼 수 있다. 우리는 우리와 관계된 모든 일에 하나님을 본받아 행하도록 부르심을 받았다. 즉 누군가 우리에게 잘못을 행할 때, 우리는 사랑을 입은 자녀같이 하나님을 본받는 자가 되어야 한다. 하지만 사람 속에 대상 또는 동기를 겸한 사랑이 있을 때, 동기가 사랑의 특징을 규정짓기에 동기는 도덕적으로 옳아야 하며, 자아는 포기되어야 한다. 우리 속에는 어쩌면 악한 자아가 숨어 있을지도 모른다. 무엇보다 자아가 포기되어야 하고, 몸은 산 제사로 바쳐져야 한다.

102

우리는 사랑이 되라고 부르심을 받지 않았다. 우리가 주권적인 사랑이 되는 것은 가능하지 않기 때문이다. 하지만 우리는 사랑 안에서 하나님을 본받는 자가 되어, 은혜 안에서 서로를 용서하도록 부르심을 받았다. 은혜로써 용서하는 것은, 그리스도께서 행하신 대로 자신이 받은 모든 상해(傷害)를 초월하는 것이며, 자신을 온전히 하나님께 바치는 사랑을 통해서만 가능한 일이다. 우리가 이런 일을 할 수 있다니, 이 얼마나 복된 특권인가!

하나님의 또 다른 근본적인 이름은 빛이다. 빛은 본성의 근본적인 순수함을 의미한다. 성경은 "이제 너희는 주 안에서 빛이라 빛의 자녀들처럼 행하라"(엡 5:8)고 말한다. 그리스도께서 우리 생명이실 뿐만 아니라 우리는 새 사람을 입고 옛 사람을 벗어 버렸기 때문에, 우리도 빛이다. 그리스도는 우리 생명이시다. 이것은 은혜를 통해서 주어진 일종의 특권이기 보다는, 우리가 새로이 소유하게 된 본성이다. 우리는 어두움이었지만, 이제는 주 안에서 빛이다. 이것은 사랑과 분리될 수 없다. 왜냐하면 빛은 자아를 한쪽으로 제쳐두게 하고 동기의 순수함을 주기 때문이다. (데살로니가전서 3장 12,13절과 비교하라.) 여전히 빛은 다른 것이다. 빛은 그리스도에게서 나타났던 본성, 생각, 그리고 목적의 순수성을 의미한다. 나는 여기에 행실을 더하고 싶지 않다. 왜냐하면 행실은 빛의 자녀들에게 주어진 일종의 권고사항이기 때문이다. 그래서 성경은 "빛의 자

너들처럼 행하라"고 말한다. 하나님은 모든 것을 밝히 드러내시는 빛이실 뿐만 아니라 순수 그 자체이시다. 그리스도께서 세상에 계실 때, 그리스도는 세상의 빛이셨다. "그 안에 생명이 있었으니 이 생명은 사람들의 빛이라."(요 1:4) 그리스도 안에서 우리는 빛을 가지고 있을 뿐만 아니라, "어그러지고 거스리는 세대 가운데서"(빌 2:15) 주 안에서 빛이 되었고, 그리스도께서 생명의 말씀의 나타남이었던 것처럼(요일 1장) 우리도 세상 사람들 가운데서 세상에 있는 빛처럼 빛을 밝히고 있다. 하나님은 "예수 그리스도의 얼굴에 있는 하나님의 영광을 아는 빛을 우리 마음에 비춰셨다."(고후 4:6) 사실 그것이 사도 바울의 사역의 온전한 목적이었다. 그리스도를 우리 생명으로 취하기만 한다면, 빛의 열매는 나타나게끔 되어 있다. 왜냐하면 우리 속에 그리스도 자신이 세상의 어두움과 (뿐만 아니라 우리 본성에 속한 어두움과도) 대조를 이루고 있다는 거룩한 선(善)에 대한 분별력을 주고, 말씀에 의해서 악과 선을 분별하게 하고, 게다가 현재 영광 중에 계신 그리스도의 모습을 바라보게 해주며, 그렇게 그리스도를 아는 생생한 지식을 통해서 우리가 걸어가야 하는 길을 조명해주기 때문이다. 사실 이 모든 것들은 그리스도의 전 생애를 통해서 실제적으로 표현되었다. 그래서 성경은 "저희를 진리로 거룩하게 하옵소서 아버지의 말씀은 진리니이다…또 저희를 위하여 내가 나를 거룩하게 하오니 이는 저희도 진리로 거룩함을 얻게 하려 함이니이다"(요 17:17,19)고 말하고 있다. 따라서 하나님과의 사귐을 위해서 천상의 그리스도는 우리에게 대제사장이시다. "이러한 대제사장은 우리에게 합당하니 거룩하고 악이 없고 더러움이 없고 죄인에게서 떠나 계시고 하늘보다 높이 되신 자라."(히 7:26) 이것은 성령님께서 우리 영혼에 알게 하시는 지금 천상에 계신 그리스도에 대한 계시이다. 그 결과 "우리가 다 수건을 벗은 얼굴로 거울을 보는 것같이 주의 영광을 보매 저와 같은 형상으로 화하여 영광으로 영광에 이르니 곧 주의 영으로 말미암아"(고후 3:18) 되는 것이다. 이러한 성령의 역사는 우리의 행실을 통해서 그 효과가 나타나게끔 되어 있는데, 곧 *그리스도의 공생애 동안의 행실이 우리에게서도 나타나게 된다*. 같은 이유로 그리스도께서는 공생애 기간 동안 이 땅에 계시면서도 여전히 "하늘에 계신 인자(the Son of man which is in heaven)"(요 3:13)로 불렸다. 지상에서도 여전히 하늘에 계신 인자로 불린 것은 분명 그리스도의 위격의 영광에 대한 증거였지만, 그것 뿐만 아니라 성령의 생생한 능력과 역사를 통해서 우리도, 믿음에 의해서, 하늘에 속한 자가 되게 하셨다는 사실을 일깨움으로써, 우리로 하여금 그리스도를 본받고 또 따름으로써 그리스도의 겸비의 길을 걷게 하고, 또 그에 의해서 우리의 목적과 동기를 순수하게 하는데 있다. 이처럼 그리스도를 영광 중에 계신 분으로 보게 해주는 능력은 이 세상에 계실 때 그리스도의 삶을 이해하게끔 해준다. 그리스도는 "성결의 영으로는 죽은 자 가운데서 부활하여, 능력으로 하나님의 아들로 인정되셨다."(롬 1:4) 우리 속에는 새 사람, 새 본성이 있지만, 새로운 피조물로서 우리는 여전히 그리스도를 우리의 목적으로 삼아야 한다.

"내가 그리스도와 함께 십자가에 못 박혔나니 그런즉 이제는 내가 사는 것이 아니요 오직 내 안에 그리스도께서 사시는 것이라 이제 내가 육체 가운데 사는 것은 나를 사랑하사 나를 위하여 자

기 몸을 버리신 하나님의 아들을 믿는 믿음 안에서 사는 것이라."(갈 2:20)

마찬가지로 에베소서 5장 8절을 보면, 우리는 "이제 주 안에서 빛이다." 그렇다면 빛에 의해서 책망 받을 만한 일들이 드러나게 되며, 이제 그리스도께서 친히 우리 영혼의 완전한 기준과 빛이 되어 주신다. "잠자는 자여 깨어서 죽은 자들 가운데서 일어나라"(엡 5:14)는 구절은, 그리스도인으로서 안락과 무관심 속에 빠져서, 죽은 사람은 아니지만 죽은 자처럼 될 수 있음을 보여준다. 죽은 자 같은 상태를 떨치고 일어날 때, "그리스도께서 네게 비춰실 것이다." 하나님은 빛이시며, 우리는 주 안에서 빛이다. 이러한 신성한 빛의 완전한 표현, 그리고 그 속에서 우리가 걸어가야 할 모본은 바로 그리스도이시다. 이제 당신의 눈이 그리스도를 향할 때, "그리스도께서 그대에게도 비추실 것이다."

104

이러한 것이 그리스도인의 행실의 진정한 척도이다. 하나님의 본성에 속한 사랑과 빛의 본성이 그리스도 속에, 곧 인자이신 그리스도 속에 나타났으며, 이로써 하늘의 길을 가는 모든 사람들에게 하늘에 속한 사람의 참되고 온전하고 복된 본성이 무엇인지 밝히 드러나게 되었다. 따라서 우리는 사랑을 입은 자녀같이 하나님을 본받는 자가 되어, 우리 속에서도 빛의 열매가, 신의 성품에 속한 순결함이 나타나도록 해야 한다.

JND

형제들의 집 도서 안내

1. 조지 뮐러 영성의 비밀
   조지 뮐러 지음/이종수 옮김/값 1,000원
2. 수백만을 감동시킨 사람을 감동시킨 바로 그 사람: 헨리 무어하우스
   존 A. 비올리 지음/이종수 옮김/값 1,000원
3. 내 영혼의 만족의 노래
   W.T.P 월스톤 지음/이종수 옮김/값 1,000원
4. 모든 일을 하나님의 영광을 위하여 하라
   해리 아이언사이드 지음/이종수 옮김/값 1,000원
5. 잃어버린 영혼을 위해서 어떻게 기도해야 하는가
   오스왈드 샌더스, 찰스 스펄전 지음/이종수 옮김/값 1,000원
6. 윌리암 켈리의 칭의의 은혜(개정판)
   윌리암 켈리 지음/이종수 옮김/값 6,000원
7. 이것이 거듭남이다(개정판)
   알프레드 깁스 지음/이종수 옮김/값 9,000원
8. 존 넬슨 다비의 영성있는 복음
   존 넬슨 다비 지음/이종수 옮김/값 5,000원
9. 로버트 클리버 채프만의 사랑의 영성(개정판)
   로버트 C. 채프만 지음/이종수 옮김/값 7,000원
10. 영성을 깊게 하는 레위기 묵상
    C.H. 매킨토시 외 지음/이종수 옮김/값 5,000원
11. 존 넬슨 다비의 성경주석: 빌립보서
    존 넬슨 다비 지음/이종수 옮김/값 5,000원
12. 존 넬슨 다비의 히브리서 묵상(개정판)
    존 넬슨 다비 지음/정병은 옮김/값 11,000원
13. 조지 커팅의 영적 자유
    조지 커팅 지음/이종수 옮김/값 4,000원
14. 윌리암 켈리의 해방의 체험(개정판)
    윌리암 켈리 지음/이종수 옮김/값 4,500원
15. 존 넬슨 다비의 성경주석: 골로새서(개정판)
    존 넬슨 다비 지음/이종수 옮김/값 8,000원
16. 구원 얻는 기도
    이종수 지음/값 5,000원
17. 영혼의 성화
    프랭크 빈포드 호올 지음/이종수 옮김/값 1,000원
18. 당신은 진짜 거듭났는가?
    아더 핑크 지음/박선희 옮김/값 4,500원
19. C.H. 매킨토시의 완전한 구원(개정판)
    C.H. 매킨토시 지음/이종수 옮김/값 5,500원
20. 존 넬슨 다비의 하나님의 뜻을 분별하는 법
    존 넬슨 다비 지음/이종수 옮김/값 1,000원

21. 존 넬슨 다비의 성경주석: 요한계시록
　　　　　　　　　　　　　　　　존 넬슨 다비 지음/이종수 옮김/값 10,000원
22. 주 안에 거하라
　　　　　　　　　　해밀턴 스미스, 허드슨 테일러 지음/이종수 옮김/ 값 1,000원
23. C.H. 매킨토시의 하나님의 선물
　　　　　　　　　　　　　　　　　　C.H. 매킨토시 지음/이종수 옮김/값 4,000원
24. 존 넬슨 다비의 성경주석: 에베소서
　　　　　　　　　　　　　　　　　존 넬슨 다비 지음/이종수 옮김/값 8,000원
25. 존 넬슨 다비의 영적 해방
　　　　　　　　　　　　　　　　　존 넬슨 다비 지음/문영권 옮김/값 7,000원
26. 건강하고 행복한 그리스도인이 되는 법
　　　　　　　　　　어거스트 반 린, J. 드와이트 펜테코스트지음/ 값 1,000원
27. 존 넬슨 다비의 성경주석: 로마서
　　　　　　　　　　　　　　　　존 넬슨 다비 지음/문영권 옮김/값 12,000원
28. 존 넬슨 다비의 성화의 길
　　　　　　　　　　　　　　　　 존 넬슨 다비 지음/이종수 옮김/값 4,500원
29. 기독교 신앙에 회의적인 사랑하는 나의 친구에게
　　　　　　　　　　　　　　　　　로버트 A. 래이드로 지음/박선희 옮김/값 5,000원
30. 체험을 위한 성령의 내주, 그리고 충만
　　　　　　　　　　　　　　　　　　　조지 커팅 지음/이종수 옮김/값 4,500원
31. 존 넬슨 다비의 성경주석: 갈라디아서
　　　　　　　　　　　　　　　　　존 넬슨 다비 지음/이종수 옮김/값 4,800원
32. 존 넬슨 다비의 성경주석: 요한서신서 · 유다서
　　　　　　　　　　　　　　　　　존 넬슨 다비 지음/문영권 옮김/값 8,000원
33. 존 넬슨 다비의 성경주석: 데살로니가전 · 후서
　　　　　　　　　　　　　　　　　존 넬슨 다비 지음/이종수 옮김/값 8,000원
34. 그리스도와의 연합과 구원(성경공부교재)
　　　　　　　　　　　　　　　　　　　　　　　문영권 지음/값 2,500원
35. 그리스도와의 연합과 성화(성경공부교재)
　　　　　　　　　　　　　　　　　　　　　　　문영권 지음/값 3,000원
36. 사도라 불린 영적 거장들
　　　　　　　　　　　　　　　　　　　　　　　이종수 지음/값 7,000원
37. 당신은 진짜 하나님을 신뢰하는가(개정판)
　　　　　　　　　　　　　　　　　　조지 뮬러 지음/ 이종수 옮김/값 5,500원
38. 그리스도와 연합된 천상적 교회가 가진 영광스러운 교회의 소망
　　　　　　　　　　　　　　　　　존 넬슨 다비 지음/ 문영권 옮김/ 값 13,000원
39. 가나안 영적 전쟁과 하나님의 전신갑주
　　　　　　　　　　　　　　　　　존 넬슨 다비 지음/ 이종수 옮김/ 값 2,000원
40. 죄 사함, 칭의 그리고 성화의 진리
　　　　　　　　　　　　　　　고든 헨리 해이호우 지음/ 이종수 옮김/ 값 2,000원

41. 하나님을 찾는 지성인, 이것이 궁금하다!
   김종만 지음/ 값 10,000원
42. 이것이 그리스도의 심판대이다
   이종수 엮음/ 값 8,000원
43. 존 넬슨 다비의 성경주석: 마태복음
   존 넬슨 다비 지음/이종수 옮김/값 16,000원
44. C.H. 매킨토시의 하나님에 관한 진실
   C.H. 매킨토시 지음/이종수 옮김/값 1,000원
45. 존 넬슨 다비의 성경주석: 여호수아
   존 넬슨 다비 지음/문영권 옮김/값 8,000원
46. 찰스 스탠리의 당신의 남편은 누구인가
   찰스 스탠리 지음/이종수 옮김/값 4,000원
47. 존 넬슨 다비의 성령론
   존 넬슨 다비 지음/이종수 옮김/값 13,000원
48. 존 넬슨 다비의 영적 해방의 실제(개정판)
   존 넬슨 다비 지음/이종수 옮김/값 6,000원
49. 존 넬슨 다비의 주요사상연구: 다비와 친구되기
   문영권 지음/값 5,000원
50. 존 넬슨 다비의 죽음 이후 영혼의 상태
   존 넬슨 다비 지음/이종수 옮김/값 5,000원
51. 신학자 존 넬슨 다비 평전
   이종수 지음/ 값 7,000원
52. 존 넬슨 다비의 요한복음 묵상
   존 넬슨 다비 지음/이종수 옮김/값 8,000원
53. 프레드릭 W. 그랜트의 영적 해방이란 무엇인가
   프레드릭 W. 그랜트 지음/이종수 옮김/값 4,500원
54. 홍해와 요단강을 통해서 나타난 하나님의 구원
   윌리암 켈리 지음/ 이종수 옮김/ 값 4,800원
55. 그리스도와의 연합을 위한 성령의 역사
   윌리암 켈리 지음/ 이종수 옮김/ 값 19,000원
56. 누가, 그리스도인인가?
   시드니 롱 제이콥 지음/ 박영민 옮김/ 값 7,000원
57. 선교사가 결코 쓰지 않은 편지
   프레드릭 L. 코신 지음 / 이종수 옮김/ 값 9,000원
58. 사랑의 영성으로 성자의 삶을 살다간 로버트 채프만
   프랭크 홈즈 지음 / 이종수 옮김/ 값 8,500원
59. 므비보셋, 룻, 그리고 욥 이야기
   찰스 스탠리 지음 / 이종수 옮김/ 값 7,500원
60. 구원의 근본 진리
   에드워드 데넷 지음 / 이종수 옮김/ 값 6,500원

61. 회복된 진리, 6+1
　　　　　　　　　　　　　　에드워드 데넷 지음/ 이종수 옮김/ 값 6,000원
62. 당신의 상상보다 더 큰 구원
　　　　　　　　　　　　　　프랭크 빈포드 호올 지음/ 이종수 옮김/ 값 6,500원
63. 뿌리 깊은 영성의 그리스도인으로 사는 법
　　　　　　　　　　　　　　찰스 앤드류 코우츠 지음/ 이종수 옮김/ 값 9,000원
64. 천국의 비밀 : 천국, 하나님 나라, 그리고 교회의 차이
　　　　　　　　프레드릭 W. 그랜트 & 아달펠트 P. 세실 지음/이종수 옮김/ 값 7,000원
65. 존 넬슨 다비의 성경주석: 베드로전·후서
　　　　　　　　　　　　　　　존 넬슨 다비 지음/장세학 옮김/ 값 7,500원
66. 존 넬슨 다비의 영광스러운 구원
　　　　　　　　　　　　　　　존 넬슨 다비 지음/이종수 엮음/ 값 15,000원
67. 어린양의 신부
　　　　　　　　W.T.P. 월스톤 & 해밀턴 스미스 지음/ 박선희 옮김/ 값 10,000원
68. 성경에서 말하는 회심
　　　　　　　　　　　　　　　C.H. 매킨토시 지음/ 이종수 옮김/ 값 6,000원
69. 십자가에서 천년통치에 이르는 그리스도의 길
　　　　　　　　　　　　　　　존 R. 칼드웰 지음/ 이종수 옮김/ 값 7,500원
70. 그리스도와의 연합이란 무엇인가?
　　　　　　　　　　　　　　　에드워드 데넷 지음/ 이종수 옮김/ 값 9,000원
71. 하늘의 부르심 vs. 교회의 부르심
　　　　　　　　　　　　　　　존 기포드 벨렛 지음/ 이종수 옮김/ 값 16,000원
72. 당신은 진짜 새로운 피조물인가
　　　　　　　　　　　　　　　존 넬슨 다비 외 지음/ 이종수 옮김/ 값 12,000원
73. 플리머스 형제단 이야기
　　　　　　　　　　　　　　　앤드류 밀러 지음/ 이종수 옮김/ 값 14,000원
74. 바울의 복음, 그리스도의 영광의 복음
　　　　　　　　　　　　　　　존 기포드 벨렛 지음/ 이종수 옮김/ 값 9,000원
75. 악과 고통, 그리고 시련의 문제
　　　　　　　　　　　　　　　　　　　　　　이종수 지음/ 값 9,000원
76. 요한계시록 일곱 교회를 향한 예언 메시지
　　　　　　　　　　　　　　　존 넬슨 다비 지음/이종수 옮김/ 값 18,000원
77. 영광스러운 구원, 어떻게 받는가
　　　　　　　　　　　　　　　존 넬슨 다비 지음/이종수 엮음/ 값 13,000원
78. 영광스러운 교회의 길
　　　　　　　　　　　　　　　존 넬슨 다비 지음/이종수 엮음/ 값 22,000원
79. 존 넬슨 다비의 성경주석: 디모데전후서, 디도서, 빌레몬서
　　　　　　　　　　　　　　　존 넬슨 다비 지음/이종수 옮김/ 값 15,000원
80. 성경을 아는 지식
　　　　　　　　　　　　　　　존 넬슨 다비 지음/이종수 엮음/ 값 18,500원

81. 십자가의 도(개정판)
　　　　　　　　　　　　　　　　존 넬슨 다비 지음/이종수 엮음/ 값 15,000원
82. 존 넬슨 다비의 성경주석: 고린도전후서
　　　　　　　　　　　　　　　　존 넬슨 다비 지음/이종수 옮김/값 18,500원
83. 존 넬슨 다비의 성경주석: 사도행전
　　　　　　　　　　　　　　　　존 넬슨 다비 지음/이종수 옮김/값 17,000원
84. 그리스도와의 연합을 위한 사도 바울의 기도
　　　　　　　　　　　　　　　　존 넬슨 다비 지음/이종수 엮음/값 10,000원
85. 빌라델비아 교회의 길
　　　　　　　　　　　　　　　　해밀턴 스미스 지음/이종수 옮김/값 10,000원
86. 무명한 자 같으나 유명한 존 넬슨 다비 전기
　　　　　　　　　　　윌리암 터너, 에드윈 크로스 지음/이종수 옮김/값 12,000원
87. 성경의 핵심용어 해설
　　　　　　　　　　　　　　데이빗 구딩, 존 레녹스 지음/허성훈 옮김/값 9,000원
88. 존 넬슨 다비의 성경주석: 히브리서, 야고보서
　　　　　　　　　　　　　　　　존 넬슨 다비 지음/이종수 옮김/값 17,500원
89. 존 넬슨 다비의 성경주석: 요한복음
　　　　　　　　　　　　　　　　존 넬슨 다비 지음/이종수 옮김/값 17,000원
90. 신부의 노래
　　　　　　　　　　　　　　　　해밀턴 스미스 지음/이종수 옮김/값 10,000원
91. 에클레시아의 비밀
　　　　　　　　　　　　　　　　해밀턴 스미스 지음/이종수 옮김/값 10,000원
92. 존 넬슨 다비의 성경주석: 누가복음
　　　　　　　　　　　　　　　　존 넬슨 다비 지음/이종수 옮김/값 13,500원
93. 예수 그리스도를 따라 맨 밑바닥까지 내려가는 아름다움
　　　　　　　　　　　　　　　　조지 위그램 지음/이종수 옮김/값 7,000원
94. 존 넬슨 다비의 성경주석: 마가복음
　　　　　　　　　　　　　　　　존 넬슨 다비 지음/이종수 옮김/값 8,000원
95. 죄 사함과 죄로부터의 완전한 자유
　　　　　　　　　　　　　　　　조지 커팅 지음/이종수 옮김/값 7,000원
96. 성령의 성화
　　　　　　　　　　　　　　　　윌리암 켈리 지음/이종수 옮김/값 6,500원
97. 하나님의 義란 무엇인가
　　　　　　　　　　　　　　　　윌리암 켈리 지음/이종수 옮김/값 9,000원
98. 길이요 진리요 생명이신 그리스도
　　　　　　　　　　　　　　　　윌리암 켈리 지음/이종수 옮김/값 6,500원
99. 보혜사 성령
　　　　　　　　　　　　　　W.T.P. 월스톤 지음/이종수 옮김/값 24,000원
100. 존 넬슨 다비의 성경주석: 창세기
　　　　　　　　　　　　　　　　존 넬슨 다비 지음/이종수 옮김/값 8,600원

101. 존 넬슨 다비의 성경주석: 이사야
존 넬슨 다비 지음/이종수 옮김/값 9,400원
102. "그리스도와의 하나됨"을 통한 동일시의 진리란 무엇인가
클라이드 필킹턴 주니어 책임편집/이종수 엮음/값 9,000원
103. 존 넬슨 다비의 성경주석: 다니엘
존 넬슨 다비 지음/이종수 옮김/값 8,000원
104. 그리스도와의 하나됨을 통한 "양자 삼음의 진리"란 무엇인가
클라이드 필킹턴 주니어 책임편집/이종수 엮음/값 11,000원
105. 순례자의 노래
존 넬슨 다비 지음/문영권 옮김/값 12,000원
107. 존 넬슨 다비의 성경주석: 에스겔
존 넬슨 다비 지음/이종수 옮김/값 8,800원
108. 성경공부교재 제1권 거듭남의 진리
이종수 지음/ 값 5,000원
109. 존 넬슨 다비의 성경주석: 잠언, 전도서, 아가서
존 넬슨 다비 지음/이종수 옮김/값 5,000원
110. 성경공부교재 제2권 죄 사함의 진리
이종수 지음/ 값 6,500원

"The Logos of the Cross"
by John Nelson Darby
Copyright©Les Hodgett, Stem Publishing
7 Primrose Way, Cliffsend, Ramsgate, Kent, U.K.

Korean translation copyright
ⓒ 2016 by Brethren House, Korea
All rights reserved

존 넬슨 다비의 십자가의 도
ⓒ형제들의 집 2016

초판 발행 • 2016.11.21
제1판 2쇄 • 2020.10.27
지은이 • 존 넬슨 다비
엮은이 • 이 종 수
발행처 • 형제들의집
판권ⓒ형제들의집 2016
등록 제 7-313호(2006.2.6)
Cell. 010-9317-9103
홈페이지 http://brethrenhouse.co.kr
카페 cafe.daum.net/BrethrenHouse
ISBN 978-89-93141-84-9 03230

* 값은 뒤표지에 있습니다.
* 잘못된 책은 바꿔드립니다.
* 서점공급처는 〈생명의말씀사〉 입니다. 전화(02) 3159-7979(영업부)